Feitiço Decente

Carlos Sandroni

Feitiço Decente

Transformações do samba no Rio de Janeiro (1917-1933)

2ª edição ampliada

ZAHAR

e-mail: carlos.sandroni@gmail.com

Jorge Zahar Editor Ltda.
rua Marquês de S. Vicente 99 – 1º
22451-041 Rio de Janeiro, RJ
tel. (21) 2529-4750 / fax (21) 2529-4787
editora@zahar.com.br
www.zahar.com.br

Grafia atualizada respeitando o novo
Acordo Ortográfico da Língua Portuguesa

1ª edição: 2001
(Zahar em coedição com UFRJ)

Capa: Sérgio Campante
Composição: TopTextos Edições Gráficas

Ilustração da capa: "Brasiliana – Samba", S.B., Biblioteca Nacional.
Foto de Ismael Silva, cortesia *Manchete.*

Apoio: Instituto Moreira Salles
Acesse o site do IMS para ouvir as gravações das músicas citadas no livro
www.ims.com.br

CIP-Brasil. Catalogação na fonte
Sindicato Nacional dos Editores de Livros, RJ

Sandroni, Carlos, 1958-
S211f Feitiço decente: transformações do samba no Rio de Janeiro (1917-1933) /
2.ed. Carlos Sandroni. — 2.ed. ampl. — Rio de Janeiro: Zahar, 2012.

Inclui bibliografia

ISBN 978-85-378-0932-7

1. Samba – Rio de Janeiro (RJ) – História e crítica. 2. Música popular – Brasil – História e crítica. I. Título.

CDD: 782.421630981
12-6299 CDU: 78.067.26(81)

Sumário

Nota do autor:

Quando da primeira edição de *Feitiço decente*, pensou-se em incluir no livro um CD como anexo. Isso permitiria aos leitores apreciar diretamente alguns dos repertórios musicais tratados aqui — e também, para os mais especializados, verificar a validade de transcrições propostas e eventualmente corrigi-las. A ideia original acabou não acontecendo. De lá pra cá, no entanto, o Instituto Moreira Salles passou a disponibilizar em seu site a audição de parte significativa da música popular gravada no Brasil na primeira metade do século XX. Assim, vim a descobrir que no banco de dados on-line do IMS estavam disponíveis praticamente todas as gravações a partir das quais eu havia feito transcrições. Graças ao apoio de Bia Paes Leme, coordenadora da área de música do IMS, a quem agradeço, foi possível criar um *hot-site* reunindo numa mesma página as gravações referidas no livro. A partir desta edição, portanto, os leitores passam a contar com um importante recurso adicional para escutar os sambas gravados entre 1917 e 1933 (além de alguns outros), nos quais se baseiam as análises propostas. Recomendo vivamente a escuta ao longo da leitura: o assunto e as análises ficarão mais interessantes assim.

Embora nesses últimos dez anos a bibliografia sobre samba e outros temas discutidos nesta obra tenha se enriquecido consideravelmente, optei por não mexer no texto original. Apenas foi acrescentado, em apêndice, um artigo que publiquei na internet em 2008, tratando de polêmicas sobre a questão racial nos sambas de Noel Rosa, em estreita relação com temas abordados no livro, e com seu próprio título.

Carlos Sandroni

Prefácio

Este livro, cujo título homenageia Noel Rosa, é obra de um autor consagrado à musicologia, área do saber em que defendeu a tese de doutoramento com cuja versão modificada ora nos brinda. E tem o mérito de resgatar os estudos de samba de um patamar meramente descritivo para comprová-los enquanto notação musical.

Vale lembrar que o samba da primeira fase, aquele que recebeu as gravações pioneiras, inclusive a de "Pelo telefone" em 1917, se distingue do samba da segunda fase, o do Estácio, do início dos anos 30, destinado ao desfile de escola. A saga da primeira fase conta com personagens (digamos assim) heroicas, como a fabulosa Tia Ciata, que mantinha uma roda de samba em sua casa, além de sair no carnaval no rancho Rosa Branca e no bloco de sujos O Macaco é Outro. Tão benquista era ela que, quando impedida de desfilar, o cortejo alterava seu percurso só para passar diante de suas janelas.

As janelas de Tia Ciata, abrindo-se para a rua Visconde de Itaúna, na Cidade Nova, bairro integrante do recorte urbano que Heitor dos Prazeres chamou de "a pequena África" do Rio de Janeiro, davam para a Praça Onze, legendário lugar de memória do carnaval carioca. Nem por ter desaparecido, arrasada que foi pela abertura da Avenida Presidente Vargas nos anos 40, a praça deixa de ser até hoje cultuada pelos fiéis. Frequentavam essa casa ninguém menos que o grande Pixinguinha, Donga, que se apressou a registrar como de sua autoria exclusiva um samba que resultara de uma criação coletiva — sendo publicamente contestado por Tia Ciata e outros —, Sinhô, João da Baiana e todos os sambistas de destaque das décadas iniciais do século XX.

A darmos crédito a *Macunaíma*, a casa atraiu igualmente os escritores modernistas, que tampouco desdenharam de lá ir parar, entre eles o próprio Mário de Andrade, Manuel Bandeira, Jaime Ovalle, Ascenso Ferreira, Raul Bopp e até mesmo um estrangeiro, o suíço Blaise Cendrars.

A propósito dos dois estilos, a encantadora anedota contada por Sérgio Cabral, o grande especialista em escolas de samba, ao entabular esse debate, ilustra bem a questão. Que no fundo pode ser entendida como uma alegoria do conflito de gerações, aqui respectivamente encarnadas em duas figuras simbólicas, como Donga, autor registrado de "Pelo telefone", portanto já venerável à época, versus Ismael Silva, legítimo representante do samba do Estácio. Postos a dialogar, Donga acusa Ismael Silva de não compor samba, mas *marcha*. Ao que este retruca que Donga não compõe samba, mas *maxixe*.

Dessas réplicas tão reveladoras pode-se extrair a ilação empírica de que, se o samba do estilo antigo ou pré-30 é mais dançante porque adequado aos giros de um par enlaçado num salão, o do estilo novo ou pós-30 é mais marchado porque compatível com a procissão linear ao longo de uma rua definida pelas paralelas das calçadas.

Embora fossem semelhantes, e tudo afinal fosse samba, as síncopas típicas já não eram exatamente as mesmas.

Sim, é o que nossos ouvidos acusam, quando ouvimos os dois estilos. Mas como é que se comprova essa diferença, ao soar dos instrumentos ou lendo uma partitura? Somadas as durações das notas e de seus intervalos, o que é que caracteriza a ambos?

Esta é uma das questões para as quais Carlos Sandroni oferece resposta: é que obedecem a paradigmas diversos.

O primeiro é aquele que chama de "paradigma do *tresillo*", em homenagem à musicologia cubana que assim o batizou, em sua mônada de três valores, ou três colcheias das quais as duas primeiras pontuadas, introduzindo a síncopa, em compasso de 2/4. Um tal paradigma preside à música popular latino-americana do século XIX e da virada de século, até o limiar dos anos 30. Incluem-se nesse arco de tempo nosso samba do período, em suas mais variadas formas, bem como o lundu, o maxixe, a habanera, e as muitas modalidades que o rótulo "tango" recobriu — basta pensar em Ernesto Nazareth.

O segundo, por ele mesmo batizado como "paradigma do Estácio", é um pouco mais complexo, em sua combinação de semicolcheias e colcheias, pontuadas ou não. Em todo caso, ambos os paradigmas são marcadamente contramétricos.

A discussão com outros musicólogos, do passado e do presente, que Carlos Sandroni entabula neste passo, vem a ser portanto das mais estimulantes.

O contraste entre os dois paradigmas forma o arcabouço do livro, permitindo ao autor desdobrar sua erudição em matéria de música popular brasileira e latino-americana, bem como vastos conhecimentos sobre seus intérpretes instrumentais e vocais, ou ainda sobre seus pesquisadores e teóricos. Tudo isso a partir de um achado fundamental, que é a eleição do violão como o *medium* popular por excelência, com base no que seu ouvido de violonista lhe dizia a respeito da batida que escutava nas gravações. A reivindicação que opera da relevância e da primazia da batida quanto ao que vem depois, isto é, a música propriamente dita, é das mais pertinentes.

Daí, até se debruçar sobre uma pesquisa de fôlego que se desenrolou no tempo e no espaço, absorvendo vários anos e percorrendo muito chão, ao efetuar-se em mais de um continente: tal é a trajetória deste livro, doravante leitura obrigatória tanto para quem se interessa pelo assunto sem maiores compromissos, quanto para os estudiosos que almejem um aprofundamento.

Walnice Nogueira Galvão

Agradecimentos

Este livro é uma versão resumida e modificada da tese de doutorado que defendi em janeiro de 1997 na Universidade François Rabelais de Tours, França, sob o título: *Transformations de la samba à Rio de Janeiro, 1917-1933*. (A tese foi escrita originalmente em português; portanto, mesmo nos trechos que foram mantidos sem mudanças, o que o leitor tem em mãos *não é* uma tradução.)

Muitas pessoas me ajudaram durante a realização da pesquisa e durante toda minha estada na França. Devo a todos um grande obrigado. Gostaria de mencionar aqui, em particular, Jairo Severiano e Ary Vasconcelos, que no Rio de Janeiro puseram à minha disposição suas preciosas coleções de gravações antigas; meus pais Laura e Cícero, que me apoiaram por todos os meios durante os anos fora do Brasil (além dos outros...); minha "família" franco-brasileira, Lúcia e Albert Laborde, pais adotivos, e Violeta Corrêa de Azevedo, avó adotiva; Chiara Ruffinengo, bem mais que tradutora; Stéphanie Morvant e Philipe Lesage, bem mais que revisores; o saudoso Jean-Michel Vaccaro pela confiança e apoio que me deu desde minha chegada a Paris em 1991; meu orientador Jean-Michel Beaudet pelo interesse, as sugestões, as críticas... e por me iniciar na etnomusicologia; Patrick Régnier, Dominique Dreyfus, Ralph Waddey, Marco Antônio Lavigne, Guy Farelle, João Máximo, Jean-Pierre Estival, Ricardo Canzio, pelos livros, as fitas cassete, as sugestões; e todos os violonistas cariocas que entrevistei em 1994, na pessoa de Luís Otávio Braga.

Agradeço também ao CNPq, sem cujo apoio econômico eu não teria podido realizar este trabalho.

Entre os amigos que fiz na França e que me apoiaram em momentos difíceis gostaria de agradecer a Teca Calazans, Yves Pérreal, Brigitte Moreau, Bertrand e Nathalie Loiseau, Didier Biven, Guillermo Carbo, Elena de Renzio e Manoel Nunes.

Agradeço também a Laura Sandroni pela revisão acurada a que submeteu o manuscrito da tese, e a Clarinha Teixeira, amiga de longa data, pelo apoio decisivo para a inserção de exemplos musicais no texto. Para a transformação da tese em livro, foram valiosos o interesse e as sugestões de Cristina Zahar, André Telles e Ana Paula Tavares, a quem agradeço. Finalmente agradeço a Juliana Freire pelo paciente trabalho editorial na realização desta segunda edição.

Este livro é dedicado a Nonai e a Elisa.

ABREVIATURAS EMPREGADAS

Aurélio • *Novo dicionário Aurélio da língua portuguesa*
BNRJ • Biblioteca Nacional, Rio de Janeiro
DB-78rpm • *Discografia brasileira 78rpm*
DFB • *Dicionário do folclore brasileiro*
DMB • *Dicionário musical brasileiro*
EMB • *Enciclopédia da música brasileira*
Ms. • Manuscrito
RBM • *Revista Brasileira de Música*

Introdução

Existe um lugar-comum nas letras de samba que faz do violão o confidente do compositor. Em "Cordas de aço", por exemplo, o grande Cartola canta:

> Só você, violão,
> Compreende por que
> Perdi toda a alegria.

Assim, o compositor em mal de amor humaniza o instrumento, fazendo dele um ouvinte compreensivo que lhe permite expressar suas queixas.

O violão é no entanto um confidente indiscreto. Primeiro porque, é claro, não guarda para si os segredos que lhe são confiados: ao contrário, ele é literalmente uma caixa de ressonância, através da qual as confidências do compositor se amplificam, se transfiguram e vão encontrar eco nos lábios e corações de milhões de ouvintes. Por outro lado, é possível que o violão seja um instrumento ainda mais indiscreto do que deixa supor seu papel de portador de queixas amorosas: é possível que os compositores lhe confiem também alguns segredos de seu ofício.

Explico-me. No Rio de Janeiro, o mesmo samba pode ser interpretado, na época do carnaval, por 300 ritmistas e outros tantos cantores; e em qualquer época do ano, numa versão de câmara, por um cantor que se acompanha ao violão. Isto leva a pensar que este instrumento se reveste, na cultura em questão, de extraordinário poder de síntese. Se tal ideia se confirma, a indiscrição do violão — coisa útil ao compositor, que pode assim dar à sua intimidade uma dimensão coletiva — seria algo útil ao musicólogo também, que encontraria graças a ela, em versão condensada, certas características decisivas deste fenômeno múltiplo que é o samba.

De fato, o ponto de partida do presente trabalho foi a constatação de uma diferença entre estilos violonísticos. Como tantos outros violonistas brasileiros, aprendi, na adolescência, a tocar o que chamamos de "batida" de samba: um modelo rítmico de acompanhamento, suscetível de certo grau de variação, utilizado quando a canção a ser acompanhada pertence ao gênero "samba". Ora, quando meu interesse pela música popular me levou a escutar gravações de samba em discos 78rpm feitas no Rio de Janeiro a partir de 1917, qual não foi minha surpresa ao constatar que os violonistas não empregavam ali a batida tão familiar a mim e a meus contemporâneos, mas outro modelo de acompanhamento. Este, segundo os critérios musicais em vigor hoje em dia no Brasil, seria considerado totalmente inadequado ao samba.

Mas a batida não é simples fundo neutro sobre o qual a canção viria passear com indiferença. Ao contrário, a primeira nos diz muito sobre o conteúdo da segunda. A batida é de fato, na música popular brasileira, um dos principais elementos pelos quais os ouvintes reconhecem os gêneros. Neste país, e certamente em outros também, quando escutamos uma canção, a melodia, a letra ou o estilo do cantor permitem classificá-la num gênero dado. Mas antes mesmo que tudo isso chegue a nossos ouvidos, tal classificação já terá sido feita graças à batida que, precedendo o canto, nos fez mergulhar no sentido da canção e a ela literalmente *deu o tom.*

É por isso que a existência de outra batida nos sambas mais antigos me pareceu desde o início questão digna de interesse: tal questão foi o nó em torno do qual o trabalho se construiu. Acreditei que a existência de duas maneiras de acompanhar, designadas por minha sensibilidade de violonista como claramente incompatíveis, não podia deixar de expressar uma divergência profunda sobre o significado do samba. E que essa divergência, como espero mostrar, dizia respeito não apenas a ritmos, instrumentos e versos, mas também a tipos humanos, trocas econômicas, festas, relações entre negros e brancos, concepções sobre o que é ser brasileiro.

O objeto principal deste trabalho são as transformações sofridas pelo samba carioca na virada dos anos 1930. Essas transformações já foram notadas por outros estudiosos, mas nenhuma análise sistemática delas tinha até hoje sido feita. Elas dizem respeito aos múltiplos aspectos do fenômeno — social, coreográfico, musical, político-cultural; na medida de minhas possibilidades, farei referência a todos estes aspectos. Minha análise, entretanto, vai se articular em torno de um dos elementos da música, as fórmulas rítmicas do acompanhamento, de onde penso ter extraído informações novas para compreender a mudança em seu conjunto.

O estudo começa com uma apresentação das "Premissas musicais", no sentido "técnico", nas quais ele se baseia. O leitor que não conhece um pouco da chamada "teoria musical" clássica provavelmente enfrentará alguma dificuldade nessa leitura. Tal leitor fica aqui formalmente autorizado a pular o trecho sem remorsos. Embora os argumentos "técnicos" representem uma parte significativa do que tenho a dizer, acredito que eles não são indispensáveis para o aproveitamento do restante do livro. Entretanto, permito-me deixar aqui uma discreta sugestão no sentido de que mesmo o leitor completamente "leigo" em música (se é que isso existe) arme-se de paciência e ouse aventurar-se entre síncopes e semicolcheias. Na redação final, meu pensamento esteve voltado para a facilitação de sua tarefa*.

A primeira parte, "Do lundu ao samba", começa pelo estudo de alguns aspectos da música de salão do século XIX, diretamente associados aos inícios do samba: o lundu, o maxixe e seus parentes próximos, a polca-lundu, o tango brasileiro e outros. Essa incursão ao passado ajudará a compreender um universo musical e ideológico do qual o samba carioca em sua fase inicial era ainda tributário.

Daí, passo às primeiras referências ao samba, ainda no século XIX, e à fase pioneira da criação do gênero no Rio de Janeiro, no início do século XX, com o grupo de imigrados baianos cuja representante mais ilustre foi a famosa Tia Ciata. Essa fase pioneira se consolida no ano de 1917, que foi o do lançamento de "Pelo telefone", considerado por todos como o marco inicial do gênero. É a partir de então que a palavra "samba" entra no vocabulário da música popular.

A segunda parte, "De um samba ao outro", trata da distinção pela qual o samba entre 1917 e o final dos anos 1920 foi considerado demasiado próximo do maxixe, e portanto como um "falso" samba, enquanto o estilo nascido no início dos anos 1930 foi considerado o samba carioca por excelência.

Essa distinção é mostrada em primeiro lugar no discurso sobre o samba — discurso dos sambistas, dos seus biógrafos, dos jornalistas que se interessaram pelo assunto, dos musicólogos. Ela é mostrada em seguida nos lugares sociais em que o samba era praticado: das casas das "tias" baianas aos botequins, da Cidade Nova ao Estácio; no tipo de relação econômica a que a circulação do samba dava lugar: da festa caseira à gravação comercial, passando pelo "roubo" de sambas (em que estes são vistos como objetos "naturais", de domínio público) e pela sua "compra" (quando pela primeira vez intérpretes, compositores, público e gravadoras se põem de acordo para atribuir um valor monetário a eles); na substituição da improvisação pela "segunda parte" fixa, que acompanha a transformação do samba em objeto: seu registro por meios gráficos, fonográficos e legais; e, finalmente, no aparecimento de um personagem paradoxal, o malandro. Digo paradoxal porque ao mesmo tempo que ele é, por assim dizer, a personificação do estilo novo de samba que surgia, a

* Os trechos "mais técnicos" estão destacados no texto, facilitando o trabalho dos que preferirem pulá-los.

vitória final deste último mostrará a possibilidade da superação do malandro por sua transformação em compositor.

O último capítulo da Parte II, "Pelo gramofone", é, tal qual as "Premissas musicais" do início do livro, um pouco mais exigente do ponto de vista da argumentação técnica, e para ela também fica valendo a autorização de pular e a discreta sugestão feitas anteriormente. Ali se analisa um conjunto significativo de gravações de sambas do período em foco. O objetivo de tal análise é retraçar, por meio delas, as transformações sonoras através das quais a nova versão do gênero foi se constituindo, e, pouco a pouco, assumindo suas feições definitivas.

Falar de "feições definitivas" não implica acreditar que o samba se tenha congelado a partir de 1940. A questão é que, apesar das inúmeras mudanças posteriores, as características fundamentais que o definiram, pelo menos até os anos 1990, e talvez ainda definam para uma parcela significativa da população, foram criadas em torno de 1930. Assim, uma gravação de samba carioca feita a partir dessa época será, mesmo na ausência de outras informações, reconhecida como tal por um aficcionado contemporâneo do gênero, ao passo que uma gravação anterior não o será. Isto não significa negar o status de "samba" a "Pelo telefone" e a seus sucessores imediatos, como fizeram alguns pesquisadores que citarei na Parte II. Não se pode esquecer que essas composições eram reconhecidas como sambas por seus autores e público: cabe a nós antes explicar as circunstâncias por obra das quais os sambas de 1917 e de 1930 não se reconhecem mutuamente.*

* * *

Talvez o que o leitor tem em mãos possa se definir como um trabalho de "etnomusicologia histórica". De fato, seu objeto é a música popular, que na divisão universitária do trabalho tem sido reservada à etnomusicologia. Se, entretanto, considerarmos que esta última se caracteriza pela pesquisa de campo formalizada, numa cultura em relação à qual o pesquisador se situa como "estrangeiro", este trabalho não pode ser assim classificado. O fato de ter estudado músicas do passado e de ter dedicado, na Parte I, bastante espaço à análise de peças de música impressa contribuiria igualmente, segundo as etiquetas em vigor, para classificá-lo antes no domínio da musicologia.

---

* O mesmo tipo de reflexão poderia ser feito em relação a transformações mais recentes do samba, como o pagode ou o samba-reggae. Mas isso seria assunto para outro livro...

Mas esta discussão só interessa na medida em que contribui para atenuar a rigidez das fronteiras metodológicas. Acho mais importante reconhecer minha dívida para com uma boa tradição dos estudos musicais brasileiros: os dois grandes iniciadores destes estudos, Mário de Andrade e Luiz Heitor Corrêa de Azevedo, escreveram tanto sobre música popular como sobre música erudita, sobre música do presente e sobre música do passado. O mesmo pode ser dito de alguns de seus mais talentosos continuadores, como Mozart de Araújo, o padre Jaime Diniz, Gérard Béhague ou José Miguel Wisnik. No Brasil, a separação entre diferentes categorias musicais parece ser menos marcada que em outros países. É compreensível, e útil na minha opinião, que os estudos musicais brasileiros sigam o mesmo caminho.

PREMISSAS MUSICAIS

A síncope brasileira

De 28 de novembro a 2 de dezembro de 1962, reuniu-se no Rio de Janeiro o I Congresso Nacional do Samba. Participaram do encontro "compositores, intérpretes, sambistas, estudiosos e amigos do samba em geral".[1] No encerramento dos trabalhos, estes participantes aprovaram uma *Carta do samba*, de cuja redação incumbiu-se o folclorista Edison Carneiro. No dizer deste, o documento "representa(va) um esforço por coordenar medidas práticas ... para preservar as características tradicionais do samba". Após um curto preâmbulo, a parte substantiva da *Carta* começa da seguinte maneira:

> Música, o samba caracteriza-se pelo emprego da síncopa.
> Preservar as características tradicionais do samba significa, portanto, em resumo, valorizar a síncopa.[2]

O curioso é que, como ficou dito, o congresso não era uma reunião de musicólogos ou estudiosos de música, que quisessem caracterizar o samba de um ponto de vista técnico. Longe disso. É bem provável que boa parte dos participantes estivesse mais próxima dos "doutores de sambice", referidos um tanto depreciativamente por Mário de Andrade, os quais, "neste caso misterioso de sambas e batucadas, ... acham que, por mais sabedor de três quiálteras e quintas aumentadas que eu seja, me falta principalmente aquela necessária dose, não sei se de malandragem ou de carioquice, para dar qualquer opinião".[3]

Em todo caso, o fato é que essa alusão à síncope é a única tentativa em toda a *Carta* de definir, através de um termo técnico, o que seriam as características musicais tradicionais do samba que se queria preservar.

De fato, alguns musicólogos viram na síncope uma característica definidora não apenas do samba, mas da música popular brasileira em geral. O mesmo Mário de Andrade afirma que a "síncopa ... no primeiro tempo do dois por quatro" é a "característica mais positiva da rítmica brasileira".[4] Também Andrade Muricy, num artigo sobre Ernesto Nazareth, lamenta os "finos artistas [que] estão com o senso rítmico viciado pelos ritmos regulares, e impossibilitados de reproduzirem com segurança e precisão um ritmo brasileiro característico, o ritmo sincopado".[5]

O fato de que tanto o samba quanto a música brasileira sejam caracterizados pela presença das síncopes não é estranho a um contexto cultural em que o primeiro é tomado como a expressão máxima da segunda. Seja como for, considerar as síncopes índice de certa "especificidade musical" brasileira tornou-se um lugar-comum. Isto vale para estudiosos da música brasileira como os dois citados, para compositores acadêmicos que desejam dar "sabor local" a suas obras, e ainda para praticantes e apreciadores da música popular (como seriam provavelmente muitos dos que se encontravam no Congresso do Samba), que, sem jamais ter aberto um livro de teoria musical, usam e abusam de expressões como "sambas sincopados" etc.

O recurso à ideia de "síncope" possibilita ao mesmo tempo obter uma sanção musicológica (pois trata-se, tanto quanto as três quiálteras e as quintas aumentadas, de conceito supostamente universal) e um selo de autenticidade (pois ela seria também característica particularizante). Daí seu alcance na reflexão brasileira sobre música no século XX. Na síncope, é como se o douto musicólogo paulista e o malandro carioca encontrassem enfim um vocabulário comum.

Estou longe de compartilhar dos preconceitos insinuados por Mário de Andrade contra os "doutores em sambice"; e igualmente longe de pensar que os livros ditos de "teoria musical" são mestres mais indicados do que os praticantes populares, especialmente em assuntos como aqueles de que nos ocuparemos aqui. Mas a palavra "síncope", em música, designa um conceito criado pelos teóricos da música erudita ocidental, e por isso talvez não seja inútil examinar como tal conceito foi formulado por estes.

Vejamos por exemplo o que diz o verbete "Syncope" do *Dictionnaire de la musique*, de Marc Honneger: "Efeito de *ruptura* que se produz no discurso musical quando *a regularidade* da acentuação *é quebrada* pelo *deslocamento do acento rítmico esperado*" (grifos meus). Esta definição indica que a síncope seria uma ocorrência percebida como desvio na ordem normal do discurso musical. Ela quebraria a regularidade e iria contra a expectativa do ouvinte; para este, uma articulação sincopada estaria fora do lugar, o que deixa implícito que o verdadeiro lugar dela seria o lugar não sincopado.

Também o *Dizionario della musica* de Alberto Basso escreve em seu verbete "Sincope": "Mudança da acentuação métrica normal ..." Finalmente, o *Harvard Dictionary of Music* de Willy Apel define:

> Síncope é qualquer alteração deliberada do pulso ou métrica *normal*. Nosso sistema rítmico baseia-se no agrupamento de pulsações iguais em grupos de 2 ou 3, com um acento *regular* recorrente na primeira pulsação de cada grupo. Qualquer desvio em relação a este esquema é sentida como uma *perturbação* ou contradição entre o pulso subjacente [*normal*] e o ritmo real [*anormal*] [grifos meus].

De posse destas definições, torna-se possível entender a passagem de Andrade Muricy citada acima, onde "ritmo sincopado" é contraposto a "ritmo regular". O musicólogo adota com rigor a definição acadêmica, que vê no sincopado o irregular, a exceção à regra. Mas não tira as consequências paradoxais que daí resultam para o caso brasileiro, a saber: que precisamente o "irregular" seja ali o "característico", o mais comum, em uma palavra: a regra.

Esse paradoxo só pode ser desfeito se se admite que a síncope *não* é um conceito universal da música, mas uma noção gerada para as necessidades da prática musical clássica ocidental, e como tal, de validade restrita. Aliás, o grande mérito da definição de Apel citada acima é que ela assume abertamente este caráter restrito: a síncope seria um fenômeno próprio de "nosso sistema de ritmo musical", onde "nós" quer dizer a música clássica ocidental.

O caráter culturalmente condicionado do conceito de síncope foi pela primeira vez trazido à baila numa resenha publicada em 1960 pelo etnomusicólogo Mieczyslaw Kolinski, a propósito do livro *Studies in African Music*, de A.M. Jones. Kolinski postula, como outros autores, a existência de dois níveis de estruturação do ritmo musical: o da métrica e o do ritmo propriamente dito.[6] A métrica seria a infraestrutura permanente sobre a qual a superestrutura rítmica tece suas variações. Assim, numa valsa, por exemplo, a métrica seria o 3/4 que constitui o fundo constante, e o ritmo, as diferentes articulações temporais da música real. Nas polifonias europeias do fim da Idade Média e início do Renascimento, a métrica corresponderia ao *tactus*, sequência de tempos neutros que possibilitam a coordenação das vozes; o ritmo, os diferentes cortes temporais de cada uma destas vozes. Nas polirritmias africanas, a métrica seriam as pulsações isócronas que, possibilitando a coordenação do conjunto, às vezes são manifestadas pelas palmas ou pelos passos de dança dos participantes; o ritmo, as durações variadas que constituem cada uma das partes complementares da realização musical.[7]

Ora, em todos estes casos o caráter variado do ritmo pode *confirmar* ou *contradizer* o fundo métrico, que é constante. Kolinski cunhou os termos "cometricidade" e "contrametricidade" para exprimir estas duas possibilidades. A "metricidade" de um ritmo seria pois a medida em que ele se aproxima ou se afasta da métrica subjacente.

Vê-se que a primeira vantagem dos termos de Kolinski é seu caráter neutro: nem co- nem contrametricidade seriam a priori mais normais ou regulares que a outra. Ora, na teoria clássica ocidental palavras como "síncope" e "contratempo" expressam casos de contrametricidade, ao passo que casos opostos não deram origem a termos técnicos comparáveis. Isso demonstra mais uma vez que estes são considerados procedimento normal, que dispensa menção, enquanto aquela seria a exceção.

Mas a questão não é meramente terminológica. As definições de síncope que citei deixam clara sua ligação com a ideia de que o ritmo musical se estrutura com base na recorrência periódica de acentuações. Essa recorrência periódica, que os autores citados chamaram também de "normal", "esperada" etc., é conhecida como "compasso". Ora, o compasso, assim como a síncope, também não é um universal da música. Na verdade, dentro da própria música ocidental ele é uma invenção tardia, pois é só a partir do período barroco que seu emprego será sistematizado na Europa.

Não é por acaso que Kolinski elaborou pela primeira vez estes conceitos numa resenha de um livro sobre a música da África subsaariana. A ideia de uma recorrência periódica de tempos fortes é estranha a esta música. Uma das fontes de sua inesgotável riqueza rítmica é a liberdade das articulações e das acentuações, que não se submetem a esquemas gerais. Por isso, os etnomusicólogos acabaram percebendo que escrever as polirritmias africanas usando compassos era o mesmo que enquadrá-las em leitos de Procusto. Pois nelas, a contrametricidade não é uma exceção, mas um recurso tão normal como seu oposto:

> Podemos dizer que a característica dominante do ritmo (na música centro-africana) é uma forte tendência à contrametricidade, suscitando uma relação conflitual permanente entre a estrutura métrica do período musical e os eventos rítmicos que se produzem ali.[8]

Este caráter sistemático, regular, normal da contrametricidade na música africana levou estudiosos como Simha Arom e Gehrard Kubik a abandonar não apenas os compassos, mas também o próprio conceito de síncope como instrumento de análise daquela música.

Os pesquisadores brasileiros que escreveram sobre a importância da síncope tenderam a atribuir a paternidade dela aos africanos que vieram com a escravidão.[9] Mário de Andrade se ocupou em diversos momentos da questão, sem chegar a conclusões satisfatórias. Um bom resumo de suas dúvidas aparece num texto inacabado publicado por Oneyda Alvarenga:

> A maioria das afirmativas feitas até agora sobre os elementos africanos da música popular americana ... são afirmativas peremptórias a que falta sempre a base documental. ... Porém o que me parece mais intrincado no problema é a questão da síncopa. E é sob este ponto de vista principalmente que vale a minha acusação de leviandade. A síncopa que percorre com constância formidável toda a música americana é tida em geral como provinda da África. ... É possível e não estou aqui pra negar isso. O que reconheço é que uma afirmativa dessas precisava duma revisão com maiores bases e documentação farta. ... Diante de certas coincidências musicais entre as músicas primitivas de portugueses, espanhóis, africanos e ameríndios, essas afirmativas assim como estão correndo são levianas e careciam de ter uma revisão acurada ... Quem foi o influenciador? Quem o influenciado? Ou se deu apenas coincidência de elementos brancos, negros e vermelhos que contaminaram-se, fortaleceram-se e deram origem a manifestações novas que, por nascerem sob os auspícios da América, a gente pode chamar de americanas?[10]

A enorme citação se justifica pela sua riqueza. Mário, em primeiro lugar, constata o fato de que a proveniência africana da síncope é um lugar-comum; em segundo lugar, constata que é um lugar-comum que não se funda sobre evidência documental sólida, o que, se é verdade hoje em dia, era ainda mais na época em que escreveu.[11] Finalmente, sugere que o problema das origens seria de solução difícil e talvez mesmo irrelevante, tendo em vista que a fusão criada em solo americano era algo de novo, e igualmente novas eram as condições sociais que lhe deram lugar.

Estou de acordo com a ideia de que a novidade da música americana é irredutível a qualquer dos elementos que a formaram; e também penso que a busca da origem de fórmulas rítmicas particulares, contornos melódicos ou canções particulares, se não estiver articulada à compreensão das novas músicas originadas, não apresenta grande interesse. Como escreve Margareth Kartomi, usando exemplo próximo do nosso:

> Ritmos de tambores africanos podem estar na origem de muitos ritmos sincopados característicos do jazz. Mas seus significados musicais e extramusicais foram totalmente transformados no novo contexto. Uma pesquisa sobre o jazz que se contentasse com remissões mecânicas a seus traços africanos, europeus ou outros estaria deixando de lado todo o processo pelo qual esta música foi criada.[12]

Por outro lado, seria absurdo descartar completamente a validade de uma indagação sobre as origens de determinados traços musicais. Pode-se considerar tal indagação pertinente desde que responda a duas condições: primeiro, que a atribuição de origem possa ser convincentemente arguida do ponto de vista histórico, filológico, organológico ou outro; segundo, que tal atribuição nos diga alguma coisa sobre o sentido atual da música em questão.

No caso da nossa suposta síncope, se queremos preencher a primeira dessas condições, precisamos nos deter um pouco mais no que dizem sobre o ritmo os estudiosos da música africana.

Estes estudiosos desde cedo notaram ali a forte presença de certas frases rítmicas totalmente inusitadas para os padrões clássicos ocidentais. A característica principal destas frases era a mistura do que pareciam ser unidades de tipo binário e ternário (que em termos técnicos poderiam ser representadas por semínimas e semínimas pontuadas).

Nossa teoria musical clássica prevê dois tipos de compasso, os simples e os compostos. Nos compassos simples, as unidades de tempo são binárias. Por exemplo, nos compassos 2/4, 3/4 e 4/4, as unidades de tempo são as semínimas, que, dividindo-se sempre por dois, serão equivalentes a *duas* colcheias ou *quatro* semicolcheias etc. (Os casos em que semínimas são divididas de modo ternário constituem exceções à regra, são chamados de "quiálteras" e exigem sinalização especial.) Por outro lado, nos compassos compostos, como o 6/8 ou o 9/8, as unidades de tempo são ternárias e são representadas por semínimas pontuadas (divididas portanto em *três* colcheias). Mas o fato é que não há compassos que misturem de modo sistemático agrupamentos de duas e de três pulsações, como semínimas e semínimas pontuadas. É precisamente esta mistura que vai desempenhar um papel muito importante nas músicas da África subsaariana.

A.M. Jones, importante estudioso da música africana, formulou a questão da seguinte maneira: a rítmica ocidental é *divisiva*, pois se baseia na divisão de uma dada duração em valores iguais. Assim, como ensinam todos os manuais de teoria musical, uma semibreve se divide em duas mínimas, cada uma destas em duas semínimas e assim por diante. Já a rítmica africana é *aditiva*, pois atinge uma dada duração através da soma de unidades menores, que se agrupam formando novas unidades, que podem não possuir um divisor comum (é o caso de 2 e 3).[13]

Mais recentemente, Simha Arom retomou a questão. Ele percebeu a existência, na música africana, de um importante grupo de fórmulas rítmicas em que a mistura de agrupamentos binários e ternários (as nossas semínimas e semínimas pontuadas) dava sempre origem a períodos rítmicos *pares*: por exemplo, a série 3+3+2 (ou seja, duas semínimas pontuadas + semínima) configura um período de oito unidades; a série 3+2+3+2+2 configura um período de 12 unidades, e assim por diante. Mas qualquer tentativa de dividir estes períodos pares em dois, respeitando sua estruturação interna, levava a duas partes necessariamente desiguais, estas *ímpares*. Assim, neste tipo de lógica rítmica, o período de oito não pode ser dividido em 4+4, mas somente em 3+5 (ou 3+[3+2]); o período de 12 não pode ser dividido na metade exata (6+6), mas apenas em quase metades (5+7, ou [3+2]+[3+2+2]). Arom chamou este fenômeno de "imparidade rítmica".[14]

Mas como estas fórmulas rítmicas aparecem na música africana? Como se comportam dentro dos repertórios? Não poderemos aprofundar estas questões sem nos desviar demais do assunto deste livro. Mas duas observações serão úteis.

A primeira é sobre o que Nketia chamou de *time-lines*. O termo pode ser traduzido por "linhas-guia", aproximadamente no sentido de que, nos estúdios de gravação, se fala de "voz guia".[15] Em muitos repertórios musicais da África Negra, "linhas-guias" representadas por palmas, ou por instrumentos de percussão de timbre agudo e penetrante (como idiofones metálicos do tipo do nosso agogô), funcionam como uma espécie de metrônomo, um orientador sonoro que possibilita a coordenação geral em meio a polirritmias de estonteante complexidade. O fato é que essas "linhas-guias" têm especial predileção por fórmulas assimétricas como as mencionadas acima, que são, então, repetidas em *ostinato* estrito, do início ao fim de certas peças.

A segunda observação a reter diz respeito ao fato de que em muitos casos deste tipo a repetição não é estrita, mas configura o que Arom batizou de "ostinato variado". Sendo assim, a fórmula rítmica assimétrica ora é repetida, ora variada através de improvisações do músico responsável pela "linha-guia".

Estas variações em muitos casos obedecem ao princípio da subdivisão, ou seja, a decomposição em valores menores, sempre a partir dos agrupamentos principais da fórmula rítmica. Assim, por exemplo, 3+3+2 pode ser subdividido em (2+1)+(2+1)+(2) ou em (1+2)+(1+2)+(2) e assim por diante.

Figuras rítmicas do tipo descrito acima, embora possam eventualmente ocorrer na música erudita ocidental — em particular na chamada música contemporânea —, só o fazem a título de exceções e são consideradas de execução difícil. Na música da África Negra, ao contrário, elas pertencem por assim dizer ao senso comum musical, frequentando inclusive o repertório rítmico das crianças.

Mas o que nos interessa mais diretamente é constatar que, neste ponto, o Brasil está muito mais perto da África do que da Europa. De fato, a música brasileira está coalhada de casos que podem ser descritos de maneira muito mais adequada através de conceitos como os expostos acima que através da teoria do compasso. No tambor-de-mina maranhense, no xangô e no maracatu pernambucanos, no candomblé e na capoeira baianos, na macumba e nos sambas cariocas, entre outros, fórmulas como 3+3+2, 3+2+3+2+2 e 3+2+2+3+2+2+2 fazem parte do dia a dia dos músicos.[16] Estas fórmulas em muitos casos comportam-se exatamente como *time-lines*, aparecendo sob forma de palmas, batidas de agogôs ou tamborins, em *ostinati* estritos ou variados, muitas vezes coordenando polirritmias quase tão complexas quanto as africanas. Parece pois legítimo supor que elas fazem parte de uma herança musical trazida do Continente Negro, mesmo se o contexto e o sentido de tal herança se transfiguraram enormemente.

Note-se que não estou propondo aqui a atribuição de uma origem precisa a uma fórmula rítmica particular. Como escreveu Fernando Ortiz a respeito de um tema próximo do nosso (isto é, o da música afro-cubana),

> uma fórmula rítmica, como uma figura geométrica simples (um triângulo, zigue-zague, círculo, espiral etc.), pode encontrar-se ao mesmo tempo em diversas culturas, sem que a intercomunicação entre estas seja necessária nem provável.[17]

Mas o mesmo não se pode dizer de um *sistema* rítmico, de uma lógica distinta de organização das durações (um caso do que John Blacking chamaria de "estrutura profunda").[18] Essa mudança de nível de generalidade permite a meu ver dar bases mais sólidas às indagações sobre a filiação das fórmulas rítmicas brasileiras.

Quando, no século XIX, compositores de formação acadêmica começaram, por diferentes razões, a tentar reproduzir em suas partituras algo da vivacidade rítmica que sentiam na música dos africanos e afro-brasileiros, o fizeram, é claro, com os meios de que dispunha o sistema em que foram educados. Ora, como ficou dito acima, tal sistema não prevê (entre outras características da música africana) a interpolação de agrupamentos binários e ternários. O resultado é que os ritmos deste tipo apareceram nas partituras como deslocados, anormais, irregulares (exigindo, para sua correta execução, o recurso gráfico da ligadura e o recurso analítico da contagem) — em uma palavra, como síncopes. Assim, mesmo se a noção de síncope inexiste na rítmica africana, é por síncopes que, no Brasil, elementos desta última vieram a se manifestar na música escrita; ou, se preferirmos, é por síncopes que a música escrita fez alusões ao que há de africano em nossa música de tradição oral. É nesse sentido, e só nesse, que tinham razão os que afirmavam que a origem da síncope brasileira estava na África.

Mas o que é interessante no caso brasileiro é que o sistema rítmico clássico europeu, do qual faz parte, no país, a música escrita, inclusive a música popular escrita, veio a ser questionado em seu contato com as práticas musicais afro-brasileiras. O que, no caso europeu, era permitido apenas como desvio em relação a um norma — desvio tolerado, desvio mesmo procurado como elemento de variação, mas sempre desvio — passa a ser em certa medida praticado como norma, mesmo por músicos cuja formação acadêmica se dera nos parâmetros clássicos. Mas a síncope reiterada e elevada a norma muda de sentido, configurando um outro sistema que não é mais africano nem puramente europeu, no qual a noção acadêmica de síncope perde a razão de ser.

No entanto, o emprego da palavra "síncope" para designar as articulações contramétricas foi, no Brasil, tão frequente que se transformou, se me perdoam a expressão, numa verdadeira "categoria nativa-importada", como o café e a manga. Assim, hoje em dia não são apenas os teóricos e os músicos de conservatório que falam das "síncopes" brasileiras: a palavra entrou no vocabulário do leigo e dos músicos populares, conheçam eles ou não a leitura musical.

É por este fato que, ao contrário de Arom, Kubik e outros estudiosos da música africana, que baniram a palavra "síncope" do seu vocabulário, vou me permitir a empregá-la às vezes como categoria nativa, reconhecendo, com os etnomusicólogos citados, que falta nela a tendência à generalidade que deve caracterizar conceitos científicos.

Quanto às expressões cometricidade e contrametricidade, que adotarei aqui, penso que necessitam de elaboração ulterior, pois Arom as emprega em sentido diferente do de Kolinski, e tanto um quanto outro emprego apresentam contradições internas, que não poderei discutir aqui sem distanciar-me muito dos objetivos deste livro. Usarei estas expressões num sentido limitado que, espero, será suficiente aqui.

Uma articulação rítmica será dita cométrica quando ocorrer na primeira, terceira, quinta ou sétima semicolcheia do 2/4; e será dita contramétrica quando ocorrer nas posições restantes, à condição de não ser seguida por nova articulação na posição seguinte.

Totalmente cométrico:

Totalmente contramétrico:

Caso ocorra articulação em posição seguinte, ainda assim uma articulação nas posições pares poderá ser contramétrica, mas à condição de apresentar algum tipo de marca acentual.

Totalmente cométrico:

Totalmente contramétrico:

O paradigma do tresillo

Um dos ritmos assimétricos mencionados atrás foi identificado por musicólogos cubanos como desempenhando papel relevante na música de seu país. Trata-se do que se constrói sobre um ciclo de oito pulsações, ou 3+3+2. Ele pode ser representado da seguinte maneira em notação musical ocidental convencional:

Como este ritmo comporta três articulações, os cubanos chamaram-no *tresillo*, termo que adotarei aqui.[19] Mas o *tresillo* aparece na música de muitos outros pontos das Américas onde houve importação de escravos, inclusive, é claro, no Brasil.

O padrão rítmico 3+3+2 pode ser encontrado hoje na música brasileira de tradição oral, por exemplo nas palmas que acompanham o samba de roda baiano, o coco nordestino e o partido-alto carioca; e também nos gonguês dos maracatus pernambucanos, em vários tipos de toques para divindades afro-brasileiras e assim por diante.

O *tresillo* também aparece na música escrita no Brasil desde pelo menos 1856, quando figura na introdução do lundu "Beijos de frade", de Henrique Alves de Mesquita.[20] Depois disso, aparece como padrão rítmico de acompanhamento em enorme quantidade de peças populares impressas, como as de

Ernesto Nazareth e seus contemporâneos menos conhecidos, mas também em muitas peças de compositores eruditos das gerações ditas "nacionalistas".

Ainda no que se refere à música impressa brasileira do século XIX e início do XX, o *tresillo* possui algumas variantes ou subdivisões que ocupam lugar de destaque. Eis a mais importante delas:

A presença desta figura rítmica na música da época em questão é tão marcante que levou Mário de Andrade a cunhar a expressão "síncope característica" para referir-se a ela, termo, como vimos, discutível, mas consagrado pelo uso, que será adotado aqui por comodidade.

Afirmei que a "síncope característica" podia ser considerada uma variante do *tresillo*. Ora, o agrupamento de valores rítmicos proposto na versão com que costuma ser apresentada na escrita musical não faz dela uma subdivisão do *tresillo*, mas do compasso 2/4 ocidental, com sua simetria característica:

Mas a verdade é que é possível ler o mesmo ritmo numa grade assimétrica:

Assim, o que era para Mário de Andrade uma "síncope" (ainda que "característica"), pode ser visto como um *tresillo* cujos grupos ternários são subdivididos em 1+2.

Se fizermos a experiência oposta, ou seja, se subdividirmos os mesmos grupos ternários em 2+1, o resultado é uma figura rítmica que também aparece muito na música popular brasileira (por exemplo, em padrões de acompanhamento de cavaquinho em choros do início do século XX) e que por ser constituída de cinco articulações recebeu de musicólogos cubanos (pois também é frequente por lá) o nome de *cinquillo*:[21]

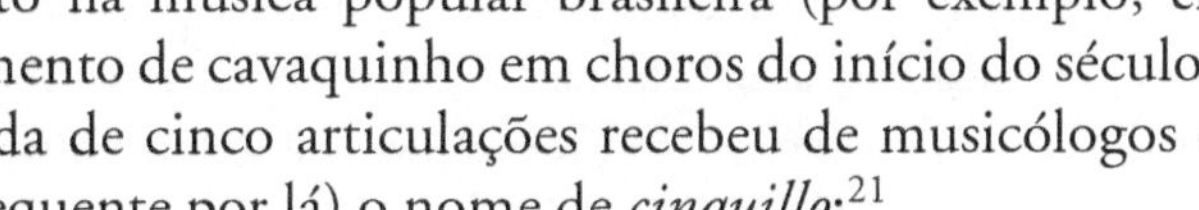

Se, finalmente, subdividirmos o segundo grupo ternário, mas não o primeiro, o resultado é outra figura rítmica de larga difusão na música brasileira da segunda metade do século XIX e início do XX:

Trata-se da fórmula conhecida internacionalmente como "ritmo de habanera". O nome é enganoso por dar a entender que foi a habanera que introduziu este ritmo na música brasileira (aliás, de modo geral na latino-americana). Na verdade, como veremos, a habanera é apenas uma das manifestações daquele nas músicas em questão. Em particular, esta fórmula de acompanhamento era associada ao tango até o início do século XX, e conhecida também como "ritmo de tango". Mas, ainda uma vez por comodidade, é a expressão "ritmo de habanera" que será utilizada neste livro.

A este conjunto de variantes proponho pois chamar de "paradigma do *tresillo*". Sua característica fundamental é a marca contramétrica recorrente na quarta pulsação (ou, em notação convencional, na quarta semicolcheia) de um grupo de oito, que assim fica dividido em duas quase metades desiguais (3+5). É esta marca que o distingue dos padrões rítmicos que obedecem à teoria clássica ocidental, para a qual a marca equivalente estaria não na quarta, mas na quinta pulsação (ou seja, no início do segundo tempo de um 2/4 convencional e simétrico).

O que se faz aqui, portanto, é aplicar a lógica da imparidade rítmica a figuras rítmicas que habitualmente são encaradas pela lógica binária do compasso. Acompanhamos assim as intuições dos raros musicólogos que procuraram desfazer-se dos preconceitos do compasso ao estudar a música latino-americana. Argeliers León, por exemplo, diz do *tresillo* que "as acentuações não foram deslocadas; o que aconteceu foi que a música se libertou de acentuações regulares e constantes, e no lugar delas se instalou um novo sentido rítmico ... Não um deslocamento, mas uma nova articulação rítmica".[22] E Eurico Nogueira França: "Na música afro-brasileira, a polirritmia deriva de unidades métricas menores que as utilizadas na métrica europeia. Nossa fórmula típica: semicolcheia, colcheia, semicolcheia, não tem nada a ver, é claro, com a unidade constituída pelas semínimas."[23]

Mas é preciso deixar claro que não me baseio apenas em critérios formais para considerar a "síncope característica" como uma variante do *tresillo*. A questão, como diz muito bem Argeliers León, é sobretudo de "sentido rítmico". Do ponto de vista "puramente formal" — se é que isto existe —, não há nenhuma razão para considerar que a sequência 12122 deva ser seccionada como 12/12/2 em vez de 121/22: ambas as leituras são possíveis. Na realidade, o que cabe ao pesquisador da música não é escolher uma ou outra, mas antes descobrir qual é a leitura feita pela cultura que está sendo examinada, quais são os sentidos através dos quais ela organiza a matéria rítmica, e sem os quais, pensando bem, esta última permanece *informe*. Só então estaremos (para retomar os termos chomskyanos empregados por John Blacking no clássico da etnomusicologia *How Musical is Man?*) aptos a passar da estrutura superficial à estrutura profunda da música.

De fato — e falando num nível de generalidade bastante alto — penso que parte significativa da cultura musical brasileira "lê" a "síncope característica", assim como o "ritmo de habanera", como variantes do *tresillo*, e que minha contribuição aqui consiste apenas em dar a essa leitura uma formulação explícita. Pelo menos no que se refere à música impressa carioca da segunda metade do século XIX e primeiras décadas do XX, as três fórmulas rítmicas em questão parecem responder a certo critério cultural de equivalência. Elas são aceitas como intercambiáveis por compositores, editores e público. Sua reversibilidade se demonstra de diversas maneiras: elas aparecem, ora uma ora outra, como base do acompanhamento de diferentes peças do mesmo gênero, em diferentes partes da mesma peça, e até mesmo em diferentes trechos da mesma parte da mesma peça (ouça-se, como exemplo e como apoteose deste procedimento, o *Batuque* para piano de Ernesto Nazareth). O que possibilita essa relativa indiferença de uso do ponto de vista do conteúdo musical é, como vimos, a marca sintática na quarta semicolcheia do ciclo de oito. Mas, do ponto de vista do conteúdo verbal que é associado às fórmulas em questão, tal possibilidade é dada pela vinculação que, como mostra o mesmo exemplo do *Batuque*, é feita entre elas e certas imagens do afro-brasileiro (percebido, é claro, pelo ângulo da parcela da sociedade que participava do comércio de partituras musicais).

Essas imagens também se expressam nos nomes de certos gêneros de música, que eram tão intercambiáveis quanto as fórmulas de acompanhamento. Assim, veremos que lundu, polca-lundu, cateretê, fado, chula, tango, habanera, maxixe e todas as combinações destes nomes, embora em outros contextos possam ter determinações próprias, quando estampados nas capas das partituras brasileiras do século XIX, nos informavam basicamente que se tratava de música "sincopada", "tipicamente brasileira" e propícia aos "requebrados mestiços".

O argumento principal deste livro é que existe uma ligação entre o tipo de contrametricidade (ou concepção do que seja música "sincopada") configurada pelo paradigma do *tresillo* e certa concepção do "afro-brasileiro" e do "tipicamente brasileiro". E que estas concepções musicais e não musicais associadas cederão lugar, por volta de 1930, a um novo paradigma rítmico e a novas ideias sobre o que é "ser brasileiro", ao mesmo tempo que os velhos gêneros confundidos cederão lugar ao samba como música popular por excelência.

O paradigma do Estácio

O novo paradigma a que acabo de me referir inclui fórmulas rítmicas que passaram até hoje praticamente despercebidas na literatura musicológica brasileira, em contraste com aquelas de que nos ocupamos na seção anterior. Quem primeiro chamou minha atenção para elas foi o músico e pesquisador Carlos Didier. Em 1984 ele publicou uma pequena nota no jornal *O Catacumba*, então editado pela RioArte, fundação ligada à prefeitura do Rio de Janeiro, onde se podia ler:

> Os sambas de Ismael Silva, Bide e Nilton Bastos, entre outros, diferenciaram-se daqueles consagrados por Sinhô, pelo menos por sua pulsação rítmica mais complexa. Enquanto estes guardavam vestígios de antigos maxixes, aqueles sambas que vinham do Estácio [caracterizavam-se] pela agregação de mais uma célula rítmica à marcação. Senão, ouçamos:
> Bata no tampo da mesa, na garrafa, ou no violão a divisão descrita abaixo. Enquanto isso, assobie a introdução do samba "Jura", composição de Sinhô:

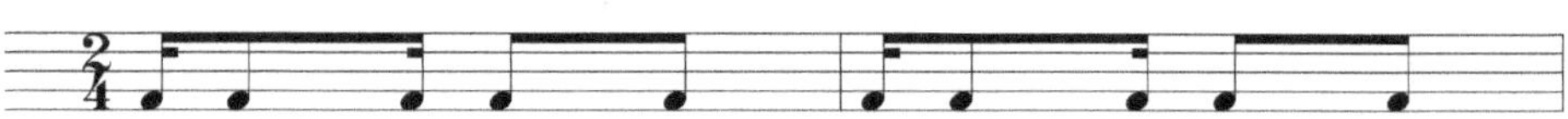

> Agora, faça a experiência com a divisão que se segue, e mude o repertório. Cantarole desta vez o samba "Se você jurar", de Ismael Silva e Nilton Bastos:

> É outra coisa, não é? E olhe que foi apenas uma das malandragens daqueles bambas que circulavam ali pelo Estácio![24]

Os compositores e sambas citados por Didier nos ocuparão longamente na Parte II. Por ora, o que gostaria de reter da citação precedente é o segundo exemplo musical, que nos traz uma fórmula rítmica de tipo totalmente diferente das que vinham sendo examinadas até aqui.

No que se refere a trabalhos acadêmicos, só encontrei alusões a fórmulas deste tipo nos de Kazadi-wa Mukuna, Samuel Araújo e Gehrard Kubik.[25] Estas alusões, porém, ao contrário da feita por Didier, não se referem especificamente ao período no qual se concentra este livro, mas antes ao samba em sua versão contemporânea.

Mukuna menciona, em sua obra sobre elementos bantu na música popular brasileira, certo ciclo rítmico (a que não dá nome particular) que estaria presente no samba e que "não tem sido discutido pelos estudiosos".[26] Este ciclo rítmico é por ele contraposto à "síncope característica", que também estaria presente no samba, mas como uma herança do lundu.[27] Ei-lo:[28]

Mukuna dá uma variação deste ritmo, mostrada abaixo:

Diga-se de passagem que tanto a "síncope característica" quanto o ciclo que acabamos de citar e sua variante são, de acordo com Mukuna, encontrados na música de algumas regiões do Zaire.

O ciclo rítmico em questão é subdividido pelo autor em 16 colcheias, segmentadas em dois grupos de 7 e 9. No entanto, indo mais longe, é possível concebê-lo também — num segundo nível de segmentação — como sendo composto de (2+2+3)+(2+2+2+3) colcheias, o que, como vimos, configura um caso de imparidade rítmica.

Ora, Mukuna afirma: "Destes dois ritmos de samba, isto é, o herdado do lundu e o [novo] ciclo, este último pode ser considerado como o ritmo de samba mais representativo, especialmente em sua forma popular."[29] E mais adiante fala do "Rio de Janeiro, onde a divisão de tempo de 16 pulsações [isto é, a figura rítmica em questão] seria introduzida no samba, caracterizando assim o chamado 'samba carioca'".[30]

Vemos assim uma série de variáveis associar-se às duas figuras rítmicas contrapostas por Mukuna: o novo ciclo é associado à forma "popular" do samba (oposta implicitamente à sua forma "folclórica") e à forma "carioca" (oposta implicitamente à "baiana"). Do outro lado, a "síncope característica" é associada ao lundu. Isto deixa entrever que o novo ciclo, justamente por ser novo (pelo menos no contexto do samba), seria "mais representativo", isto é, capaz de representar o samba no que ele tem de original e independente de outros gêneros brasileiros.

Finalmente, Mukuna afirma que o novo ciclo "é frequentemente dado pelo tamborim na orquestração de percussão ...".[31] A associação ao tamborim é reforçada por Samuel Araújo, que dá um exemplo semelhante ao de Mukuna e chama-o de "ciclo do tamborim" ou "padrão do tamborim" (escrevendo-o, porém, tomando a semicolcheia e não a colcheia como unidade mínima):[32]

Noto desde logo que, nas minhas próprias transcrições dessa figura rítmica e suas variações, usarei a convenção gráfica consagrada pelo uso nas partituras de samba desde "Pelo telefone", que é a usada por Carlos Didier e Samuel Araújo (e não a usada por Mukuna): a semicolcheia como unidade mínima. Mais ainda, também de acordo com o uso consagrado na música popular brasileira, escrevo esses ritmos usando compassos de 2/4, o que fará com que o ciclo completo (16 semicolcheias) se faça em dois compassos.

Por sua vez, Kubik escreve:

> Qualquer pessoa que esteja familiarizada com o samba de rua brasileiro, como pode ser visto no Rio de Janeiro pela época do Carnaval ... deve conhecer a característica célula percussiva que atravessa esta música como um de seus traços mais persistentes. Esta célula pode ser tocada em vários instrumentos, por exemplo em um tambor agudo ... ou até num violão. Trata-se de um elemento focal, no qual os outros instrumentistas, cantores e dançarinos encontram um pivô de orientação.[33]

Kubik faz coro com Mukuna na valorização da figura rítmica para a qual quer chamar a atenção: trata-se, afirma, de um ponto focal, um pivô em torno do qual os outros elementos giram. O etnomusicólogo austríaco transcreve em seguida, segundo método por ele criado, duas versões dessa figura rítmica (que afirma, aliás, ser característica também de certas regiões de Angola e do Zaire). Estas são bastante semelhantes às anotadas por Mukuna e Araújo, com uma só diferença: invertem as posições do "7" e do "9" com relação ao início — enquanto Kubik escreve (2+2+2+3)+(2+2+3), aqueles escrevem (2+2+3)+(2+2+2+3).

Figuras como as que foram anotadas pelos autores citados são verdadeiras "figuras fáceis" nas gravações de samba carioca a partir do final dos anos 1930. Darei apenas alguns exemplos para ilustrar esta afirmação. Dada a importância atribuída pelos autores citados ao tamborim na apresentação delas, começo por este instrumento.

A seguinte fórmula rítmica pode ser observada, tocada por um tamborim, na gravação "Sobrado dourado" (tradicional, LP *Rosa de Ouro*, 1965) e na de "Leva, meu samba" por seu autor Ataulfo Alves (1941), entre outras:*

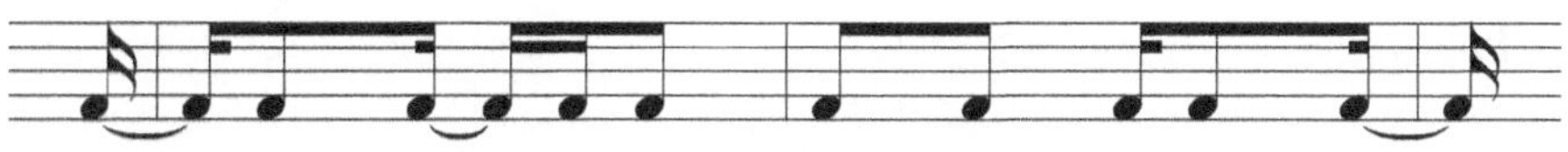

Mas não é só no tamborim que fórmulas assim aparecem. Elas podem ser encontradas também em intervenções da cuíca, que veremos compor com o surdo e com o próprio tamborim o trio de instrumentos emblemático do novo estilo de samba surgido nos anos 1930. Os padrões seguintes foram encontrados, tocados por cuícas, nas gravações de "O bem e o mal" (Nelson Cavaquinho-Guilherme de Brito, 1971) e "Sei lá, Mangueira" (Paulinho da Viola-Hermínio Bello de Carvalho, 1969), entre muitas outras:[34]

Curiosamente, a única variação mencionada por Mukuna no trecho citado no início desta parte não foi encontrada nas gravações que consultei, nem no tamborim, nem na cuíca. Porém, foi encontrada batida numa garrafa na gravação de "Duas horas da manhã" (Nelson Cavaquinho-Ari Monteiro, 1961) por Paulinho da Viola:

---

* O leitor notará que este exemplo musical corresponde exatamente ao exemplo anterior, extraído da tese de Samuel Araújo, mas com a ordem invertida: o primeiro compasso de lá é o segundo de

Qualquer habitante do Rio de Janeiro que tenha certo contato com rodas de samba não terá dificuldade em reconhecer auditivamente estas figuras, ou mesmo em batucá-las na mesa. Mas não sabemos ainda quais são as propriedades formais delas, pelas quais tal reconhecimento se torna possível. Em outras palavras: não sabemos o que há de comum entre todas estas variantes citadas por Didier, Mukuna, Araújo, Kubik, ouvidas nos discos de Paulinho da Viola, Nelson Cavaquinho e tantos outros, tocadas em tamborins, cuícas, garrafas — sem falar de outros instrumentos dos quais não dei exemplos —, que nos faz em todos os casos situar sem sombra de dúvida o ritmo em questão como pertencendo ao samba carioca posterior a 1930.

Ora, o leitor já terá notado que a definição deste ponto comum torna-se mais fácil se recorrermos ao que aprendemos anteriormente sobre a rítmica africana. Pois as fórmulas rítmicas que estamos discutindo aqui, bem como aquelas do paradigma do *tresillo*, correspondem à definição dos "ritmos aditivos" de Jones, das *time-lines* de Nketia e sobretudo da "imparidade rítmica" de Arom. Assim, o paradigma do *tresillo* corresponde à imparidade rítmica num ciclo de 8 pulsações (3+3+2 e suas variantes); e o novo paradigma que vimos predominar no samba carioca mais recente, à mesma num ciclo de 16 pulsações (2+2+3+2+2+2+3 e suas variantes).

Seria possível ir mais longe na descrição desses dois paradigmas, mas para os propósitos deste livro creio que o que ficou dito é suficiente.[35] Gostaria apenas de acrescentar que, no caso do paradigma do Estácio, a existência de um número maior de agrupamentos binários (cinco) possibilita a existência de duas versões básicas: a primeira, exposta acima, predomina como visto no samba mais recente (até por volta de 1990 pelo menos). Ela corresponde à imparidade rítmica na versão estrita de Arom, na qual os valores podem ser

---

cá e vice-versa. O problema é que se trata de uma fórmula rítmica repetitiva, circular (como tantas outras encontradas nas música africanas e afro-brasileiras), caso em que dificilmente se pode distinguir o "fim" do "começo". No caso do samba carioca, no entanto, essa fórmula rítmica coexiste com outros parâmetros musicais, estes lineares, com princípio-meio-e-fim, como as letras e os encadeamentos harmônicos. A comparação entre esses parâmetros me levou a concluir que o ponto de entrada da fórmula em questão corresponde ao compasso que se inicia de maneira contramétrica, e não ao que se inicia de maneira cométrica. Esta é a razão pela qual, nas minhas próprias transcrições do paradigma do Estácio, começo sempre por uma semicolcheia "antecipada" em relação à barra de compasso. Para maiores detalhes, remeto o leitor a meu artigo "La samba à Rio de Janeiro e le paradigme de l'Estácio".

agrupados em 7+9 ou 9+7; os cinco agrupamentos binários ficam dois de um lado, três do outro.

Mas vamos encontrar na Parte II uma outra versão, predominante no período 1928-33, que é o do nascimento e consolidação do estilo. Essa versão não foi descrita por Arom e consiste em trocar de lado um dos agrupamentos binários, ficando apenas um de um lado e quatro do outro: (2+3)+(2+2+2+2+3), ou 5+11. Ela compartilha com a anterior a assimetria e a interpolação de valores ternários entre os binários, que é o que distingue ambas dos compassos ocidentais. Mas essa outra versão possibilita a realização de variantes mais cométricas do que a primeira. Isto me faz pensar que ela pode ser encarada como "versão de transição", mais facilmente assimilável por intérpretes e público no período de instalação do novo estilo de samba.

1. "Doces lundus, pra nhonhô sonhar..."*

A palavra "lundu" (grafada às vezes também "londu", "lundum" etc.) designa na música brasileira coisas diferentes, que são em geral consideradas como interligadas. Ela foi primeiro o nome de uma dança popular, depois o de um gênero de canção de salão e, finalmente, o de um tipo de canção folclórica. Tratarei aqui sobretudo do lundu de salão, tal como nos foi transmitido pelas partituras que dele se publicaram em grande quantidade desde a década de 1830; os outros aspectos do lundu serão no entanto abordados no decorrer da exposição.

O *DFB* atribui origem remota à dança do lundu, afirmando que ela "já era tradicional em Portugal no século XVI".[1] Mozart de Araújo mostrou que se trata de um engano, cuja origem é a afirmação do folclorista português Teófilo Braga, segundo a qual a legislação de Dom Manuel, que reinou de 1495 a 1521, era "severíssima contra os bailes ou danças dos pretos como os batuques, charambas, lundus".[2] Se Braga estivesse certo, os primeiros registros do lundu estariam antecipados em mais de 200 anos; tal não é o caso, porém. A pesquisa de Araújo mostrou que a primeira proibição aos bailes dos negros ocorreu de fato em 1559, sob o reinado de Dom Sebastião, e que nela não havia nenhuma menção a lundus (nem a batuques ou charambas, aliás).

É a partir de 1780 que de fato alusões à dança do lundu começam a aparecer com frequência nos documentos históricos. A mais antiga referência encontrada, segundo Oneyda Alvarenga, é uma carta datada de 10.6.1780, do conde de Pavolide, que havia sido governador de Pernambuco, onde defendia certos bailes dos escravos de acusações feitas ao Tribunal da Inquisição.[3] Lê-se nesta carta: "Os pretos ... dançam e fazem voltas como arlequins, e outros dançam com diversos movimentos do corpo, que ainda que não sejam os mais inocentes são como os fandangos de Castela, e fofas de Portugal, e os lundus de brancos e pardos daquele país."[4] O lundu também é mencionado por volta

---

* Este é um verso de "Bancarrota blues", de Edu Lobo e Chico Buarque.

de 1780, em versos do poeta português Nicolau Tolentino;[5] e em dois entremeses populares portugueses de 1784 e 1787, que incluíam personagens negros, há menções ao "baile" do lundu.[6] No Brasil, também em fins do século XVIII, o poeta Tomás Antônio Gonzaga menciona a dança nas suas *Cartas chilenas*.[7]

A origem africana do lundu-dança é ponto pacífico para os pesquisadores brasileiros: assim, reza o *DMB*, trata-se de uma "dança de origem afronegra, trazida pelos escravos bantos da região de Angola e do Congo".[8] Mário de Andrade fala do lundu como "uma forma característica do folclore negro, porventura a mais característica então [isto é, em fins do século XVIII], e certamente a mais generalizada".[9] E Araújo escreve que "o lundu ..., descendente direto do batuque africano, foi a válvula de equilíbrio emocional de que se utilizaram os escravos para amenizar as agruras do exílio e os sofrimentos da escravidão".[10]

No entanto, as únicas fontes documentais citadas pelos mesmos pesquisadores onde, de fato, o lundu aparece como inequivocamente africano, são as portuguesas. No que tange ao Brasil, os autores que examinei foram incapazes de fornecer um só documento em que o nome "lundu" seja usado para se referir a uma atividade exclusiva dos negros. O mesmo não se dá quanto à palavra "calundus", que é referida neste sentido já no século XVII;[11] mas a relação etimológica entre os dois termos é negada por Araújo.[12]

Mais ainda, já a primeira referência feita ao lundu, citada acima, falava de uma dança "de brancos e pardos". Também nas mencionadas *Cartas chilenas*, quem dança o lundu é uma mulata. E nos versos de Tolentino, quem vai "tocar por pontos o doce lundum chorado" é nada menos que um "*loiro* peralta adamado" (embora, como o autor chama seus poemas de "sátiras", possamos pensar que se trata de uma ironia). Tampouco as descrições clássicas da coreografia do lundu nos autorizam a atribuí-la exclusivamente aos negros, pois nela é forte a influência do fandango ibérico, como notou Tinhorão.[13]

Esses dados indicam que, embora não se possa descartar a possibilidade de uma origem africana, o lundu foi no Brasil de fato uma dança "crioula". O próprio Tinhorão (que a inclui em uma parte intitulada "Músicas, danças e cantos de negros" de um livro que se intitula *Os sons dos negros no Brasil*) admite que a dança do lundu será "mais cultivada por brancos e mestiços que por negros".[14] Tal constatação, no entanto, não muda o fato de que o sentido atribuído desde fins do século XVIII ao lundu-dança e transmitido no século XIX ao lundu-canção, chegando até às definições dos pesquisadores modernos, é o de uma representação direta ou velada do universo afro-brasileiro.

A partir da década de 1830, portanto, quando tem início a impressão musical no Brasil, a palavra passa a servir também para designar um gênero de música totalmente independente de qualquer coreografia: gênero de canção de salão (mas que podia apresentar-se, raramente, sob forma de peça instrumental, como mostram o "Grande lundu para piano-forte" incluído nas *Modinhas imperiais* compiladas por Mário de Andrade, e o "Lundu con variaciones" para violão, apresentado, segundo Vega, em Buenos Aires em 1835).[15] A passagem do lundu-dança ao lundu-canção merece pois uma discussão mais detida.

Essa discussão não pode ser feita sem considerar a entrada em cena — entre as menções à dança do lundu na virada dos séculos XVIII e XIX e o aparecimento dos lundus-canção impressos por volta de 1830 — do primeiro personagem histórico da música popular brasileira: o padre mulato Domingos Caldas Barbosa (1738-1800), natural do Rio de Janeiro, que foi para Lisboa em 1770 e lá viveu pelo resto dos seus dias. Caldas Barbosa é tido pelos estudiosos como o introdutor em Portugal não só do lundu, como também de um gênero de canção a ele estreitamente ligado, a modinha, de que falaremos em seguida: "No bojo de sua viola o nosso Caldas levou para a metrópole portuguesa a primeira manifestação da sensibilidade e do sentimento musical do povo brasileiro — o lundu e a modinha", escreve Araújo.[16] E Tinhorão: "Modinha e lundu eram criações populares da gente branca e mestiça dos principais centros urbanos do Brasil ... divulgadas em Portugal por Domingos Caldas Barbosa."[17]

O lundu e a modinha têm estado indissoluvelmente associados na historiografia da música brasileira. O livro mais importante escrito sobre o assunto, o de Araújo, chama-se justamente *A modinha e o lundu no século XVIII*, e o musicólogo Bruno Kiefer também escreveu um pequeno livro chamado *A modinha e o lundu*. Esse tratamento conjunto que os gêneros receberam por parte dos estudiosos reflete o que Araújo chama de suas "conexões históricas".[18] Andrade escreve em seu clássico estudo sobre a primeira: "O fato é que modinha e lundum andaram muitíssimo baralhados".[19] E Kiefer: "No século passado não era rara a confusão entre modinha e lundu."[20] Para discutir o lundu será pois necessário abordar também a modinha.

É preciso ter em conta, em primeiro lugar, que "moda", até o século XVIII, tanto em Portugal como no Brasil, era uma maneira geral de designar as canções populares. É por isso que se pode ler numa narração de viagem, publicada no início do século XVIII, alusão à existência, na Bahia, de um "famoso músico e tocador destas modas profanas", sem que se pretenda que já existisse numa data tão recuada o que se entende hoje por modinha.[21] Além disso, como nota Luiz Heitor Corrêa de Azevedo no verbete que escreveu sobre o assunto para o *DFB*, "está na índole da língua e na tradição dos compositores este uso do diminutivo; o mesmo ocorre com fado e fadinho, polca e polquinha, tango e tanguinho, choro e chorinho etc."[22]

É na mesma época em que aparecem as primeiras menções à dança do lundu, isto é, o início dos anos 1780, que também aparece em Lisboa a palavra "modinha" para designar um tipo de canção em especial. Este tipo se apresenta em duas variedades: as modinhas portuguesas e as brasileiras. Estas últimas, se não foram introduzidas por Barbosa como parece provável e como geralmente se supõe, tiveram nele com certeza seu mais célebre representante.

Por outro lado, a existência dessa diferença — cujo conteúdo será discutido adiante — não é nada surpreendente se pensarmos que Caldas Barbosa, ao desembarcar em Lisboa, tinha 32 anos de idade e como principal formação musical a frequentação das canções populares brasileiras (das quais parece legítimo supor que, após três séculos de colonização, já tivessem adquirido certa personalidade própria). Estava longe de ser o que se costuma chamar um músico "erudito": não frequentara escolas de música. Seu instrumento era, segundo Araújo (que não dá a fonte da informação), a viola-de-arame, tipo de guitarra popular, e mesmo "vulgar", segundo o *Dicionário musical* de Rafael Coelho Machado.[23] Parece lógico supor que o repertório de Barbosa incluísse algumas das "modas profanas" mencionadas acima, e também que as da sua própria lavra fossem moldadas no mesmo estilo geral. Aliás, vem em apoio a isto o fato de que, ainda em 1883, textos atribuídos a Caldas Barbosa apareciam nas colheitas folclóricas de Sílvio Romero.[24]

Podemos pois supor, com Tinhorão,[25] Araújo, Vasconcelos e outros, que Caldas Barbosa levou para Portugal as primeiras "manifestações da sensibilidade e do sentimento musical do povo brasileiro" de que se guarda registro importante. Coisa muito diferente, no entanto, é pensar que essas manifestações já fossem chamadas desde o século XVIII no Brasil de "modinha" e "lundu", como também afirmam os autores mencionados. Não há, pelo que sei, um só documento que ateste a existência destes nomes, no sentido de gêneros de canção, no Brasil antes do século XIX. O livro de Araújo, bem como o de Mário de Andrade, mostra à farta que, cada vez que se atribuiu o nome de modinha a canções brasileiras anteriores ao sucesso de Caldas Barbosa em Lisboa, foi ao arrepio da base documental.[26] O próprio Caldas Barbosa, no primeiro volume da sua coletânea de poemas *Viola de Lereno*, chama suas composições de "Cantigas", apenas uma vez de "modinhas" e nunca de "lundus" (nome que só aparece no segundo volume, publicado 26 anos depois de sua morte).

Também José Ramos Tinhorão, tomando como fonte o romance *As mulheres de mantilha*, de Joaquim Manuel de Macedo, tece numerosas considerações em torno da suposta popularidade da modinha e do lundu no Rio de Janeiro, entre 1760 e 1770.[27] Acontece que esse romance é de 1870, e se propõe reconstituir fatos históricos ocorridos 100 anos antes. Tinhorão sabe disso, mas acha que pode se fiar na exatidão do autor sem que um único documento da época venha em seu apoio. O romance é antes um testemunho muito rico da visão que da modinha e do lundu se tinha na época em que *foi escrito.*

Quanto ao lundu-canção, mesmo em Portugal as referências que remontam ao século XVIII são indecisas. Nos textos de Caldas Barbosa, assim como nos entremeses lisboetas citados por Tinhorão, fala-se sempre do lundu-dança; nos de Tolentino, também não se fala da canção, mas da música, a qual, pelo contexto, servia para acompanhar a dança.[28] O *Jornal de Modinhas*, editado em Lisboa a partir de 1792 pelos franceses Milcent e Marchal, publica uma "Moda do londu" e um "Dueto novo por modo de londu", mas não se pode dizer que a palavra "londu" figure aí como indicação de gênero.[29] Mais importante, nestas duas peças não há quase nada que mostre as características que viriam a definir o lundu-canção no século seguinte; e a única peça publicada por Milcent e Marchal que apresenta tais características não é chamada ali de "lundu", mas de "Xula carioca".

De fato, é só durante o século XIX que modinha e lundu passam a receber definições inequívocas da parte de seus autores, editores e consumidores, e a ser como tais reconhecíveis por nós graças a determinado conjunto de características. Mas os pesquisadores modernos tenderam a aplicar retrospectivamente tais definições. Caso extremo desse anacronismo é o erro de Teófilo Braga mencionado no início da presente seção, bem como outro, similar, também denunciado por Araújo em seu excelente livro, que consistiu em chamar o poeta Gregório de Matos (1623-1696) de "o Homero do lundu", quando não se encontra qualquer menção ao termo em sua obra nem na de seus contemporâneos.[30] Uma versão moderada do mesmo erro é a cometida pelo citado romance *As mulheres de mantilha*, em que inadvertidamente se baseou Tinhorão, fazendo remontar o lundu ao terceiro quartel do século XVIII.*

A existência de modinha e lundu como gênero de canção no Brasil do século XVIII não está, pois, documentada. Por outro lado, está fartamente documentada a existência da modinha em Lisboa no final do século XVIII. Mais que isso, temos testemunhos da existência de dois tipos de modinhas: as

* Essa insistência em ver a modinha e o lundu-canção como gêneros estabelecidos no Brasil e apresentados já prontinhos por Caldas Barbosa na metrópole, apesar da falta de documentação consistente apontando neste sentido, é devida talvez a certos pendores patrióticos dos quais a historiografia da música brasileira nem sempre escapou. A intenção subjacente seria a de mostrar que estes gêneros foram criados no Brasil e não em Portugal.

portuguesas e as brasileiras. A questão da diferença musical entre os dois tipos foi de difícil solução, até a publicação, em 1968, de um estudo de Gérard Béhague sobre dois manuscritos até então desconhecidos, os Mss.1595 e 1596 da Biblioteca da Ajuda em Lisboa, que datam do fim do século XVIII.[31] O interessante nesses manuscritos é que eles mostram, na diferença entre modinhas portuguesas e brasileiras, certos traços que serão encontrados no século seguinte na diferença entre modinha e lundu; é como se esta última já estivesse, ali, começando a se delinear.

Esses manuscritos representam, ao lado da *Viola de Lereno*, já citada coletânea de poemas de Caldas Barbosa, desprovidos da parte musical, as duas fontes principais sobre o assunto que nos chegaram do século XVIII.

O primeiro volume da *Viola de Lereno* saiu em vida do autor, pois data de 1798. Mas o segundo saiu somente em 1826, muito tempo depois de sua morte. Ora, para o problema que nos ocupa — as definições de modinha e lundu — não se pode considerar os dois volumes como uma unidade, que eles não são. No primeiro volume, que é o único por cuja organização o autor pode ser totalmente responsabilizado, a palavra lundu não aparece, e a palavra modinha só aparece uma vez. Ali Caldas Barbosa chama suas composições de "cantigas". É só no segundo volume que seis poemas são chamados de lundus.

O que distingue estes últimos do restante dos poemas é sobretudo a posição discursiva assumida pelo poeta. Aqui é preciso esclarecer que Caldas Barbosa possuía uma *persona* literária, como era comum entre os chamados poetas árcades.[32] O próprio título de seu livro faz alusão a ela, pois trata-se do pastor *Lereno* Selinuntino, cujas musas eram as também pastoras que atendiam pelos nomes latinos de Nerina, Márcia, Lília e Ulina.

Pois bem, nos seis lundus do segundo volume, e só lá, Lereno desaparece sem deixar vestígios e em seu lugar surge outro personagem, que se designa a si mesmo como "o teu moleque" (palavra que o *DFB* define como "negrinho, o preto rapaz");[33] cujas musas são "iaiá" e "nhanhazinha" (definido pelo mesmo dicionário como "tratamento de 'senhora' ... dado pelos escravos às meninas da casa-grande");[34] e que usa em seu vocabulário termos como "xarapim", "arenga", "moenga", "angu" e "quingombô", no que Mário de Andrade chamou de verdadeiro "compêndio de brasileirismos vocabulares".[35]

Mais ainda, em alguns casos a relação entre o sujeito lírico e sua musa assume a feição do que Tinhorão chamou de "posição psicológica do moleque apaixonado [pela sua sinhá branca]".[36] Assim, encontramos mesmo alusões ao castigo físico, que põe em cena mais diretamente a escravidão e dá tom masoquista à situação amorosa:

Chegar aos pés de iaiá
Ouvir chamar preguiçoso
Levar um bofetãozinho
É bem bom, é bem gostoso.[37]

O único poema, entre os seis em questão, que não apresenta tais características é o "Gentes de bem pegou nele".[38] Por outro lado, no volume há apenas um poema que não é dito lundu e as apresenta, o "Doçura de amor".* Assim, vê-se que quem organizou o segundo volume da *Viola de Lereno*: 1) decidiu incluir nele um tipo de cantigas que o próprio Caldas Barbosa não incluíra na edição sob sua responsabilidade, cantigas em que o poeta se identifica não como o Pastor Lereno mas como um afro-brasileiro; 2) adotou com rigor quase absoluto o critério de chamar essas cantigas de lundus, critério que, como veremos, corresponde ao dos editores brasileiros de lundus de 1830 em diante, mas que não pode sem anacronismo ser atribuído ao próprio Caldas Barbosa.

Passemos agora aos manuscritos da Biblioteca da Ajuda, começando pelo que nos toca mais de perto, o Ms.1596, *Modinhas do Brazil*. Este documento anônimo do final do século XVIII, cuja autoria é atribuída a Caldas Barbosa por Béhague, apresenta, sob a designação de "modinhas", várias peças com características que serão mais tarde imputadas aos lundus. É a presença dessas características que explica que Tinhorão não hesite em chamar aquelas peças de lundus, mesmo com esse nome ausente do manuscrito original.[39] O organizador da edição do segundo volume da *Viola de Lereno* procede da mesma maneira, ao publicar sob a designação de lundu a peça nº6 do Ms.1596 (trata-se da única correspondência entre as duas fontes).

As características encontradas nos lundus do segundo volume da *Viola de Lereno* são pois antecipadas por várias peças do Ms.1596, mas sob o nome de "modinhas do Brasil". Aparecem aí mais uma vez o tratamento de "iaiá", "nhanhazinha", o masculino "nhonhô", e também "sinhá", que não é apenas "uma maneira carinhosa de dirigir-se às moças", como escreveu Béhague no artigo citado, mas também "o tratamento dado pelos escravos à sua senhora".[40] O termo "moleque" não aparece, mas em uma das modinhas o autor se designa sem rodeios como "nigrinho"; e outros brasileirismos aparecem — "mugangueirinha", "fadar" etc.

---

* Caldas Barbosa, *Viola de Lereno*, vol.II, p.32-6. No entanto, uma autoridade na matéria como Araújo não hesitou em considerar o "Doçura de amor" um lundu, quando afirmou que o "Caprice pour le pianoforte sur un londú brésilien" de Sigismund Neukomm poderia ter aquela canção como fonte (*Rapsódia brasileira*, p.144).

Por outro lado, no Ms.1596 em nenhum momento o poeta se apresenta como Lereno, e o único nome de sabor arcádico é a "Nerina" da Modinha 14. Assim, o contraste entre as duas *personae* literárias que se verifica na *Viola de Lereno* é atenuado nas *Modinhas do Brazil*. Tal contraste, no entanto, reaparece com toda intensidade quando se comparam estas últimas com o outro manuscrito da Biblioteca da Ajuda trazido à atenção por Béhague no mesmo artigo: o Ms.1595, intitulado simplesmente *Modinhas*. O texto desta outra coleção, como afirma Béhague, "corresponde exatamente ao tipo idílico da poesia popular portuguesa do século XVIII, dominado pelos assuntos do amor e sofrimentos dele resultantes".[41] Ela emprega referências arcádicas (Pastor, Anardas, Márcias etc.) em oito de suas 11 peças em português. E sua boa cepa europeia é reafirmada (como se ainda fosse necessário) pela interpolação de uma peça em italiano, a ária "Nel cor più non mi sento", da ópera *L'Amor contrastato*, de Paisiello. No mundo do Ms.1595, porém, só há pastores, não há escravos nem iaiás: nenhum dos brasileirismos mencionados acima tem lugar ali.

Note-se que existe um depoimento segundo o qual as alusões arcádicas seriam mais típicas das modinhas portuguesas que das brasileiras: Link, que esteve em Portugal em 1797-99, nos conta ao descrever um sarau: "A conversa logo se tornou geral e terminou em cantigas das senhoras. Cantaram principalmente essas árias portuguesas lânguidas e queixosas que só contam males de amor e repetidamente se dirigem à 'linda pastora'. Os ... cantos brasileiros nos encantaram pela variedade maior etc."[42]

É assim que as coisas aparecem nos depoimentos do final do século XVIII: faz-se a diferença entre modinhas portuguesas e brasileiras, seja para preferir estas últimas porque mais variadas, joviais, sensuais etc. (como Lord Beckford), seja para preteri-las porque grosseiras, vulgares etc. (como Antonio Ribeiro dos Santos).[43] Mas nunca se menciona uma diferença entre modinha e lundu, diferença à qual, no entanto, se poderá assimilar a primeira. A última porém só se estabelece realmente no decorrer do século XIX, não mais como diferença entre Brasil e Portugal, mas como separação interna à música brasileira.

Se para uma caracterização mais completa da *Viola de Lereno* nos falta a escritura contemporânea da música que lhe correspondia, no caso do manuscrito *Modinhas do Brazil* a lacuna é outra: temos acesso à música, mas não a comentários diretos dos contemporâneos sobre ela. Para caracterizá-la, pois, passarei diretamente ao comentário musicológico produzido já no século XX. Eis o que diz Béhague: "O que há de especial nesta coleção [por oposição ao Ms.1595, de modinhas portuguesas] ... vem, de fato, da sistematização das síncopes."[44] Essa insistência das síncopes não é uma característica puramente formal, mas carregada semanticamente: ela é associada com "Brasil", com "negro" e com "popular", três coisas que parecem por sua vez estar associadas entre si: "Melodias cantadas com síncopes sistemáticas ... podem ser associadas com o estilo 'vulgar' da modinha brasileira"; "a figura sincopada (semicolcheia-colcheia-semicolcheia) é de fato identificada com as tradições dos negros no Novo Mundo"; as síncopes seriam "traços rítmicos característicos da música popular e folclórica brasileira". Béhague fala também das "qualidades 'nacionais' das modinhas da coleção da Biblioteca da Ajuda", que apresentariam "um caráter genuinamente brasileiro, no texto e na música".[45]

Béhague refere-se expressamente às fórmulas de acompanhamento utilizadas ao longo das Modinhas nºs8, 17, 18:

E na Modinha nº16, compasso 41:

Béhague faz uma distinção entre as síncopes encontradas nos acompanhamentos e certas características das síncopes melódica:

> A melodia da Modinha nº5 sistematiza, de maneira típica, um processo rítmico muito mais próximo dos hábitos musicais populares brasileiros do que as síncopes mencionadas acima. Trata-se de uma simples suspensão (*usando ligaduras entre compassos*) empregada nas cadências, criando frases com terminações femininas.[46]

O mesmo tipo de síncope seria valorizado por Andrade em sua análise do lundu "Lá no Largo da Sé", que data de 1834:

> ... [algo] que só os compositores nacionais vivos, interessados no trabalho da matéria musical brasileira, haviam de especificar: a antecipação sincopada, *passando dum compasso para outro*, em movimentos cadenciais ... Caso raríssimo de que só conheço [outro exemplo] na segunda metade do século ... Cândido Inácio da Silva já sistematiza

> firmemente a síncopa de colcheia no primeiro tempo do dois-por-quatro, como [os compositores de lundus da segunda metade do século XIX], e, *mais que estes*, com ouvido fino, as antecipações rítmicas do nosso canto popular; é extraordinário.[47]

Tanto Béhague quanto Andrade estabelecem implicitamente uma hierarquia entre dois tipos de síncope: a síncope dentro do compasso — e mesmo dentro de um só tempo — e a que passa de um compasso para o outro. A segunda é considerada mais próxima da prática musical popular no Brasil.

Eis os exemplos musicais correspondentes:

Nos próximos parágrafos, tentarei estabelecer uma tipologia da contrametricidade do Ms.1596, com o intuito de ir mais longe na qualificação que vimos Béhague e Andrade começarem a fazer das síncopes que encontraram.[48] Com efeito, este último fala, como vimos, da "síncope característica", enquanto o primeiro afirma que certas síncopes estão "mais próximas dos hábitos musicais populares".[49] Estas afirmações criam uma diferenciação entre tipos de síncopes que contraria a vagueza com que muitas vezes se fala das síncopes afro-americanas. Mas para mostrar, como pretendo, a existência de uma mudança de paradigma rítmico na música brasileira, é conveniente ir um pouco mais longe nesta diferenciação e definir as características da contrametricidade melódica que correspondem às fórmulas de acompanhamento do primeiro paradigma.

O primeiro tipo de contrametricidade que encontramos em abundância no Ms.1596 é o que chamaremos com Andrade de "síncope característica". Ela é encontrada por exemplo na Modinha nº1, compasso 2 entre vários outros:

Uma das variações possíveis da síncope característica consiste em omitir sua primeira semicolcheia, como se faz muitas vezes na Modinha nº17. Outra variação consiste em substituir as duas colcheias do segundo tempo por uma nova síncope igual à primeira, como nas Modinhas nºs4, 6, 16 e 17. Em alguns casos, estas duas síncopes iguais são unidas por uma ligadura, gerando um primeiro caso de síncope entre tempos, e não mais no interior de um só tempo.

Outro caso é o das frases anacrústicas começando por síncopes de colcheia, como na Modinha nº6, compasso 5 (e de resto em todo o estribilho desta Modinha):

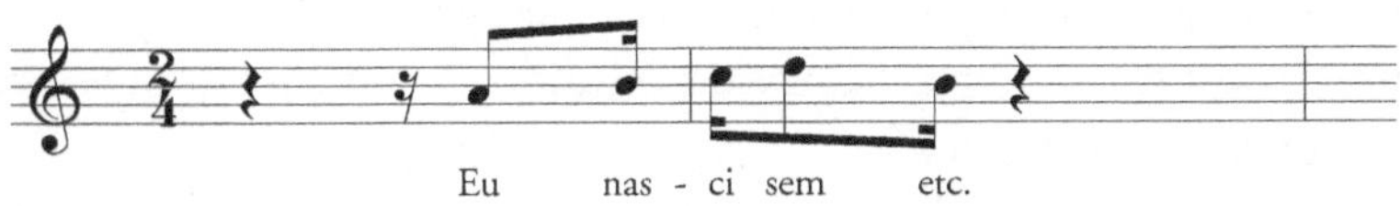

Um terceiro tipo de contrametricidade aparece, ao contrário do precedente, no final e não no início das frases musicais. Trata-se do já mencionado, que se verifica em terminações femininas, e que foi considerado por Béhague "mais próximo dos hábitos populares".

Para concluir esta sumária apresentação dos diferentes tipos de contrametricidade que entram em jogo no Ms.1596, darei dois exemplos — bem menos frequentes, é verdade — em que os tipos examinados se somam, dando origem a frases fortemente contramétricas. Trata-se da Modinha nº6, compassos 3 a 5, e da Modinha nº17, compassos 18 e 19:

O exame da música contida no Ms.1596 permitiu estabelecer a ocorrência de três tipos de figuras rítmicas contramétricas: frases baseadas na "síncope característica" e suas variações; anacruses contramétricas; e terminações femininas contramétricas. Como traço geral, constata-se uma preferência pelas síncopes internas aos tempos, e sobretudo ao primeiro tempo do 2/4. A síncope entre tempos e entre compassos também aparece, mas em proporção menor. Estas características serão à frente comparadas com as dos tipos de contrametricidade que encontraremos em outros contextos.

A associação do Ms.1596 com o universo afro-brasileiro é consideravelmente reforçada pelas indicações verbais que precedem duas das partituras: "Este acompanhamento deve-se tocar pela Bahia", lê-se na de número 8, e "Rasgado", na de número 17 (também se referindo ao acompanhamento).

Béhague interpreta a primeira frase como uma atribuição de origem ("pela Bahia" = na Bahia), enquanto Tinhorão a interpreta como uma indicação estilística ("pela Bahia" = à maneira baiana).[50] Qualquer das duas interpretações associaria este acompanhamento aos negros brasileiros, pois, segundo Béhague, "as tradições negras do Novo Mundo são melhor representadas no Brasil pelo estado da Bahia".[51]

Quanto ao "rasgado", Béhague o vê como "um coloquialismo muito específico, uma gíria significando 'com entusiasmo ou impetuosidade'".[52] Ou seja, como uma indicação de caráter expressivo. Como tal, a palavra aparece também em fontes do século passado, como a comédia *O juiz de paz na roça*, de Martins Pena.[53] O interessante nessa palavra, no entanto, é que ela é originalmente indicação, não de expressão, mas de técnica instrumental empregada pela mão direita ao tocar a viola: "rasgado" como a forma portuguesa do espanhol *rasgueado*, quando a mão direita toca todas as cordas ao mesmo tempo com todos os dedos, e não uma com cada dedo como no *punteado* (em português, "ponteado").[54] Ainda mais: o *Dicionário de música* de Borba e Graça[55] associa a técnica do "rasgado" precisamente à viola-de-arame, dizendo que este instrumento — atribuído como vimos por Araújo a Caldas Barbosa — seria especialmente adequado àquela técnica.

A transição entre o sentido técnico e o expressivo da palavra "rasgado" pode ser notada num artigo publicado por volta de 1880, onde se descreve uma apresentação de um tocador de viola, em que este, depois de demonstrar as possibilidades do instrumento na música de concerto (em que se toca ponteado), passa ao repertório popular (o articulista menciona o fado, o cateretê e o samba): "e espalmando a mão direita sobre o bojo do instrumento, enquanto que a esquerda percorria-lhe as cordas, arrebatou todos os circunstantes com um desses rasgados que têm sido a perdição de muita gente séria".[56] A descrição do "rasgado" do ponto de vista técnico é perfeita. Ao mesmo tempo, o que é "a perdição de muita gente séria" não é a técnica em si, mas a expressão afetiva que dela se desprende. A origem dessa expressão afetiva é a carga semântica conferida ao "rasgado" pelo repertório que (no Brasil) lhe é peculiar. A palavra "rasgado" no artigo citado designa ambas as coisas, e talvez aconteça o mesmo no Ms.1596.* É por causa dessa associação com um repertório já ele mesmo associado aos negros (fado, cateretê e samba) que a presença da palavra no início da Modinha nº17 pode ser significativa.[57]

Podemos pois concluir a caracterização geral do contraste entre os dois manuscritos por um pequeno quadro, que nos leva da oposição entre "modinhas portuguesas" e "brasileiras" à que será discutida com mais vagar adiante, entre modinha e lundu:

Modinhas:	*Portuguesas*	*Brasileiras*
Persona poética:	Pastor	Nigrinho
Musa:	Anarda etc.	Sinhá
Influência musical:	Itália (ária de Paisiello)	"Pela Bahia"
Rítmica:	regular	sincopada
E de 1830 em diante:	modinhas	lundus

* * *

É em 1834 que a impressão musical começa a existir no Brasil, com o estabelecimento do francês Pierre Laforge no Rio de Janeiro. Mas já em 1830 se imprimia em Viena uma coleção de modinhas do carioca J. Francisco Leal que continha dois lundus, "Menina vossé" e "Esta noite".[58] Quanto à letra, a primeira delas poderia sem problemas ser atribuída a Caldas Barbosa:

Menina, você que tem
Que comigo se enfadou
Será porque seu Negrinho
A seus pés não se curvou? etc.[59]

Quanto à segunda, apresenta um problema importante na caracterização dos textos de lundus. Sua inclusão na categoria não se deve a qualquer alusão ao mundo afro-brasileiro, que ela não contém (ou só contém de maneira indireta, como veremos), mas a uma outra característica. É que ela é "desprovida da tristeza sentimental do assunto das modinhas", como escreve Andrade; ou, para dizê-lo de modo positivo, sua abordagem do amor é risonha e mais

* A metáfora implicada pelo uso do verbo "rasgar" se refere ao gesto da mão, que toca as cordas de maneira mais agressiva do que no caso do ponteado — como se fosse realmente rasgá-las. Mas a mesma metáfora é empregada pela palavra "síncope", que, segundo o verbete respectivo no *Dictionnaire de musique* de Riemann na edição francesa sob direção de André Schaeffner, vem da palavra grega para "dilacerar", "rasgar".

propriamente sexual que romântica. Em vez de sentimentalismo, o humor de um duplo sentido:

> Esta noite, oh céus, que dita,
> Com meu benzinho sonhei ...
> Eu passava pela rua,
> Ela chamou-me, eu entrei ...
> Deu-me um certo guisadinho
> Que comi muito e gostei
> Do ardor das pimentinhas
> Nunca mais me esquecerei.

Este lundu é o mais antigo exemplo que conheço de uma imagem muitíssimo recorrente na música popular brasileira (e provavelmente não só aí), que consiste em usar a comida como metáfora do sexo. Uma lista sumária de lundus e sambas onde essa imagem aparece inclui o "Muqueca sinhá" (1889), "O mugunzá" (1892), "Canjiquinha quente" (Sinhô, 1930), "Vatapá" (Dorival Caymmi, 1942), e "Os quindins de iaiá" (Ary Barroso, 1941).* Sem intenção de minha parte, mas não por acaso, todos os exemplos citados nesta pequena lista remetem à Bahia, ou já diretamente pelo quitute escolhido, ou bem no interior da letra. Isso parece indicar que a sexualização da comida seria em si uma alusão ao afro-brasileiro, pois a mulata, sendo o alvo predileto dos desejos masculinos nos lundus e em muitos sambas, era também quem se encarregava, na cozinha, dos repastos de seu senhor.

Mas, correta ou não a interpretação, resta o fato de que "Esta noite" não é um caso isolado e que inúmeros lundus, do ponto de vista da letra, foram considerados lundus somente por sua comicidade e não por suas alusões afro-brasileiras, diretas ou veladas. Vejamos por quê.

Mário de Andrade, ao analisar o lundu "Lá no Largo da Sé", que é uma sátira ao progresso composta em 1834 e sem sombra de afro-brasileirismo, escreve:

> ... este [lundu] tem ... um antilunduísmo. O seu assunto discrepa do conceito ideológico textual em que o lundu [de salão] iria se afirmar. ... O verdadeiro e legítimo "estilo" textual dos lundus [implica num] texto sexual mas

---

* A palavra "quindim", aliás, se hoje é conhecida em todo o Brasil como o nome de um doce popularíssimo, queria dizer originalmente "requebros, graças típicas, peculiares e características de uma menina ou moça" (*DFB*, verbete "Quindim", p.641). A palavra aparece com este exato sentido num outro lundu da coleção editada por Doderer: "Minha Lilia quem desfruta teus quindins e teus miminhos etc." (*Modinhas luso-brasileiras*, p.9).

> cômico, ou mais geralmente gracioso, risonho, desprovido da tristeza sentimental das modinhas. O lundu de Cândido Inácio da Silva nada tem de amoroso, e muito menos se refere a negras e mulatas sexuais, como é do melhor e mais característico "estilo" do lundu tradicional burguês. Como caráter do seu texto, "Lá no Largo da Sé" só é lundu por encarar risonhamente ... o assunto.[60]

Andrade estabelece aqui as características do texto do que chama de "lundu tradicional burguês". Primeira: comicidade; segunda: assunto sexual; terceira: referência a mulatas e negras. O lundu típico ("verdadeiro e legítimo", "melhor e mais característico") reúne as três condições. O lundu "Esta noite", de que falamos acima, só reúne as duas primeiras; "Lá no Largo da Sé", por seu lado, só preenche a primeira. Mas o lundu de Cândido Inácio da Silva também não é uma exceção: ele antecipa, neste ponto, boa parte dos lundus impressos na segunda metade do século XIX, que tratarão dos assuntos mais diversos sob o signo comum da comicidade.

É justamente essa importância assumida pela comicidade na caracterização do lundu que Andrade tentará explicar pela argumentação que começa no parágrafo seguinte ao trecho que citamos, e que vai até o final do artigo, ocupando o último terço deste.

Nessa argumentação, o primeiro ponto que o autor procura estabelecer é a resistência que a sociedade brasileira teria oferecido, desde sua formação colonial até a metade do século XIX, às manifestações artísticas do negro. Andrade reconhece que tais manifestações existiram, foram toleradas e às vezes até incentivadas. Mas insiste em que elas não se fundiram com as manifestações dos brancos, permanecendo ambas como "compartimentos estanques", "impenetráveis": "de maneira que mesmo as palavras afronegras, designadoras de coisas coreográficas ou musicais, samba, urucungo, marimba etc., designavam exclusivamente *coisas de negros*, e não dos brasileiros em geral" (grifo do original).[61]

Ora, para Andrade, teria sido justamente o lundu a primeira dessas "coisas de negros" a vencer a impermeabilidade da sociedade branca:

> O lundu ... é a primeira forma musical afronegra que se dissemina por todas as classes brasileiras e se torna música "nacional". É a porta aberta da sincopação característica ... É a porta enfrestada do texto cantando sexualmente os amores desonestos [entre senhores e escravos], as *mésalliances*, e se especializa na louvação sobretudo da mulata.[62]

Mas a abertura dessa "porta" entre dois compartimentos estanques teria sido facilitada por um recurso tático:

> A comicidade, a caçoada, o sorriso, era o disfarce psicossocial que permitia a difusão [do lundu] nas classes dominantes. ... A mulata principiava, e a negra e o negro, sendo literariamente consentidos nas classes da alta e da pequena burguesia ... Mas ... o lundu retirava deles qualquer dor e qualquer drama ... É um fenômeno idêntico ao aparecimento itálico da *opera buffa*, em que o personagem do povo foi consentido dentro da aristocracia da ópera ..., mas consentido pela comicidade.[63]

Assim, a comicidade é explicada, em última análise, pela referência ao negro encontrada na origem do lundu. Este seria, em essência, uma canção que põe em cena o universo negro; em seguida, por uma espécie de distorção devida à pressão das condições sociais, seria uma canção cômica — mostrando não o duro cotidiano do trabalho escravo, mas o negro que dança e que sobretudo faz rir seus senhores brancos; finalmente, o lundu se estabelece como canção cômica *tout court*, dispensando qualquer referência à sua presumida fonte última, e por assim dizer autonomizando-se dela, como no caso de "Lá no Largo da Sé". Andrade vê na comicidade do lundu o que a psicanálise chamaria de um "sintoma", manifestação que expressa de maneira distorcida um conflito recalcado, no caso o conflito social latente entre senhores e escravos.

Mas a autonomia conquistada pelos lundus apenas cômicos, como o de Cândido Inácio da Silva, seria relativa, pois se a referência ao negro está ausente do texto literário, Mário de Andrade a vê no texto musical. Exatamente como no estudo de Béhague sobre o Ms.1596, tal referência é atribuída às síncopes. E exatamente como naquele estudo, àquelas síncopes se atribui um caráter não somente negro, mas ao mesmo tempo popular e brasileiro:

> Aqui a síncopa bem brasileira vem copiosamente sistematizada. ... Está claro que não afirmo que estes sejam processos exclusivamente brasileiros de sincopação, mas ninguém discutirá, creio, que são ritmos caracteristicamente nacionais, e mesmo particularmente nossos, dentro da sincopação negrizante de toda a América atlântica, dos Estados Unidos à Argentina. Assim, não há dúvida possível que certas constâncias bem caracteristicamente brasileiras de sincopação popular já existiam nos tempos de Cândido Inácio da Silva.[64]

A última frase merece nossa atenção. Da existência das síncopes em questão na partitura do lundu de Silva, Andrade deduz a existência das mesmas na música praticada pelo povo. Essa dedução se nota também no trecho em que o escritor afirma que no lundu em questão certas síncopes brasileiras seriam "dicionarizadas" pela primeira vez.[65] Ora, uma palavra só é dicionarizada quando seu uso quotidiano se generalizou a tal ponto que ela passa a ser reconhecida no mundo da gramática oficial. Mas supõe-se que ela já existia antes, no uso corrente do povo ou de um dado segmento social; o que lhe faltava era estabilidade, reconhecimento ou importância suficiente para romper a barreira da cultura acadêmica.

A comparação assim estabelecida entre a música e o léxico prossegue quando Mário de Andrade emprega a expressão "brasileirismos" para se referir às síncopes de "Lá no Largo da Sé".[66] Um "brasileirismo", de acordo com o *Aurélio*, é "palavra ou locução própria de brasileiro, modismo próprio da linguagem dos brasileiros".[67] Assim, as síncopes empregadas por Cândido Inácio da Silva refletiriam, numa partitura, hábitos correntes na música popular brasileira.

É esse emprego de procedimentos rítmicos supostamente presentes na música popular que leva Mário de Andrade a atribuir ao compositor a condição de mulato. O número e a variedade das síncopes na peça em questão seria tão maior que no restante da documentação proveniente do século XIX, conhecida pelo musicólogo, que só seria explicável pela "espontaneidade do sangue e do convívio e não apenas [pelo] ouvido ... do observador".[68] O "sangue e o convívio", isto é, a condição mestiça do compositor, são inferidos pelo musicólogo da suas síncopes relativamente mais abundantes: dificilmente se poderia encontrar ilustração melhor do vínculo de sentido que une no Brasil certas figuras rítmicas à cultura negra.

Mário de Andrade deduz pois a condição mestiça de Cândido Inácio da Silva diante do espanto que lhe causa a variedade e sutileza das síncopes empregadas por aquele compositor numa data tão recuada como 1834; o que não diria diante das peças do Ms.1596, que antecipam Silva em 50 anos e cuja "sincopação" é ainda mais variada e sutil? Leve-se em conta ainda que naquele caso se trata de toda uma coleção com as mesmas características, ao passo que no caso de Silva tratava-se de uma peça apenas, o lundu "Lá no Largo da Sé".

Se, como supõe Béhague e como tudo indica, a música do Ms.1596 é de autoria de Caldas Barbosa, que era mulato, a suposição de Andrade com relação à "espontaneidade do sangue" estaria neste caso justificada. Mas prefiro tomar essa alusão ao sangue como uma figura de linguagem, pondo-a na conta do poeta que Mário de Andrade também foi. A etnomusicologia já nos ensinou suficientemente que, em matéria de estilo musical, é o convívio que conta, e não o sangue; ou melhor, o sangue só conta como índice do convívio (o que nos permite entender o sentido da expressão de Andrade). Entre os compositores profissionais de lundus da segunda metade do século XIX, muito menos "sincopantes" que Cândido Inácio da Silva, é certo que alguns dos mais célebres eram portugueses, como Francisco de Sá Noronha ou Rafael Coelho

Machado; mas é provável que alguns fossem tão mulatos quanto Silva possa ter sido, e pelo menos dois o eram com certeza — Arvellos Filho e o Dr. Nunes Garcia.[69]

Quanto a Caldas Barbosa, seu "convívio", isto é, sua situação social, era certamente bem diferente da de seus sucessores do tempo do Império. Não era compositor profissional, mas trovador palaciano e padre por conveniência, sustentado pelos aristocratas para quem chegou a escrever poemas de bajulação. Se cantava, como supomos, as modinhas do Ms.1596, certamente não foi ele quem as transformou em partituras — pois, ao que indica sua biografia, não sabia fazê-lo —, mas um escriba fiel e de fino ouvido.

Já os lundus que nos chegaram do Império e dos primeiros anos da República são música perfeitamente burguesa, isto é, composta por profissionais (cuja formação técnica se fez em moldes europeus, e cuja função se distingue da dos letristas), sustentada financeiramente através da venda de partituras, interpretada nas casas das famílias que possuíam piano e nos teatros de variedade a ingresso pago. Esses compositores empregavam síncopes à maneira dos atores brancos que se pintavam de preto: o dialeto musical do lundu burguês é "marcado", como um sotaque caipira. Arvellos, Sá Noronha, Coelho Machado etc., todos empregavam nas suas composições para orquestra ou corais, nas suas polcas ou modinhas, o estilo "clássico-romântico" internacionalmente dominante, no qual as síncopes, se entram, é com toda discrição. Na hora de compor o lundu, ao contrário, elas entravam espalhafatosamente, como ingrediente da caracterização, como imitação do que seria, para os ouvidos brancos de então, a "negritude" musical (não é à toa que a figura semicolcheia-colcheia-semicolcheia é chamada por Mário de Andrade e outros de "síncope *característica*").*

Caso se examine em detalhe o Ms.1596 se verá, pelo contrário, que as síncopes não estão lá para caracterizar nada. Tanto nos textos que, pelos critérios do século XIX, seriam considerados "de modinha" (como os das Modinhas nºˢ1, 2, 4 e outras) quanto "de lundu" (como os das Modinhas nºˢ5, 7 e 16), a música é de um tipo que pelos mesmos critérios seria considerada "de lundu". Romântico ou cômico, com ou sem africanismos, o compositor sincopa. Isto parece indicar que a "sincopação", para o autor das peças do Ms.1596, não era elemento de caracterização, mas estilo geral. Ele não teria

---

* A ideia de que o lundu burguês é uma "modinha marcada" se exprime também, a meu ver, no fato de que esta nunca perdeu completamente a vocação genérica que a palavra tinha no século XVIII, e tendeu às vezes a englobar aquele. Assim, foram publicadas muitas "Coleções de modinhas" em que alguns lundus eram incluídos. Esse hábito chegou até Mário de Andrade, que incluiu um lundu em sua coletânea *Modinhas imperiais*.

sincopado para imitar o estilo dos negros fazerem música, mas porque fosse seu próprio estilo.

* * *

A coleção de lundus impressos da BNRJ é provavelmente a mais completa, e consta de 40 lundus editados no Rio de Janeiro entre 1837 e 1900.* As características gerais dos lundus da coleção são as mesmas já detectadas até aqui: síncopes, comicidade, alusões ao mundo afro-brasileiro. Estas últimas, em alguns casos, são indiretas, como neste lundu atípico, com sua letra de modinha (inclusive na referência à mais afortunada musa da lírica brasileira), que é o "Marília, meu doce bem" (anônimo, 1855-62), que ao retomar a figura tão frequentada dos "olhos que matam" glosa na última estrofe:

> Porém se teus olhos matam
> Sabem dar vida também
> Por um certo requebrado
> Que tudo pode, meu bem

O lugar-comum literário faz os "olhos" substituírem a região do corpo diretamente ligada ao sexo, no que a psicanálise chama de "deslocamento"; mas a estrofe citada põe a nu, por assim dizer, este mecanismo, quando fala do "requebrado", palavra que designa o movimento das cadeiras típico das coreografias afro-brasileiras.

Mas há também muitos lundus do caso clássico descrito por Mário de Andrade: humorísticos e alusivos ao intercurso sexual entre senhores e escravos. Nos lundus da coleção BNRJ que examinamos, o tipo mais frequente nesta categoria é o que descreve a tentativa de sedução da negra ou mulata pelo "sinhozinho". O "Gentis, você já vio já?" ("composto pelo curioso B.B. e posto

---

* A datação deles não é simples. São raros os que trazem uma data impressa, e a maioria não traz nem número de chapa de impressão. Para chegar a uma data aproximada, a principal fonte empregada foi o excelente verbete escrito por Mercedes Reis Pequeno para a *EMB*, "Impressão musical no Brasil". Temos ali a lista dos principais editores de música que trabalharam no Rio de Janeiro no século passado, com as datas em que funcionaram, se associaram e se desassociaram, em que estiveram num determinado endereço ou em outro. Assim, como as capas das partituras costumavam trazer o nome e o endereço da firma de edição, é possível chegar pelo menos a um período dentro do qual cada lundu foi publicado. Outras fontes úteis para a datação de alguns lundus foram o livro *Raízes da MPB*, de Vasconcelos, e, para os lundus cantados no teatro de revista, a "Cronologia" que consta no final do livro de Ruiz, *Teatro de revista no Brasil*.

em música pelo professor Dorison", 1850) diz, imitando a maneira de falar dos escravos:

Gentis, gentis [sic, "gentes"], você já vio [sic, "viu"] já
Iôiô mais sidotô [sic, "sedutor]?

Na mesma linha, o "Lundu das beatas" (Januário da Silva Ramos, 1862-63) canta:

Yôyôsinho, vá-se embora
qu'eu não gosto de brincar
Não venha com seus carinhos
Minha reza atrapalhar.

Por fim, "Sinhô Juca" (M.J. Coelho, anterior a 1869) diz:

Sinhô Juca é forte teima
Não bula comigo não
... Sinhô Juca arrede lá
Senão leva bofetão
... Ah meu Deus, Sinhô Juquinha
Você é os meus pecados
Vá-se embora, já lhe disse
Não me queira dar cuidados
... As artes de Sinhô Moço
São mesmo artes do demônio
Não me posso livrar delas
Nem rezando a Santo Antônio etc.

"Ioiô", "sinhô" e "nhonhô" são as formas masculinas do tratamento usado pelos escravos para se dirigirem aos senhores.

Estes lundus têm um antepassado na "Xula carioca" publicada no *Jornal de Modinhas* de Milcent e Marchal, que canta, já em fins do século XVIII:

Onde vais, linda negrinha?
... Não fujas com tanta pressa
Não te faças tão ingrata
Sou sinhorzinho do Reino
Não sou nenhum patarata.[70]

E têm sucessores pelo século XX adentro, demonstrando a constância do tema na sociedade brasileira — como a canção carnavalesca que empolgou o carnaval de 1905 no Rio de Janeiro, o "Vem cá, mulata":

— Vem cá, mulata!
— Não vou lá não!
— Sou Democrata
De coração.*

Como o leitor terá notado, estes lundus apresentam uma mudança de posição discursiva com relação às peças equivalentes de Caldas Barbosa: lá, era o "negrinho" quem falava, apaixonado por sua Sinhá; aqui, é da "negrinha" perseguida por seu nhonhô que se trata. Este último caso é que Andrade define como sendo o clássico; do outro, com efeito, não encontrei um único exemplo na coleção da BNRJ.

E como se comportam os lundus aqui examinados no que se refere à metricidade? A primeira coisa a notar é que eles se diferenciam do Ms.1596 por sua preferência ainda mais acentuada pelas síncopes internas aos tempos. São raros, nos lundus da BNRJ, os casos de síncope passando de um compasso para o outro, ou mesmo do primeiro ao segundo tempo do 2/4, casos que eram frequentes, ainda que minoritários, no Ms.1596.

Mas o que interessa ainda mais é o caráter das fórmulas de acompanhamento ali presentes. Trata-se das três variantes do paradigma do *tresillo*, que estudamos nas Premissas Musicais. (Veremos adiante que este traço fundamental diferencia, do ponto de vista rítmico, o universo do lundu e equivalentes do universo do samba carioca posterior a 1930.)

Tal traço não é entretanto igualmente forte no conjunto dos lundus em questão. Na verdade, no decorrer do século XIX o que se vê é a progressiva afirmação das fórmulas de acompanhamento mencionadas, tanto nos lundus quanto no resto da música impressa considerada como "tipicamente brasileira" (polcas brasileiras, tangos brasileiros etc.). Nos lundus mais antigos, estas fórmulas se limitam a alguns compassos, e coabitam com fórmulas de acompanhamento totalmente cométricas (arpejos em semicolcheias, baixo de Alberti etc.). Nos lundus do final do século XIX, o paradigma do *tresillo*, especialmente na sua versão "síncope característica", se impõe em toda parte.

De qualquer forma, *todos* os lundus que examinei apresentam ou fórmulas de acompanhamento contramétricas, ou melodias sincopadas, ou ambas as coisas. A síncope melódica parece ser o traço mais generalizado. Ela pode ocorrer na presença de um acompanhamento totalmente cométrico, como acontece em "Marília, meu doce

* "Ser Democrata" aí é um jogo de palavras: significa pertencer ao Clube dos Democráticos, uma das principais agremiações carnavalesca cariocas, e ao mesmo tempo alude, como parte da estratégia de sedução, à "democracia amorosa" em que brancos e mulatas confraternizam durante o reinado de Momo.

bem" (anônimo, 1855-62), compassos 9, 11, 19, entre outros. Ou em "Querem ver esta menina", do Padre Telles (*circa* 1850), que apresenta síncopes entre compassos praticamente de dois em dois compassos. O caso contrário — acompanhamento contramétrico e melodia cométrica — não foi encontrado por mim.

Vejamos agora o que se passa com a música de três lundus cujas letras foram citadas acima.

Gentis, você já vio já?, compassos 16-8

"Gentis, você já vio já?" é um lundu com introdução e primeira parte em 2/4, e segunda parte em 3/4. A primeira parte é quase totalmente cométrica. A "síncope característica" aparece uma vez na introdução (compasso 8) e uma vez no acompanhamento (compassos 16 e 17), enquanto a melodia apresenta uma frase de três síncopes.

Lundu das beatas, compassos 17-20

Já o "Lundu das beatas" é quase inteiramente construído sobre a "síncope característica", em sua melodia como em seu acompanhamento. A introdução, de 8 compassos, tem 3 compassos sincopados e 5 regulares. A partir da entrada do canto (compasso 9), o acompanhamento é sincopado, e assim até o compasso 29, onde reaparece um arpejo cométrico que dura até o final. Quanto à melodia, é composta de 12 frases, das quais 4 são totalmente cométricas e 8 apresentam "síncope característica".

Sinhô Juca, compassos 45-8

Quanto ao lundu "Sinhô Juca", cuja letra também foi citada acima, o que há de especialmente interessante é a variedade das figuras rítmicas. Nos compassos 11 e 15, a mão direita do pianista toca a versão não subdividida do paradigma; nos compassos 42 e 47, o canto mais a mão direita do piano fazem "ritmo de habanera", e fazem "síncope característica" nos compassos 44 e 48; esta última é empregada pelo canto sozinho nos compassos 34, 36 38 e 40. O resto da peça, em contraste, apresenta figuras rítmicas cométricas, tanto no acompanhamento (acordes arpejados, baixo de Alberti) como no canto.

Nosso estudo do lundu nos levou a partir do lundu-dança, de que os primeiros vestígios remontam ao século XVIII, a passar por Caldas Barbosa e pelas "modinhas brasileiras" do Ms.1596 (que poderíamos chamar de "proto-lundus"), até chegar ao lundu-canção, cujas primeiras partituras foram impressas a partir de 1830, e que alcançou o final do século como um tipo de cançoneta cômica no teatro de revista. Tal estudo nos mostrou a forte presença, nos textos, de alusões ao universo afro-brasileiro, e na música, de certo tipo de contrametricidade, que encaro como outras tantas alusões musicais a este mesmo universo.

Na sequência, vamos ver o que se passa com outros gêneros que foram praticados no Brasil no final do século XIX, para completar o quadro da família musical que se enquadra no que chamei de paradigma do *tresillo*.

2. O maxixe e suas fontes

O maxixe é uma dança popular urbana criada no Rio de Janeiro na segunda metade do século XIX. O livro *Maxixe, a dança excomungada*, de Jota Efegê, que será abundantemente citado, é a principal pesquisa sobre o assunto, e nos informa que a primeira menção impressa ao maxixe data de 1880.

O mesmo livro nos mostra também que a dança foi considerada desde o início muito vulgar e de baixa categoria. Sua invenção é atribuída por Raul Pederneiras, em artigo de 1906, aos habitantes da "Cidade Nova". A "Cidade Nova" é o bairro do Rio de Janeiro surgido por volta de 1860 com o aterro da região pantanosa em torno do Canal do Mangue. Em 1872 já era o bairro mais populoso da cidade e também o bairro dos divertimentos de má fama:

> Bailes característicos da Cidade Nova, os *assustados* ou *sambas* [grifos do original], eram, então, propriedade de um grupo sacudido, desempenado, que guardou no modesto anonimato a glória dessa invenção ... . Era por esses grupos rebarbativos que o maxixe aparecia a princípio, figura obrigada nos folguedos de antanho ... E vós todos, homens sisudos de agora, que transitastes pela via juvenil dos folguedos cariocas, ao ouvirdes hoje um desses musicares trepidantes, sentireis nas pernas o formigueiro saudoso dos bons tempos em que, pela calada da noite, íeis folgar disfarçadamente nos sambas da Cidade Nova.[1]

A palavra samba aparece aqui com o sentido de festa ou baile popular, sentido que, como veremos na parte II, era o dominante no início do século.

O maxixe era pois associado a grupos rebarbativos, e praticado disfarçadamente, na calada da noite e num bairro de má fama. Portanto, não sendo de bom tom, é legítimo supor que, para aparecer nos jornais em 1880, já fosse praticado anonimamente antes disso. Mário de Andrade fixa o decênio anterior como aquele em que provavelmente o maxixe surgiu.[2] Se os "homens sisudos" a que se refere Pederneiras eram cinquentões em 1906, seria mesmo lá por meados dos anos 1870 que iriam se divertir na Cidade Nova. Porém o que se passava por lá não tinha registro impresso. Os únicos lugares em que a sociedade oficial reconhecia as diversões suspeitas, em que os grupos rebarbativos saíam da calada da noite e eram tolerados pela gente bem, eram o teatro de variedades e clubes carnavalescos. Por isso, a pesquisa de Jota Efegê no livro citado se concentrou "no noticiário, na publicidade satírica que eles (teatros e clubes carnavalescos) faziam de seus espetáculos, de seus bailes".[3]

Com efeito, um desses anúncios, do "Clube dos Celibatários", trazia em fevereiro de 1876, na linguagem espalhafatosa que os caracterizava, outra menção impressa à palavra "samba", uma das primeiras num contexto urbano: "Alertá! Beaucoup de Samba! Alertá!".[4] Seria imitado no ano seguinte pela Sociedade Carnavalesca Estudantes de Heidelberg, que anunciava assim um baile a 27 de janeiro: "É hoje, ó rapaziada, estudantes heidelberguenses, o dia do segundo *samba*!"[5]

O carnaval carioca era, na segunda metade do século XIX, muito diferente do que é hoje. As principais organizações carnavalescas não eram constituídas principalmente pelas classes populares, como são as atuais escolas de samba. Os Estudantes de Heidelberg, que reunia, como indica seu nome, jovens dados à cultura alemã, congregava "rapazes do curso médico, alguns empregados públicos e poucos, mas de boa colocação, no comércio".[6] Em suma, são os futuros senhores sisudos, de que nos falava Raul Pederneiras, os mesmos que já conheciam o maxixe de suas incursões noturnas à Cidade Nova. Os bailes carnavalescos dos "heidelberguenses", pelo que sugerem os anúncios, procuravam recriar um pouco do clima vivido naquelas incursões.

Também o escritor Lima Barreto nos dá uma indicação de que os clubes carnavalescos, pelo próprio grau de permissividade mais acentuada que os caracterizava, foram os primeiros a introduzir na sociedade burguesa maneiras de dançar consideradas vulgares. Em seu conto "Cló", da coletânea *Histórias e sonhos*, descreve uma família de classe média carioca do final do século XIX durante os dias de carnaval. No final do dia, o pai chega em casa, "onde tocavam e dançavam. ... Era sua mulher quem tocava [um tango]...* Quando entrou, o piano cessava e a filha descansava, no sofá, a fadiga da dança lúbrica que estivera ensaiando com o irmão. O velho ainda ouviu indulgentemente o filho dizer: é assim que se dança nos Democráticos".[7]

O Clube dos Democráticos era uma das principais agremiações carnavalescas da época, do mesmo tipo dos Estudantes de Heidelberg, mas muito maior e mais importante. O personagem do irmão é descrito como "sabedor

* O tango no Brasil da época nada tem a ver com o moderno tango argentino. A menção deste gênero no contexto do conto de Lima Barreto é significativa, e voltaremos ao assunto.

das coisas carnavalescas" por frequentar aquele clube, onde aprende a dança lúbrica que ensina à irmã, jovem candidata a *demi-mondaine* e personagem título do conto.

A ideia de que o maxixe veio da Cidade Nova pela via dos clubes carnavalescos é consideravelmente reforçada por "uma versão, propagada por Villa-Lobos, que a teria colhido dum octogenário", segundo a qual "o maxixe tomou esse nome dum sujeito apelidado 'Maxixe' que num carnaval, na sociedade 'Os Estudantes de Heidelberg', dançou o lundu duma maneira nova".[8] A maneira nova de dançar o lundu, que Villa-Lobos menciona, teria sido pois provavelmente aprendida, ou imitada, dos bailes da Cidade Nova, e transmitida a círculos mais amplos através dos clubes carnavalescos.[*]

Vemos assim uma primeira correlação estabelecer-se entre maxixe e dança do lundu. Mas em que consistiria a tal maneira nova, que exprime ao mesmo tempo a diferença e o fundo comum entre as duas danças? Para sabê-lo, é necessário proceder a uma comparação entre elas. A discussão que se segue é baseada nas descrições da dança do lundu feitas, entre outros, por Sant'Anna Néry,[9] Gonzaga, Lindley e Tollenare;[10] quanto ao maxixe, a melhor fonte é mesmo o livro de Jota Efegê que temos citado.

Já quanto à organização global da dança há grandes diferenças. No lundu todos os participantes, inclusive os músicos, formam uma roda e acompanham ativamente, com palmas e cantos, a dança propriamente dita, que é feita por um par de cada vez. No maxixe, ao contrário, todos os pares dançam ao mesmo tempo e a música é "externa" à dança: isto é, nem os músicos fazem parte da "roda" — que ela mesma é dissolvida surgindo em seu lugar o espaço do chamado "salão de baile" —, nem os dançarinos cantam, sendo a música exclusivamente instrumental. O maxixe era uma dança moderna, urbana e internacional (chegou à Europa junto com o tango argentino);[11] o lundu deitava raízes no mundo rural e no passado colonial brasileiro.

Mas a diferença mais importante diz respeito à disposição do par: o maxixe é uma dança de par enlaçado, o lundu, de par separado. A classificação das danças nestes dois tipos básicos vai nos ocupar por um momento, pois ela se revelará muito útil na sequência.

A enorme diferença cultural entre as danças de par separado e as de par enlaçado foi estudada por Vega.[12] As danças de par enlaçado apareceram no

---

* A ideia de que nos bailes dos clubes carnavalescos se dançava de maneira especial, imprópria para senhoritas, já foi sublinhada por Tinhorão. Ele cita um romance publicado em 1894, onde se descreve um baile burguês, cujas valsas e polcas são dançadas com furor pelas damas mas esnobadas pelas atrizes "que, a respeito de bailes, só apreciavam os carnavalescos, nos Fenianos e Democráticos". *A música popular no romance brasileiro*, p.163.

Brasil nos anos 1840, com a valsa e a polca. Como novidades modernas, foram adotadas entusiasticamente pelas famílias mais ricas das principais cidades do litoral, mas custaram muito a ser aceitas no interior, nas cidades pequenas e pelo povo em geral. Há muitos testemunhos disso nos romances de fins do século XIX. Um deles dizia, mencionando a capital de Alagoas: "Em 1845 eram muito raras em Maceió as reuniões dançantes, e a não ser a fidalguia ninguém mais dançava quadrilhas e polcas."[13] Outro testemunho está no romance *D. Guidinha do Poço*, de Manoel de Oliveira Paiva (escrito em 1891), passado no interior do Ceará, que, como Maceió, do ponto de vista dos costumes estava "em atraso" com relação ao Rio de Janeiro:

> Os matutos não eram bastante useiros nas *figuradas*, que até levavam à boa conta. Diz-se que, na festa do ano anterior, um deles chegou-se a um cavalheiro com quem sua filha estava estropiando uma polca, e lhe disse formalmente: — Desgrude-se, moço! — e, como foi grande o pasmo, foi muita a aprovação do ato moralizador e isolador.[14]

O nome "figuradas" costuma se aplicar às danças do tipo da quadrilha, mas aqui elas englobam tudo que se dançava nos bailes mais *up-to-date*, e portanto também a polca. Os matutos — isto é, os habitantes do interior, por oposição aos do litoral, mais permeáveis às novidades — estavam habituados a outro tipo de danças, em que o contato físico do par é muito menor. Oliveira Paiva dá em outro ponto de seu romance uma descrição destas últimas, e o nome que emprega é: "samba".

Também Machado de Assis no romance *Quincas Borba* contrapõe Sofia, uma mulher casada, da capital, que "polcava e valsava com ardor", a sua prima Maria Benedita, que viera da roça, não estudara "piano nem francês — uma lacuna que Sofia mal podia desculpar", e, para cúmulo da caipirice, tinha outros hábitos coreográficos: "[Maria Benedita] dançara muito, salvo polcas e valsas. E por que não havia de polcar e valsar também? A prima lançou-lhe uns olhos maus: — Não gosto. — Qual não gosta! É medo. — Medo? — Falta de costume, explicou Sofia."[15]

Ainda em 1950, afirmava no interior de São Paulo um praticante do batuque, que é dança de par separado: "O batuque não é imoral. 'Dançar baile' sim é imoral. O cavaiêro [sic] fica encostado na dama, com os umbigo grudado o tempo todo. No batuque não dá tempo de falar no ôvido [sic] da dama como no baile."[16] O informante emprega a palavra "baile" para designar as danças de par enlaçado, em contraste com o batuque. De fato, como se pode constatar lendo os romances citados acima, era assim que no século XIX eram designadas as festas dançantes da gente rica, onde valsas e polcas ocupavam um lugar de honra.

Assim, vamos reter da discussão precedente a separação entre, por um lado, o baile (designando as danças de par enlaçado, principalmente valsa e polca), e por outro as danças de par separado, designadas ora como batuque, ora como samba, ambos, como veremos na Parte II, danças de umbigada.

Ora, o lundu popular pertence a esta última categoria, como atestam suas descrições, enquanto o maxixe pertence à primeira. Com efeito, o que há de interessante quanto a este é justamente o fato de ser a primeira dança popular de par enlaçado a aparecer no Brasil. Ele é o resultado da adoção pelo povo de maneiras de dançar contrárias a seus antigos hábitos. Mas não adoção mecânica, pois incorpora elementos coreográficos que não se encontravam nem na polca nem na valsa das elites. Estas, aliás, não se reconhecem na imitação, e uma parte do horror que o maxixe lhes inspirou — tão bem retratado por Jota Efegê em seu livro — talvez se deva a que se veja nele uma apropriação indevida do que antes era signo de distinção.

De fato, do ponto de vista do par, a única "maneira nova" que poderia transformar lundu em maxixe é a adoção da posição enlaçada pelos dançarinos. Aliás isso é admitido implicitamente pelo mesmo Villa-Lobos em outro momento, quando escreve: "O maxixe ... deriva-se do lundu ... . Os foliões [adotaram o lundu], dançando-o porém com uma liberdade muito maior de movimentos, a fim de que os pares, inteiramente unidos, pudessem dar maior expansão ao seu sensualismo."[17]

É necessário no entanto que alguma coisa subsista do lundu, para que a definição do maxixe como transformação dele faça sentido.

Note-se em primeiro lugar que o maxixe substituiu o lundu, no imaginário brasileiro da virada do século, como dança "nacional" por excelência. Já Lindley, ao descrever o lundu em 1803 (embora sem nomeá-lo), dizia: "Esta é a dança nacional; todas as classes, quando põem de lado o formalismo, a reserva e, posso acrescentar, a decência, entregam-se ao interesse e ao enlevo que ela excita."[18] Em 1875 o Teatro São Pedro de Alcântara, atual João Caetano, no Rio de Janeiro, anuncia a realização de um espetáculo de variedades com a apresentação de "grande *kan-kan* e lundu nacional".[19] Vimos também que Andrade, em "Cândido Inácio da Silva e o lundu", fala do lundu como "a primeira forma musical que adquire foros de nacionalidade".[20]

Ora, no início do século XX é o maxixe que assume este posto. Lemos num artigo na imprensa, contra a repressão ao maxixe, em 1907: "O maxixe banido! Ele, que na música é o vatapá do cardápio nacional!"[21] Isto é, o prato mais típico... Num anúncio de clube carnavalesco, de 1909, a dança é chamada de "maravilhosa invenção da mulata!... Produto genuíno do sempre lembrado Pedro Álvares Cabral".[22] Como se vê, ao menos uma parcela da população não precisou esperar por Gilberto Freyre para considerar a mulata o "tipo racial" brasileiro por excelência. Em outro anúncio para o carnaval, de 1913: "Tudo dança à portuguesa, à inglesa, à francesa, e, com especialidade, o maxixe brasileiro!"[23] Finalmente, na legenda de uma charge em 1914: "— Sua mamãe consente que vossa excelência dance o tango? — Deus me livre! Mamãe é muito patriota — prefere que eu dance o maxixe..."[24]

Há indícios de que o gesto coreográfico comum às duas danças, que permitiria pensá-las a ambas como nacionais e mutuamente conversíveis, seria o movimento das cadeiras conhecido como "requebrar" ou "quebrar". Já em 1853 o "Lundu da Marrequinha" (de Francisco Manuel da Silva, que vem a ser também o autor da música do hino nacional brasileiro) dizia:

... dançando à brasileira
Quebra o corpo iaiazinha[25]

Também o "Cateretê" composto por Manoel Joaquim Maria para a paródia "Orfeu na roça", estreada em outubro de 1868, cantava:

Quebra quebra bem quebrado
O fadinho brasileiro
Numa roda deste fado
Tudo fica prisioneiro...
Tomara achar quem me diga
Quem é que pode aguentar
A mocinha brasileira
No fadinho a requebrar

Note-se que a palavra "fado", associada hoje em dia à canção nacional portuguesa, no século XIX designava no Brasil uma dança popular semelhante ao lundu, e, como este, tida por tipicamente brasileira.[26]

Tinhorão discute as implicações coreográficas do verbo "quebrar" mas parece supor que seja associado ao maxixe *e só a ele* (o que a menção no "Lundu da Marrequinha" já basta para negar).[27] O *Dicionário* de Morais e Silva também já anotara em seu verbete "lundu": "Dança chula do Brasil, em que as dançadeiras agitam indecentemente os quadris", ou seja, "requebram".[28] E já em 1817, Tollenare observara em Recife, a propósito de uma dança de negros:

A pantomima dos três dançadores teria pouco valor sem um movimento muito picante, que não cessava de acompanhá-la. Era um tremor muito vivo e muito extraordinário de todos os principais músculos do corpo, e um mo-

> vimento muito indecente dos quadris e das coxas. Este tremor e este movimento, produtos de considerável força muscular, exigem muita arte e muito exercício.[29]

Que se homenageie a visão de Tollenare por, já em 1817, conceder ao movimento dos quadris (tido embora por "indecente") o estatuto de produto da arte e do exercício. O que importa aqui é que o elemento coreográfico que mais atrai sua atenção no trecho citado é o mesmo mencionado tantas vezes por cronistas e poetas, e comum às danças exclusivamente negras como a que descreve, às danças mestiças do tipo do lundu, a uma dança moderna como o maxixe e à coreografia do samba nosso contemporâneo (que vai, como veremos, assumir por seu turno o posto de dança nacional). O mesmo, finalmente, do qual já dissera Corrêa de Azevedo: "Tais requebros, descendentes em linha direta da maneira de bailar crioula, é que haviam de caracterizar o maxixe."[30]

Voltando ao outro lado da questão, vejamos de onde o maxixe tomou as características que o diferenciam do lundu. Como vimos, ele não foi a primeira dança de par enlaçado a animar os bailes brasileiros. Antes, houve a valsa e a polca, que trouxeram da Europa os novos costumes coreográficos. E é daquelas que o maxixe herdou sua organização global: par enlaçado, música "externa" exclusivamente instrumental, participação simultânea de todos os pares.

Há nos *Folhetins* de França Júnior, que começaram a ser publicados na imprensa em 1876, um excelente testemunho da maneira como a polca foi adotada pelas camadas populares do Rio de Janeiro.* Lá se vê que tal adoção tinha a virtude de ser, ao mesmo tempo, uma *transformação*, num processo idêntico ao descrito por Alejo Carpentier quando fala da adoção da contradança pelos negros de São Domingos:

> Esta dança coletiva e cheia de ação podia admitir licenças infinitas ao popularizar-se. Por isso, os músicos negros de São Domingos adotaram-na com entusiasmo, comunicando-lhe uma vivacidade rítmica ignorada pelo modelo original. As contradanças ..., ao cair em suas mãos, adquiriam uma trepidação singular, que enchia os compassos de pontos de aumento e semicol-

* Ao contrário do que aconteceu em outros países da América do Sul, a valsa nunca se popularizou como dança no Brasil, onde neste campo os pendores populares favoreceram antes os ritmos binários. A valsa popular brasileira é sempre não coreográfica, geralmente canção de andamento lento e de letra romântica — como a clássica "Rosa", de Pixinguinha, ou mais recentemente a "Valsa brasileira", de Chico Buarque e Edu Lobo, cujo título manifesta aliás o caráter típico em questão. Sobre o fato de que a valsa, como dança, nunca se livrou no Brasil de certo aristocratismo (ao contrário da polca), ver Tinhorão, *A música popular no romance brasileiro*, p.156 e seguintes.

cheias. O chamado "ritmo de tango" instalava-se nos baixos. ... Uma vez mais se operava um processo de transubstanciação, devido ao que Carlos Vega chama, tão acertadamente, "a maneira de fazer".[31]

Tal "transubstanciação" é um exemplo do que Oswald de Andrade, por sua vez, chamou de "antropofagia" — os cariocas "digeriram" a polca, incorporando o que nela lhes agradava e ao mesmo tempo fazendo dela algo intrinsecamente seu. Eis o que escreve França Júnior:

> Há bailes de primeira, segunda e terceira classe, como os enterros. ... Passemos aos bailes de segunda classe. Figurem os leitores um sobrado com janelas de peitoril na Prainha, Valongo, rua do Livramento ou em qualquer ponto da Cidade Nova. Entremos pelo corredor mal iluminado e vamos direto à sala, onde uma orquestra, composta de ophekleid [sic], um piston, uma rabeca e um clarinete manhoso, executa a polka "Zizinha". ... Meia dúzia de crioulas ... comenta o que se passa: — Vocês estão vendo como seu Chico está tão prosa hoje?, diz uma. — Gentes! Olhem só como ele se requebra na polka, acode outra. ... A maneira por que ali se dança é diversa da dos bailes de primeira ordem. ... Quanto às polkas, consistem em arrastar os pés e dar às cadeiras um certo movimento de fado, que não deixa de ter a sua originalidade. O repertório musical para este gênero de dança compõe-se de — "Zizinha", "Que é dela as chaves", "Só para moer", "Sai cinza", "Capenga não forma", "Quebra tudo" e por aí vai. ... [Nos bailes de terceira classe] a música, que compõe-se de flauta, violão e rabeca, é executada por amadores.[32]

O assunto é a polca, mas há inúmeras referências que nos fazem pensar no lundu e já no maxixe. A localização na Cidade Nova e a alusão ao requebrado, já vimos por quê. Em seguida, a descrição da própria dança, cuja originalidade consistiria em dar às cadeiras um movimento de fado. Aqui, o ponto de vista de Villa-Lobos encontra uma confirmação contemporânea, pois o fado é considerado por alguns pesquisadores como uma variante do lundu.[33] Assim, a polca dançada pelo povo do Rio de Janeiro se transformaria em algo de original (e finalmente numa nova dança, o maxixe) através da incorporação de um movimento típico do lundu. A melhor expressão disso é o surgimento da designação de gênero polca-lundu em partituras para piano editadas a partir de 1865.

Também a descrição que França Júnior faz das orquestras aponta neste sentido, pois concorda em quase tudo com os conjuntos chamados "choros" que, junto com as bandas militares e os pianeiros,* seriam um dos sustentácu-

---

* Termo cunhado por Brasílio Itiberê para designar os pianistas populares cariocas do início do século XX.

los sonoros da dança do maxixe até os primeiros decênios do século XX. A única discrepância com relação a outros testemunhos é a rabeca, mencionada duas vezes; somos levados a pensar que França Júnior, enganado pelo tamanho similar, chamou assim o que seriam na verdade cavaquinhos, pois estes eram obrigatórios nos choros, de acordo com os depoimentos e também com as gravações de choros que nos chegaram do início do século.

E finalmente há que considerar o repertório, pois existem na coleção da BNRJ exemplares de várias das peças mencionadas, e sua consulta revelou que muitas delas eram de fato lundus ou polcas-lundu. "Capenga não forma" é um lundu de R. Pagani editado por José Maria Alves da Rocha nos anos 1860. "Que é dela, as chaves" deve ser "O que é da chave?", "célébre polca" de José Soares Barbosa, como escreveu Cernicchiaro, acrescentando que ela foi "cantada e bailada com extraordinário sucesso popular no Rio e em Paris".[34] O exemplar da BNRJ, editado por Narciso e Artur Napoleão, traz a indicação de gênero: *polka-lundu*. A sociedade de edição mencionada existiu entre 1869 e 1875, o que concorda com a data fornecida por Cernicchiaro, que é 1872, e com a do artigo de França Júnior. Este último, aliás, é quem nos sugere uma razão para tão estranho título, ao dizer que alguns dos anfitriões dos bailes de segunda classe "chegam até a fechar a porta da rua e esconder a chave, a fim de que a aurora os surpreenda dançando".[35]

"Quebra tudo" seria provavelmente lundu ou polca-lundu por causa da conotação dos verbos "requebrar" e "quebrar", já discutida. A propósito, encontrei nos catálogos e anúncios das contracapas das partituras que consultei três de título "Quebradinha", uma das quais polca-lundu, e uma "Quebra quebra, minha gente", polca-cateretê, além de uma "Tudo quebra", polca.

E se não encontrei "Sai, cinza", encontrei "Sai, poeira", sempre na BNRJ; trata-se de uma polca-lundu de J.O. Maia, publicada por Canongia entre 1866 e 1872, e traz a menção: "em resposta à polca 'Sai cinza!'". De fato, era costume entre os compositores de polca dar títulos que "respondiam" de alguma maneira a outros títulos. A "Que é da chave?" já mencionada deu origem a "Que é da tranca?", também polca-lundu e também encontrada na BNRJ, a "Não sei da chave" e finalmente a "Achou-se a chave". O "Capenga não forma" faz parte de uma série em que também aparecem "Gago não faz discurso" e "Vesgo não namora", entre outras do mesmo teor. É possível que "Sai cinza!" fosse, como sua prima "Sai poeira!", uma polca-lundu.* Na verda-

* Os títulos das polcas brasileiras pareciam querer esgotar todas as possibilidades contidas num paradigma dado, como os grupos de mitos estudados por Lévi-Strauss (*Le cru et le cuit*, p.338-9 e passim). A série inaugurada pelo "Capenga", por exemplo, traria ainda a "Dentuça não fecha a

de, nestas brincadeiras e provocações mútuas através dos títulos, é o humor que já vimos ser característico dos lundus que contamina as polcas, mesmo que o gênero "polca-lundu" não esteja consignado na partitura.

"Zizinha" é uma polca de João Elias Cunha, editada por Alves da Rocha em fins dos anos 1860, que não traz no título nenhuma alusão a lundu, a não ser que se considere como tal o fato de que uma revista estreada em 1897 tenha se chamado "Zizinha maxixe".[36] Ela deu origem à "Fifina" — subtítulo: "resposta à 'Zizinha'" — e à "Irmã da Zizinha".

Finalmente, "Só para moer" é uma polca muito conhecida, de Viriato Figueira da Silva, que ainda hoje frequenta o repertório dos chorões. Segundo a *EMB*, ela foi editada no Rio de Janeiro em 1877 por José Maria Álvares da Rocha.[37]

O que distingue, do ponto de vista musical, as polcas citadas acima das polcas europeias? Com a palavra, Mário de Andrade:

> Notar que as polcas do 2º Império [isto é, da segunda metade do século XIX] logo se distinguem umas das outras, umas polcas mesmo com base em:
>
> 
>
> ao passo que outras apresentam um:
>
> 
>
> tendencioso e continuado. Nestas é que a síncopa melódica aparece frequentemente. Nas outras é raríssima. Sujeitar esta observação a uma revisão acurada. O fato é que há uma diferença essencial de caráter, até melódico, entre as polcas que apresentam no acompanhamento os dois tipos rítmicos determinados atrás.[38]

Minha observação sobre a enorme coleção de polcas para piano da BNRJ, embora não tenha sido exaustiva, confirma, de modo geral, a observação de Mário. Existem mesmo dois tipos de polca, e um dos critérios principais para diferenciá-los é o dos

boca", a "Barrigudo não dança", a "Careca não vai à missa", a "Corcunda não perfila" e talvez continuasse se não fosse providencialmente arrematada pelas "Lamúrias do capenga e do careca". Nem todos os paradigmas eram, porém, tão fecundos, como mostra o caso do trio "Como se morre", "Como se vive" e "Como se pula", ou desse primor de concisão que é a dupla "Moro longe" e "Mude-se para perto".

padrões rítmicos de acompanhamento. Há exceções no entanto: a polca "Zizinha", cuja mão esquerda obedece ao padrão tradicional de acompanhamento da polca europeia, apresenta na melodia de sua primeira parte ocorrência reiterada da "síncope característica".

É preciso fazer a ressalva de que somos obrigados a julgar as polcas em questão por suas partituras para piano, único registro musical que nos resta delas. Quando, no entanto, França Júnior nos conta que a "Zizinha" era executada por um choro e dançada num baile da Cidade Nova, por crioulas que davam às cadeiras um movimento de fado, ele nos induz a pensar que em sua execução real, neste caso, as síncopes não se limitavam à melodia.*

Mas o que quero acrescentar à caracterização feita por Mário dos dois tipos de polca é a existência, ao lado do padrão que ele menciona como diferente da polca europeia, das duas outras variantes do paradigma do *tresillo* aqui já mencionadas. Assim, a polca "Vesgo não namora" (1865-75) emprega o *tresillo*, que é no entanto substituído no final de cada parte por um compasso em "ritmo de habanera":

Vesgo não namora, compassos 6-8

A polca-lundu "O que é da tranca?" (1873) também alterna os dois ritmos em questão, empregando um na primeira parte, e outro na segunda:

O que é da tranca?, compassos 1-3

* É claro, aliás, que não seria esta a única diferença entre o que ficou registrado nas partituras e as performances reais.

O que é da tranca?, compassos 17-8

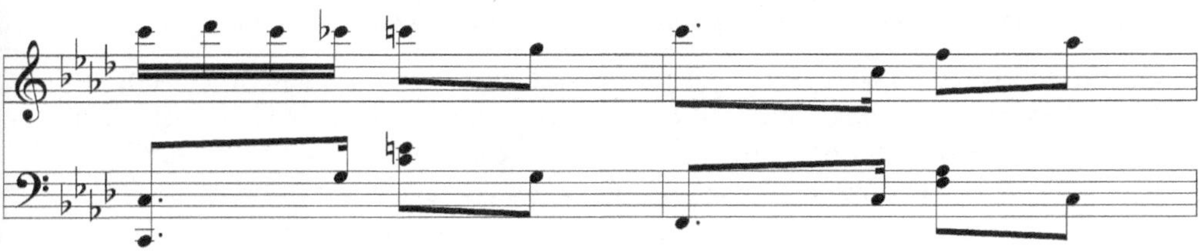

As polcas cujas partituras apresentam este tipo de acompanhamento se diferenciam das polcas europeias não só pela maior frequência de síncopes na melodia, como notou Mário, mas também por outras características, referentes ao contexto verbal que lhes é associado. Em primeiro lugar, como já ficou claro, pelos títulos* Títulos humorísticos, títulos que se respondem, mas muitas vezes também títulos que poderiam ser títulos de lundus, com suas remissões ao universo afro-brasileiro: "Yayá, por isso mesmo", "Socega, nhonhô", "A Bahiana" etc.

Assim, os compassos iniciais de "Socega, nhônhô!":

Socega, nhonhô, compassos iniciais

Outro elemento de contextualização verbal são as dedicatórias, como a de "O senhor Padre-vigário" (José Soares Barbosa, 1876. Trata-se do mesmo autor da já citada "Que é da chave"), que é "dedicada às Sociedades Carnavalescas", ou a de "Yayá", por isso mesmo (A. Freza, 1888), que é dedicada "às moças da Cidade Nova". Estas duas

* Carpentier faz um comentário que se aproxima muito da minha abordagem aqui, mas que não é por ele desenvolvido: "Desde 1850, os títulos alusivos a negros e coisas de negros saem de seu feudo de *guarachas*, para passar à *contradanza*: 'Los Ñáñigos', 'Tu madre es conga', 'La negrita', 'Quindembo', 'Mandinga no va', 'El mulato en el cabildo'. Aqui o caráter 'negro' se expressa, principalmente, por certos elementos rítmicos" (*La música en Cuba*, p.186). *Guarachas* e *contradanza* são gêneros musicais cubanos que ocupam no raciocínio de Carpentier o lugar que, no nosso caso, pertence a lundus e polcas.

dedicatórias fazem supor que tais polcas fossem dançadas nos clubes carnavalescos e na Cidade Nova, lugares onde estava se forjando, como vimos, o maxixe, precisamente através da mistura de elementos coreográficos da polca com os do lundu.

Quanto a "Yayá, por isso mesmo", ela mostra que, nos anos que a separam da anterior e da "Zizinha", a "síncope característica" fez largo caminho na música impressa, como se pode notar sobretudo no trio. A obsessão pela "caracterização" prejudica no entanto a variedade rítmica: não se encontra aí uma só síncope do tipo que passa de um compasso para outro, cujas qualidades populares foram gabadas por Andrade e Béhague.

Finalmente, note-se que as características musicais e verbais cujo vínculo estamos tentando demonstrar se refletiram também na nova designação de gênero, surgida pela primeira vez em fins dos anos 1860, a que já fizemos menção: polca-lundu. Tal designação é encontrada com muita frequência, sobretudo nas partituras publicadas na década de 1870. Mas não é a única que denuncia a presença de uma polca "sincopada". Há também casos de polca-chula, polca-cateretê, polca brasileira e "polca de estilo brasileiro".

O primeiro caso citado é o de "Se eu pedir você me dá?", polca-chula carnavalesca de Januário da Silva Arvellos (1865), que já havíamos mencionado como compositor de lundus. Ela nos faz reencontrar também a alusão ao carnaval e, no pentagrama, o acompanhamento em "ritmo de habanera", do compasso 20 ao 43.

Quanto à polca-cateretê, além da "Quebra-quebra minha gente" mencionada anteriormente de passagem, cuja partitura não pude localizar, há "A bahiana", título sintomático escolhido por Henrique Alves de Mesquita no início dos anos 1870. O padrão de acompanhamento onipresente nas três partes da composição é o *tresillo.*

Para não alongar demais os exemplos, apresentarei apenas um último, que é a "Polca de estilo brasileiro" de Calixto X. da Cruz, cuja data foi impossível precisar, estando provavelmente no último quartel do século XIX. Ela mistura de maneira particularmente equilibrada a "síncope característica" (sobretudo na melodia), o "ritmo de habanera" e o *tresillo*; e manifesta também a aversão a sincopar entre compassos, que estamos verificando ser típica da música popular do período.

Polka de estylo brazileiro, compassos 43-6

Outra testemunha da popularidade da polca no Rio de Janeiro dos anos 1870 é o conto "Um homem célebre", de Machado de Assis, que se passa na época, embora tenha sido publicado em 1896 (na coletânea *Várias histórias*). Seu personagem principal é um compositor de polcas, o Pestana. Sua primeira polca teria sido publicada em 1871; em novembro de 1875, quando sua celebridade começa a acontecer, ele já teria composto "umas trinta". Em 1878, o editor propõe-lhe um novo contrato, pelo qual deveria compor "vinte polcas durante doze meses".[39]

A primeira cena do conto se passa numa festa, um pequeno sarau de aniversário, com vinte pessoas presentes. Depois do jantar, a aniversariante pede que o compositor sente-se ao piano e toque uma polca sua:

> Ouvidos os primeiros compassos, derramou-se pela sala uma alegria nova, os cavalheiros correram às damas, e os pares entraram a saracotear a polca da moda. Da moda: tinha sido publicada vinte dias antes, e já não havia recanto da cidade onde não fosse conhecida. Ia chegando à consagração do assobio e da cantarola noturna.[40]

Machado nos informa o título da polca: "Nhonhô, não bula comigo". Ora, este título sugere que se tratava de uma polca-lundu: vimos na parte dedicada ao lundu como o assédio sexual das escravas por seus senhores foi o tema clássico dos lundus imperiais. "Nhonhô", já sabemos, é uma das variantes do tratamento pelo qual os escravos se dirigiam a seus donos; e "bulir com alguém", como se sabe, quer dizer também abordar amorosa ou sexualmente. Como no lundu "Sinhô Juca", já citado: "Sinhô Juca é forte teima/ Não bula comigo, não". O título escolhido por Machado resume perfeitamente o tema e não deixa dúvidas sobre de que tipo de polca se tratava. Aliás, este título é perfeitamente equivalente ao da polca "Socega, nhônhô!", de cuja música "sincopante" demos um exemplo atrás.

No entanto, é o próprio Machado quem nos põe de sobreaviso contra a suposição de que entre títulos e conteúdos das polcas houvesse um vínculo necessário:

> Pestana, quando compôs sua primeira polca, em 1871, quis dar-lhe um título poético, escolheu este: "Pingos de Sol". O editor abanou a cabeça, e disse-lhe que os títulos deviam ser, já de si, destinados à popularidade, ou por alusão a algum sucesso do dia, — ou pela graça das palavras; e indicou-lhe dois: "A lei de 28 de Setembro", ou "Candongas não fazem festa". — Mas que quer dizer "Candongas não fazem festa"?, perguntou o autor. — Não quer dizer nada, mas populariza-se logo. ... Agora, quando Pestana entregou a polca nova ..., o editor acudiu que trazia um [título], desde muitos dias,

> para a primeira obra que ele lhe apresentasse, título de espavento, longo e meneado. Era este: "Senhora Dona, guarde o seu balaio". — E para a vez seguinte já trago outro de cor.[41]

"Candongas..." e "Senhora Dona..." são de fato títulos que soam com marcado sabor popular.* No romance *Til*, de 1872, José de Alencar faz um escravo cantar, no meio de uma dança que é chamada de "samba":

> Candonga, deixe de partes
> É melhor desenganar
> Que este negro da carepa
> Não há fogo pra queimar[42]

Já "balaio" é o título de uma famosa canção popular que em sua primeira versão teria sido um lundu baiano.[43] Quanto à popularidade do título "A lei de 28 de setembro", ela é devida a uma razão bem direta: trata-se da chamada "Lei do ventre livre", promulgada a 28 de setembro de 1871, pela qual todos os filhos de escravos nascidos daí em diante seriam livres. Às vezes se dizia mesmo: "o crioulinho é 28 de setembro", para dizer que era livre por ter nascido depois daquela data.[44]

Evidentemente, não se deve tomar o conto como um reflexo exato da realidade. Seriam realmente os editores quem davam os títulos das polcas? É duvidoso que venhamos a saber. Por outro lado, sabemos que efetivamente tais títulos — considerados por Mário de Andrade "um tesouro verdadeiro de argúcia, pernosticidade, meiguice e humorismo"[45] — não mantinham uma relação singular com as músicas correspondentes. Como vimos acima, havia uma "dinâmica dos títulos", que se respondiam entre si, se parodiavam etc. de maneira independente, sem que isso acarretasse "respostas" ou "paródias" no nível do material musical. Mas a ausência de relação singular não implica ausência de qualquer relação. A "popularidade" dos títulos, defendida pelo editor de Pestana, é apenas uma parte da almejada popularidade da peça musical. "Nhônhô, não bula comigo" poderia se chamar "Eu sou bahianinha" ou "Ó xente, sinhá", mas títulos como esses não seriam dados a valsas, e tampouco a polcas de estilo europeu.

De fato, quando um compositor de polcas entrava no diálogo dos títulos, estava postulando implicitamente uma afinidade musical genérica entre as peças correspondentes — do mesmo modo que um compositor erudito, ao chamar sua obra de "sonata" ou "sinfonia", postula implicitamente em diálo-

* Efetivamente encontrei na BNRJ referência a uma polca "Ai! Candongas", de um certo M.S.

go musical com gêneros precisos. Outros não entravam na brincadeira e davam títulos que remetiam a outras realidades, como a polca "Passagem do Humaitá", que alude a um episódio da Guerra do Paraguai e traz como subtítulo: "oferecida ao bravo oficial da Armada brasileira". No caso, o material musical corresponde plenamente à rigidez pouco coreográfica das referências verbais.

* * *

Até aqui discutimos duas das fontes atribuídas ao maxixe: o lundu e a polca. Mas há outras, entre as quais é preciso mencionar o chamado "tango brasileiro". Quando se fala em tango hoje em dia, pensa-se no moderno tango argentino — na dança que invadiu as pistas europeias nos anos 1920, em canções como "Mano a mano" ou "El dia que me quieras", em intérpretes como Aníbal Troilo, Carlos Gardel ou Astor Piazzola. É difícil esquecer estas referências quando o assunto é tango; no entanto, ao estudar o que se entendia por tango no século XIX, é preciso esquecê-las, pois trata-se de um outro conceito, de um "outro tango".

Escreve Carlos Vega: "O que há de notável no emprego da palavra tango é sua tendência a referir-se principalmente a coisas do ambiente popular americano ... a palavra 'tango' se aplica às coisas dos afro-americanos."[46] Vega no artigo citado e Gesualdo[47] dão vários exemplos de emprego da palavra no início do século XIX na região platina, em Cuba e no México, com o sentido de baile de negros, lugar onde esses bailes se faziam, música ao som da qual dançavam. Por exemplo, em 1816 o Cabildo de Montevidéu decidia que "ficam proibidos dentro da cidade os bailes conhecidos pelo nome de Tangos, e só serão permitidos fora dos muros da cidade nas tardes dos dias de festa".[48]

Jota Efegê dá vários exemplos de emprego, no Brasil, de "tango" como coisa dos negros e mestiços sul-americanos.

> Não viste alguma vez em tua vida
> Uma dança africana e que se chama tango?
> Se tal bambolear os teus quadris convida
> Repara que a lição te ensina o orangotango,

lia-se num poema satírico editado no Rio de Janeiro em 1881.[49]

Outras referências neste sentido são encontradas em alguns dos tangos da segunda metade do século XIX presentes na coleção da BNRJ, como no da opereta *A pêra de satanás*, de Henrique de Mesquita, que na capa é dita "tango dos pretos". Ou no "tango dos capoeiras" que integrava o repertório da revista

D. Sebastiana, de 1889, pois já então a palavra capoeira designava os praticantes do conhecido "jogo atlético de origem negra, introduzido no Brasil pelos escravos bantos de Angola".[50] Tinhorão menciona o "tango baiano" da revista *O Bendengó* (estreada no Rio em janeiro de 1889), cujo título era "Muqueca, sinhá", e cuja letra dizia: "Eu sou da terra do vatapá/ Muqueca, sinhô/ Muqueca, sinhá".[51] "Muqueca" e "vatapá", assim como "sinhô" e "sinhá" que já mencionamos, são palavras tidas por típicas de certo vocabulário afro-brasileiro.

Também depõe neste sentido a associação entre tango e batuque,* referência direta ao universo musical afro-brasileiro. Dois dos mais famosos "Batuques" para piano da música brasileira, o de Ernesto Nazareth (de 1906) e o de Henrique de Mesquita (dos anos 1870), foram chamados de tangos por seus autores. Cabe mencionar também a famosa composição de Chiquinha Gonzaga, "Gaúcho (Corta-jaca)", de 1897: o gênero mencionado na partitura é "tango". O subtítulo, "Corta-jaca", designa "um dos passos do samba existente na Bahia".[52] E a primeira seção, caracterizada por um movimento de baixos recorrente na música brasileira, leva a indicação... "batuque".**

Deve-se notar também que Nazareth já compunha desde 1877 peças no estilo de "Brejeiro", isto é, com as mesmas características rítmicas; mas o nome que lhes dava era polca-lundu e não tango. De fato, e não apenas no caso de Nazareth, o exame que fiz dos tangos e das polcas-lundu existentes na coleção da BNRJ, embora não exaustivo, indica que seus padrões de acompanhamento giram em torno do mesmo paradigma. A propósito, escreve Brasílio Itiberê:

> Certa vez meu amigo Oscar Rocha, melômano e folclorista e um dos homens que melhor conhecem a vida e a obra de Nazareth, perguntou-lhe como é que ele tinha chegado a compor os seus tangos, com esse caráter rítmico tão variado ... Nazareth respondeu com simplicidade que ele ouvia muito as polcas e os lundus de Viriato, Calado, Paulino Sacramento e sentiu desejo de transpor para o piano a rítmica dessas polcas-lundu.[53]

Ernesto Nazareth é um caso à parte nessa questão do tango brasileiro. De fato, ele foi acusado por quase toda a crítica posterior de ter cometido uma espécie de embuste ao batizar de tangos suas peças para piano, que na verdade seriam maxixes. Na origem desse assunto está Mário de Andrade, que em

---

* *Batuque* era até o século XIX uma designação genérica para as danças de negros no Brasil. O termo será discutido melhor adiante.

** O mesmo movimento rítmico dos baixos está no início do "Batuque" de Mesquita já mencionado. E, rítmico e melódico, mudado apenas de menor para maior, comparece também no início de "Brejeiro" (1893), o primeiro "tango" de Ernesto Nazareth.

1926 menciona num artigo a "repugnância (do próprio Nazareth) ante a confusão com que os tangos dele são chamados de maxixes. A mim já me falou que os tangos 'não são tão baixos' como os maxixes".[54]

Daí para a frente instalou-se na literatura musical brasileira o lugar-comum segundo o qual, como diz Renato Almeida, "Ernesto Nazareth, *arbitrariamente*, chamou todos os seus maxixes de tangos, porque achava que a palavra maxixe era vulgar demais para suas composições".[55] Fazendo coro com Almeida, escrevem Luiz Heitor Corrêa de Azevedo e Eurico Nogueira França, entre muitos outros:

> [Nazareth compunha] um tango especial, bem brasileiro, que *disfarçava* sob esta denominação mais polida a *verdadeira* natureza de maxixe plebeu e equívoco que o animava.[56]
>
> [Nazareth] chama seus maxixes de tangos ... levado pela vontade de aristocratizar-se ... mas creio que ele não teria jamais confessado, ou mesmo percebido, a significação afro-brasileira de seus maxixes, chamados de tangos como que para repudiar suas origens negras.[57]

Não há dúvida de que a palavra "maxixe", na virada do século, tinha conotação de vulgaridade mais forte do que "tango", que já tinha sido até empregada por compositores eruditos como Albéniz e, no Brasil, Alexandre Levy. Efegê mostra que já em 1879 o tango podia ser tocado num ambiente tão aristocrático quanto o Imperial Teatro D. Pedro II[58] e dá, no mesmo livro, inúmeros exemplos das conotações nada edificantes atribuídas ao maxixe. Não é de espantar que Nazareth não gostasse de ver suas composições chamadas assim quando se sabe que, por volta de 1886, o vocábulo servia, entre outros fins, "para designar qualquer coisa ruim, de má qualidade".[59] Mas como pretender que "não teria jamais entrevisto a significação afro-brasileira" de suas composições um autor cuja primeira peça leva a indicação de gênero: polca-*lundu*, e do qual uma das obras-primas se chama "Batuque"? O verdadeiro enigma em torno das indicações de gênero de Nazareth é antes a unanimidade da crítica em negar-lhes a realidade.

Nazareth não foi uma exceção e nem estava agindo arbitrariamente ao chamar de tangos suas peças para piano cujo acompanhamento se baseava nas fórmulas do paradigma do *tresillo*: a prática era comum. Batista Siqueira (um dos únicos pesquisadores a defender explicitamente a nomenclatura de Nazareth) dá uma lista de compositores que o fizeram, tomando como base apenas o biênio 1881-82: além da própria Chiquinha Gonzaga, menciona Cinira Polônio, Arthur F. da Rocha e meia dúzia de outros.[60]

Para evidenciar o quanto a palavra "tango", ainda no início do século XX, era voz corrente no âmbito da música e da dança populares no Rio de Janeiro, leia-se este trecho de um artigo condenando as medidas repressivas contra ele, publicado no *Jornal do Commercio* em 1914: "... nessa terra de Santa Cruz, o Tango não é o invasor imprevisto, é o residente antigo e familiar; não é o estrangeiro, é o patrício; ... o Tango, o nosso Tango, que sempre gozou da liberdade de saracotear, mais útil que a liberdade de pensar, estranhará esse rigor de agora."[61]

Ora, a partir dos anos 1920, o tango argentino, sofrendo transformação rítmica importante (na qual é abandonada a fórmula de acompanhamento que desde então passou a ser conhecida como "de habanera"), vira uma moda internacional e passa a se impor por toda parte como "o tango" por definição. Grande parte da crítica tomou o nome "tango" em Nazareth e outros compositores como uma influência desta moda internacional, que lhes é no entanto muito posterior. Em Soares, por exemplo, encontramos alusão ao "sucesso da música portenha" como explicação para o uso do nome "tango" no Rio do início do século XIX.[62] Também Alvarenga fala da influência do "Tango platino"[63] no mesmo período. Ora, com este tango mais recente, as composições de Nazareth não tinham nada a ver, como não tinha nenhum dos tangos do século XIX.

Contribuiu para a confusão o fato de que a crítica de Nazareth foi praticamente uma crítica póstuma, pois até 1920 sua música não teve nenhum reconhecimento oficial; ao contrário, a primeira vez em que se tentou programá-lo num concerto na Escola Nacional de Música "foi preciso a intervenção da polícia".[64] O único crítico de Nazareth em vida foi Mário de Andrade, 20 anos mais moço que ele. Além disso, Nazareth já era um caso *tardio* de compositor de tangos instrumentais — o termo ainda foi empregado no Brasil até o final dos anos 1920, mas só para música cantada.[65] É a partir de 1893 que ele começa a escrever tangos em grande quantidade, enquanto Chiquinha Gonzaga, a outra grande cultora do gênero, 17 anos mais velha, já o fazia desde pelo menos 1880.[66]

Compreende-se assim que a fonte dos problemas de Nazareth no caso do "tango brasileiro" foi sua própria durabilidade, e o fato de que suas peças continuaram a ser tocadas e apreciadas no Brasil num tempo em que a palavra que designava seu gênero tinha mudado completamente de sentido.

* * *

O primeiro maxixe impresso com a respectiva menção de gênero, citado por Jota Efegê, é "Ora bolas!", de Juca Storoni, editado em 1897.[67] "Juca Storoni" era um pseudônimo, mais uma indicação de que na época a pecha de "compositor de maxixes" não seria propriamente uma distinção. Em 1902, o termo aparece na imprensa com plena significação de gênero musical: "a banda tocou um maxixe de fazer arrepios na espinha dorsal", noticia o *Jornal do Brasil* a propósito de uma festa do Clube dos Democráticos.[68] Mas até meados da década de 1890, a dança do maxixe se fazia ao som de músicas que ainda não se chamavam assim: eram polcas, lundus, tangos (e todas as combinações desses nomes), era quase tudo, enfim, que fosse escrito em compasso binário, tivesse andamento vivo e estimulasse o requebrado dos dançarinos através do "sincopado".

As polcas-lundu eram a expressão mais típica dessas misturas que serviam de trilha sonora à dança do maxixe. Mas havia outras: em 1883 o ator Vasques levava ao palco uma "cena cômica" de sua autoria intitulada *Aí, cara-dura!*. Nela a dança do maxixe é mencionada expressamente e a indicação cênica diz que a orquestra constituída por flauta, cavaquinho e violão toca uma polca-tango.[69] Um pouco antes, em 1880, a Casa Bevilacqua pusera à venda a "linda habanera-tango-lundu "Cecília", escrita especialmente para o Carnaval".[70] Há também na BNRJ uma "1ª Habanera-Polka-Lundú", anônima, editada em Pernambuco nas últimas décadas do século XIX. Ainda em 1913, a revista carnavalesca *Fandanguassu* apresentava um tango cuja letra dizia: "não há nada/ que mais me enrabiche/ do que um lundu de massada/ com remexidos de maxixe".[71]

O que surpreende nestes anúncios de jornal, títulos de partituras, letras de canções é a gestação daquela, como diz Mário de Andrade,

> enorme misturada rítmico-melódica em que os lundus e fados dançados das pessoas do povo do Rio de Janeiro do Primeiro Império, contaminaram as polcas e havaneiras importadas. Como resultado de tamanha mistura, surgiram os maxixes e tangos que de 1880 mais ou menos foram a manifestação característica da dança carioca.[72]

Um dos problemas gerados por essa "misturada" foi a confusão terminológica em que se viram metidos os musicólogos. Sem que se soubesse muito bem qual afinal a diferença entre uma habanera e um tango, entre uma polca e uma polca-lundu, frequentemente eles foram levados a afirmações taxativas sobre o que, "na verdade", eram aquelas peças recobertas por uma penca de indicações de gênero. Mozart de Araújo, por exemplo, tomando a peito a ingrata tarefa de estabelecer a diferença entre maxixe e tango brasileiro, escreve:

> Derivados ambos do mesmo tronco — do tango espanhol, da habanera, da polca e do lundu —, não é difícil observar que a dosagem de tango e habanera é bem maior no tango brasileiro do que no maxixe. Neste, em

escala inversa e decrescente, a dosagem preponderante é de lundu, polca, habanera e tango.[73]

Fica-se sem saber como Araújo chegou a essa "dosagem", altamente improvável, ainda mais quando se constata a inexistência de definições precisas de cada um dos gêneros citados. Gallet, em texto escrito em 1928, também mostra a confusão a que levam semelhantes tentativas:

> Concluí que, sob o nome de Tangos, ele [Nazareth] oculta vários tipos bem determinados de música nossa. Encontrei — a) maxixes — b) tangos, a polca abrasileirada, sem a rigidez da polca original ... f) puladinhos [??] ... h) polcas brasileiras, diferentes dos tangos etc.[74]

Assim, em b) o tango é definido como polca abrasileirada, mas em h) se afirma que as polcas brasileiras são diferentes dos tangos...

Tinhorão diz a propósito do tango "Chô, Araúna", que era "na realidade um lundu amaxixado"[75] — aliás, Mário de Andrade dissera da mesma peça que era um "autêntico lundu dançado de negros" (note-se como neste assunto expressões como "autêntico", "na realidade" etc. são recorrentes).[76] Mas em outro lugar o mesmo Tinhorão reconhece "a pouca importância que se dava aos nomes dos gêneros de dança, até bem dentro do século atual. Assim como um fadinho podia ser um lundu ..., a polca-tango pedida pelo Vasques para acompanhar a dança do maxixe poderia ser tanto uma polca quanto um lundu amaxixado, pois ambos eram muitas vezes chamados também simplesmente de tango".[77]

Aqui somos obrigados a distinguir entre a visão do pesquisador e a visão da época e da sociedade com relação à música de que tratamos. O pesquisador não deveria, em princípio, deplorar a "imprecisão" de uma sociedade que chama indiferentemente de lundu ou de tango a mesma peça de música, nem afirmar que o dito lundu é "na verdade" um tango ou vice-versa. O que se espera dele é que entenda por quê, e em que circunstâncias, diferentes nomes são dados ao que lhe parece ser a mesma coisa.

Os elementos de que dispomos mostram que não se trata propriamente de imprecisão terminológica, mas de uma indiferença substantiva. Isto é: tanto tango como lundu etc. seriam, de acordo com os critérios vigentes no Rio de Janeiro da segunda metade do século XIX, nomes adequados e "verdadeiros" para determinadas peças musicais. Essa equivalência entre nomes corresponde exatamente à equivalência de fórmulas rítmicas evocada atrás, pois os nomes em questão eram sempre atribuídos a peças cujo acompanhamento era feito dentro do paradigma do *tresillo*.

Tinhorão nota a seguir que a suposta "imprecisão" era particular à "designação de músicas que não viessem já estruturadas da Europa (como a valsa, a quadrilha, a mazurca, a schottisch ou a própria polca)".[78] Ora, o fado e o lundu, em determinados contextos, também podiam ser gêneros "estruturados". A descrição do fado no Rio de Janeiro do início do século XIX no romance *Memórias de um sargento de milícias*, por exemplo, mostra isso muito bem: "Todos sabem o que é o fado, essa dança tão voluptuosa, tão variada, que parece filha do mais apurado estudo da arte" etc.;[79] o romance segue descrevendo a coreografia do fado, que obedecia a regras precisas conhecidas por todos os participantes. Tratava-se pois de manifestação tradicional, adotada coletivamente por determinado grupo, com relação à qual, justamente, as ambiguidades terminológicas são reduzidas ao mínimo: *todos sabem* o que é o fado.

O problema, parece-me, é que a partir dos anos 1870 a questão das danças populares no Rio de Janeiro vai se colocar em condições completamente novas. Criam-se formas musicais que já não são as danças importadas prontas da Europa, assim como não correspondem mais aos divertimentos populares herdados da época colonial. O fado, quer como coreografia, quer como acontecimento social, já não bastaria às expectativas "modernas" criadas pela vida urbana no Segundo Império. É, como já vimos, o par enlaçado que substitui o par separado; mas também o piano que substitui a viola, a composição de autor — comercializada sob forma de partitura — que substitui o refrão tradicional ou anônimo, as novas modas internacionais que se manifestam. E é nesse contexto — o da "enorme misturada" mencionada por Mário de Andrade — que o problema da terminologia aparece embaralhado, e ele não se desembaralha completamente até meados dos anos 1920 — até que a "misturada" se resolva pela imposição do samba como "tipo característico e principal da dança brasileira de salão"[80] e pela adoção de um novo paradigma rítmico; contexto em que finalmente o verdadeiro fator de confusão era o algo de novo que se estava criando, algo que ainda procurava forma definitiva e com mais razão, nome.

3. Da Bahia ao Rio

A palavra "samba" é encontrada em diferentes pontos das Américas, quase sempre em ligação com o universo dos negros.[1] Argeliers Léon nos mostra, numa gravura cubana do século XIX, um casal de negros dançando, com a legenda "Samba la culebra, si siñó".[2] Rossi menciona na região do Rio da Prata "a cantilena: 'Samba, mulenga, samba!', ouvida dos africanos".[3] Ortiz menciona uma dança afro-haitiana onde o corifeu é chamado "samba".[4] Vicente Gesualdo cita a canção "El negro blanqueador", uma sátira aos imigrantes italianos (então chegando maciçamente a Buenos Aires) que passavam a desempenhar ofícios até então reservados aos negros:

> Napolitanos usurpadores
> Estão tirando o trabalho dos pobres
> Já não há negros garrafeiros
> Nem tampouco carregadores
> Porque esses napolitanos
> Trabalham até como pasteleiros
> Dentro de pouco tempo,
> Jesus, por Deus!
> Estarão bailando *cemba* ao som dos tambores![5]

O trecho fala de uma dança acompanhada de tambores que seria ainda mais característica dos negros do que os ofícios "roubados" pelos napolitanos; mas diz também que o nome dessa dança era "cemba", com "e", o que nos envia à etimologia mais citada do samba brasileiro, que é o que nos interessa aqui.

Esta etimologia, que encontramos por exemplo no verbete "samba" da *EMB*, remete mais uma vez ao universo afro-americano: ela faz proceder a palavra "do quimbundo *semba*", que significaria "umbigada".[6] A "umbigada" é o gesto coreográfico que consiste no choque dos ventres, ou umbigos, e que tem uma função precisa no desenrolar de certas danças, como se verá a seguir;

sua ocorrência foi registrada inúmeras vezes nas danças dos negros brasileiros. Com o nome de *semba*, foi testemunhada em Angola e no Congo, no século XIX, por viajantes portugueses,[7] e ainda nos anos 1980, Kubik viu o nome e o gesto praticados em Luanda.[8] No Brasil, o testemunho mais citado é o de Aires da Mata Machado Filho, em *O negro e o garimpo em Minas Gerais*: "os negros corrigem para *semba* se alguém lhes fala em *samba*".[9]

Essa etimologia, no entanto, tem sido muito discutida nos últimos anos.[10] Não precisamos nos deter nesta discussão: o que importa reter é a importância da umbigada, registrada desde o século passado tanto no Brasil como na África, como um gesto em torno do qual se organizam certas danças dos negros. Em traços gerais, elas consistiam no seguinte: todos os participantes formam uma roda. Um deles se destaca e vai para o centro, onde dança individualmente até escolher um participante do sexo oposto para substituí-lo (os dois podem executar uma coreografia — de par separado — antes que o primeiro se reintegre ao círculo). Todos os participantes batem palmas e repetem um curto refrão, em resposta ao canto improvisado de um solista. O acompanhamento instrumental é assegurado por membranofones como o pandeiro, idiofones como o prato-e-faca e mais raramente por cordofones, em especial a viola. A umbigada é o gesto pelo qual um dançarino designa aquele que irá substituí-lo.

Os pesquisadores atribuíram tanta importância à umbigada como gesto característico de certas danças profanas afro-brasileiras, que em 1961 Edison Carneiro cunhou a expressão "samba de umbigada" para servir como designação geral delas.[11] Para Carneiro, qualquer dança que apresente os traços descritos acima (presença da umbigada ou seus sucedâneos, disposição em círculo dos participantes-espectadores, canto responsorial, palmas etc.) faz jus à designação, quer os envolvidos ou os observadores que a descreveram a chamem de "samba", de "coco" ou de "lundu", quer não haja nenhum nome consignado. A vantagem estaria em contornar a variação dos nomes empíricos, que em muitos casos não corresponde nem a uma verdadeira variação de categorias nativas, nem a mudanças substantivas observáveis pelo pesquisador.

O nome registrado pelos viajantes portugueses do século XIX para estas e outras danças africanas é "batuque". No Brasil, desde o século XVIII há registros impressos da palavra "batuque": "Não parece ser muito acerto em política o tolerar que pelas ruas e terreiros da cidade façam multidões de negros de um e outro sexo os seus batuques bárbaros a toque de muitos e horrorosos atabaques, dançando desonestamente e cantando canções gentílicas."[12] Vê-se que aí a palavra não se refere a uma dança em particular, mas aos festejos dos negros de modo geral.[13] Este sentido genérico da palavra valeu até o início do século XX, quando, como veremos, a palavra "samba" tornou-se mais geral.

A primeira menção impressa desta última aparece no jornal satírico pernambucano *O Carapuceiro*, em 3.2.1838, quase 60 anos depois da primeira menção registrada de "lundu".[14] Curiosamente, "samba" não aparece aí diretamente como dança, mas como música — "samba de almocreves" que o articulista, com fins irônicos, diz ser "tão agradável quanto a *Semiramis*, a *Gaza-ladra*, o *Tancredi* etc. de Rossini". A menção seguinte porém, no mesmo jornal, ia falar da "dança do samba", referida como diversão da gente da roça, por contraste com a da capital (Recife), que dançava, além do minueto e da comporta, o "belo landum chorado".[15] Já haveria pois, em meados do século XIX, uma versão do lundu perfeitamente urbanizada e aceita pela "boa sociedade", enquanto o samba era signo do atraso rural (era "tatamba", como diz rimando o jornal).

Essa limitação do samba à zona rural é confirmada por outros testemunhos que nos chegaram do século XIX. Batista Siqueira, em *Origem do termo samba*, fornece vários exemplos neste sentido (embora eles não bastem para dar consistência à sua tese sobre uma origem indígena do vocábulo). De todo modo, no Rio de Janeiro, então a capital do país, "samba" era uma palavra quase desconhecida até o último quartel do século XIX. O botânico Freire Alemão, por exemplo, ao testemunhar em 1859, no interior do Ceará, um divertimento dos negros, escreveu que se tratava de um "fado, que eles chamam de samba".[16] "Fado", como vimos acima, era nome que, na época, designava no Rio de Janeiro certas danças das camadas desfavorecidas da população.[17] "Samba" seria pois uma "espécie de fado", tomado este — mais uma vez — como nome genérico dos divertimentos populares. Mas havia outros nomes além de "fado" que podiam servir de referência quando se mencionava o samba no Rio de Janeiro. França Júnior, por exemplo, numa crônica publicada em um jornal da capital na década de 1870, sobre a Bahia, esclarece: "nos sambas, que são os nossos cateretês etc.".[18] "Nossos", isto é, familiares ao público leitor do Rio de Janeiro.

Nestas duas citações, o que se vê portanto é que autores, escrevendo para um público da capital sobre fatos da província, são obrigados, ao apresentar uma palavra desconhecida, a fazer referência a palavras já conhecidas que designam realidades consideradas mais ou menos equivalentes. Assim, no Rio de Janeiro até meados dos anos 1870, se se podia estar seguro de que o público leitor já tinha ouvido falar em fado e em cateretê, o mesmo não se podia dizer do samba.

Com efeito, já em 1868, a peça teatral *O Orfeu na roça* (paródia do *Orfeu no inferno*, de Offenbach) apresentava um "cateretê", que aliás tinha como subtítulo exatamente "fado brasileiro". A roça mencionada no título da peça situa geossocialmente o cateretê e o fado: trata-se da zona rural, particularmente a mais pobre, desprovida de recursos, alheia às novidades urbanas. A mesma ideia aparece num romance publicado em folhetins em 1870, no qual se fala de um músico mulato que era "um desses tipos que se encontram em dia de festa na roça, no meio da aguardente e de uma porção de criaturas felizes que desconhecem a existência da gramática e preferem o cateretê e o fado às delícias de Jouvin e à tesoura da Dason!".[19]

Outro testemunho neste sentido está numa crônica publicada pelo mesmo França Júnior, mas já nos anos 1880, a propósito de um tocador de viola que se produzia em concerto na capital federal: "o cenário da viola é a senzala, o rancho do tropeiro, a casinha de sapé, o alpendre da venda, e o terreiro da fazenda em noite de festa", isto é, o cenário da gente pobre do interior do país. Daí a surpresa em vê-la, a viola, no palco de um teatro, diante de um público urbano; mas a aparente incongruência se explica pela mudança de repertório: "Não vinha (a viola) ali acompanhar um fado, ser cúmplice de um cateretê, ou requebrar-se dengosa nos sapateados de um voluptuoso samba. A sua missão era outra: alcançar foros de cidade!"[20] Vê-se assim que o samba se soma a cateretê e fado como divertimentos típicos do cenário da roça descrito acima, e consequentemente como empecilhos à pretensão de fazer a viola "alcançar foros de cidade".

Alguns anos mais tarde, em 1897, Sílvio Romero discrimina: "Chama-se 'xiba' na província do Rio de Janeiro [isto é, no interior do estado do Rio e não na capital de mesmo nome], 'samba' nas do Norte, 'cateretê' na de Minas, 'fandango' nas do sul, uma função popular de pardos e mestiços em geral."[21] (Por "províncias do Norte" entenda-se o que hoje no Brasil se conhece como "Nordeste", o que inclui portanto a Bahia: uma área já no século XIX economicamente periférica, predominantemente rural.) E em 1906 Guilherme de Melo retoma ponto por ponto a distribuição geográfica de Romero, e precisa a descrição: "[na Bahia chama-se 'samba' o que] no Rio de Janeiro se denominava 'chiba', no Estado de Minas, 'cateretê', e nos Estados do Sul, 'fandango'. [Trata-se de uma] dança de roça, ao ar livre, em que por instrumentos entram o violão, a viola de arame, o cavaquinho, sob a toada dos quais se canta e se sapateia ao ritmar das palmas, dos pratos e dos pandeiros".[22]

Vemos assim que o samba é, num primeiro momento, um estrangeiro no Rio de Janeiro, não apenas por sua localização social na roça, que se opõe à cidade e em particular à capital federal que era precisamente o Rio, mas também por sua localização geográfica no "Norte" (especialmente na Bahia). Mas há uma terceira "localização" do samba que é preciso abordar: trata-se daquela com a qual iniciamos este capítulo, o que o associa ao universo dos negros. Tal associação esteve presente no trecho citado de Freire Alemão; Sílvio Romero por seu lado falara de "função popular de pardos e mestiços em geral". Mas há dois outros depoimentos vindos do século XIX que inequivocamente situam o samba como "coisa de negros" (para retomar a expressão de Rossi em seu livro sobre o tango): são os capítulos dedicados ao tema nos romances *Til*, de José de Alencar (1872) e *A carne*, de Júlio Ribeiro (1887).

Ambos os romances se passam em São Paulo, nas fazendas de café que, movidas pelo braço escravo, representavam então a principal atividade econômica do país. Mas em nenhum dos dois os escravos são personagens da trama; eles aparecem antes como pano de fundo — por assim dizer, na impossibilidade de ignorá-los. Em *A carne*, a história gira em torno do amor entre o filho do dono da fazenda e uma protegida deste. Só há um capítulo em que os escravos ocupam sozinhos a cena, o de número 10, onde se trata precisamente de um "samba". Todos os elementos que já conhecemos estão lá, desta vez com os participantes bem definidos: "Negros e negras formados em vasto círculo, agitavam-se, palmeavam compassadamente, rufavam adufes aqui e ali. Um figurante, no meio, saltava ..."[23] Há em seguida descrição do canto responsorial e da escolha, através da umbigada, de um parceiro que substitui o primeiro dançarino.

Já em *Til*, os personagens principais não são da classe dominante, mas personagens intermediários, fazendo parte dos "agregados" não escravos que compunham uma fazenda paulista da época. Ainda uma vez, o único momento em que os negros assumem o centro da narrativa é numa descrição do samba. O que há de interessante aqui é que Alencar insiste sobre a estratificação social dos divertimentos: enquanto os escravos fazem seu samba (título do capítulo) ou batuque (como é referido no texto diversas vezes), os "feitores e camaradas", mestiços e brancos pobres, ficam à parte, tocando viola e cantando chulas.[24]

Note-se ainda que em nenhum dos dois romances as descrições do samba desempenham qualquer função essencial ao desenrolar da narrativa. Elas parecem antes fornecer um elemento pitoresco, dando aos leitores sua dose de exotismo e emoções fortes: "dançam os pretos o samba com frenesi que toca o delírio. Não se descreve, nem se imagina esse desesperado saracoteio, no qual todo o corpo se estremece, pula, sacode, gira, bamboleia"[25] etc.; um negro "baixava-se, erguia-se, retorcia os braços, contorcia o pescoço, rebolia os quadris, sapateava em um frenesi indescritível, com uma tal prodigalidade de movimentos ... que teria estafado um homem branco em menos de cinco minutos".[26]

Essa última frase, porém, nos dá uma pista importante, pois ela mostra, sob o disfarce inocente do pitoresco, a existência dentro da narrativa de uma função "diferenciadora" do samba. A descrição insistente da "prodigalidade de movimentos" na dança dos negros permite ao romancista medir a distância que os separaria, mesmo fisicamente, de seus senhores brancos: para ele, até em seus divertimentos os negros mostram que são feitos para o trabalho pesado. Essa função "diferenciadora", que é mais nítida em Alencar, será rediscutida à frente.

Falta acrescentar que todas estas "localizações" sociais do samba — coisa da roça, do Norte, dos negros — tinham consequências óbvias quanto ao valor que se lhes atribuía. Era este o sentido da ironia contida no trecho do padre Lopes Gama que citamos mais atrás: como comparar um "samba de almocreves" com as óperas italianas? De almocreves ou de escravos, a diferença não é muita: o samba será ainda por longo tempo considerado "baixo", "indigno" etc. A propósito, cabe citar o famoso discurso pronunciado por Ruy Barbosa no Senado Federal a 7.11.1914, dias depois de uma festa no Palácio do Catete em que a esposa do presidente da República, Nair de Teffé, tocara o "Corta-jaca" de Chiquinha Gonzaga:*

> Uma das folhas de ontem estampou em *fac-símile* o programa da recepção presidencial em que, diante do corpo diplomático, da mais fina sociedade do Rio de Janeiro, aqueles que deviam dar ao país o exemplo das maneiras mais distintas e dos costumes mais reservados elevaram o "Corta-jaca" à altura de uma instituição social. Mas o "Corta-jaca" de que eu ouvira falar há muito tempo, o que vem a ser ele, sr. Presidente? A mais baixa, a mais chula, a mais grosseira de todas as danças selvagens, a irmã gêmea do *batuque*, do *cateretê* e do *samba*. Mas nas recepções presidenciais o "Corta-jaca" é executado com todas as honras da música de Wagner, e não se quer que a consciência deste país se revolte, que as nossas faces se enrubesçam e que a mocidade se ria![27]

O padre Lopes Gama mencionara Rossini em 1838, Ruy Barbosa em 1914 prefere Wagner: o drama lírico europeu parecia ocupar uma posição inabalável entre as elites brasileiras como modelo privilegiado de elevação artística... No entanto, o próprio fato que motivou o discurso do senador Barbosa revela que alguma coisa se movia. Em primeiro lugar, existia uma peça de música escrita e devidamente editada que se inspirava num dos passos do samba folclórico. Em segundo lugar, essa peça era tocada numa recepção presidencial, mesmo que ao preço de uma polêmica no Senado.

---

* Chiquinha Gonzaga escreveu em 1901 um tango já citado, que fez enorme sucesso, cujo título, "Corta-jaca", faz referência ao que seria, segundo a *EMB*, p.684, um dos "três passos fundamentais" do samba baiano.

Esse "movimento" do samba, que vem da roça para dentro da cidade, aparece de maneira bem concreta numa séria de cartas publicadas na imprensa de Salvador, capital da Bahia, no início do século. Essas cartas reclamavam da presença ostensiva dos negros nos festejos do carnaval, e mostram bem como os preconceitos contra os negros se confundiam com a desvalorização de sua música

> ... acho que a autoridade deveria proibir esses batuques e candomblés que, em grande quantidade, alastram as ruas nesses dias, produzindo essa enorme barulhada, sem tom nem som, como se estivéssemos na Quinta das Beatas ou no Engenho Velho, assim como essa mascarada vestida de saia e torso, entoando o tradicional samba, pois que tudo isso é incompatível com o nosso estado de civilização. ... Demais, se o candomblé e o samba são proibidos nos arrabaldes e nas roças, como hão de campear dentro das cidades em um dia festivo como o carnaval?[28]

O samba remete à Quinta das Beatas, ao Engenho Velho, aos arrabaldes e roças. Mas quando ele se faz ouvir dentro das cidades, provoca o protesto dos leitores, que se manifesta por um juízo estético (exatamente como no caso de Ruy Barbosa): para eles, trata-se de uma "barulhada sem tom nem som". O objeto do desagrado é em primeiro lugar a própria presença física do negro no carnaval: "O modo como se tem africanizado, entre nós, esta grande festa da civilização";[29] mas àquele se soma um desagrado propriamente musical, que se apresenta como autônomo. No fim das contas, não se sabe se o missivista condena o samba por que este expressa a "não civilização" dos negros ou se condena a presença dos negros no carnaval porque não gosta da sua música.

* * *

É a partir da década de 1870 que a palavra "samba" começa a ser registrada na cidade do Rio de Janeiro. Assim fazendo, ela começa a diluir as fronteiras que se mostravam tão nítidas até aqui; e assim, pouco a pouco, o samba já não será mais só da Bahia, nem só da roça, nem só dos negros.

Vimos atrás que Jota Efegê encontrou menções ao "samba" na publicidade feita na imprensa carioca pelos clubes de carnaval em 1876 e 1877. Precisamente no ano seguinte, 1878, há segundo Batista Siqueira pela primeira vez na cidade uma divulgação mais ampla do "samba", quando os jornais anunciam, fora do período carnavalesco, a realização de um divertimento popular sob esse nome. Um dos anúncios então publicados dizia: "Cesse tudo quanto a antiga musa canta/ Que outro fado mais alto se alevanta: — o samba! Mais vale experimentar do que julgar".[30] O anúncio retoma versos famosos do início dos *Lusíadas*, e os utiliza por um lado para ressaltar a novidade do assunto, e por outro para estabelecer mais um paralelo entre o "novo samba" e o "velho fado".

Na década de 1880, começam a aparecer descrições de danças que se encaixam perfeitamente no conceito de samba de umbigada, mas cujo cenário não é mais a velha Bahia nem as fazendas de café, e sim os diferentes bairros da capital federal. A primeira que citaremos diz respeito à Festa da Penha, que reunia multidões num subúrbio carioca nos domingos de outubro, e foi descrita por Raul Pompeia em 1888:

> Um delírio de samba e fados, modinhas portuguesas, tiranas do Norte. Uma viola chocalha o compasso, um pandeiro acompanha, geme a sanfona, um negro esfrega uma faca no fundo do prato ... A roda fecha. No centro requebra-se a mulata e canta ... Os circunstantes batem palmas, marcando a cadência ..., olhando o saracoteio lento, ou as umbigadas desenfreadas, dos fadinhos ...[31]

Os elementos são os mesmos encontrados em inúmeras descrições de sambas folclóricos: viola, pandeiro, prato-e-faca, palmas dos circunstantes, roda, uma dançarina que executa sua coreografia individual ("requebra-se") no centro.

Praticamente ao mesmo tempo, Aluísio Azevedo fazia no seu romance *O cortiço* (onde o autor se propunha a documentar a vida social dos pobres do Rio de Janeiro nos anos 1880) uma descrição do que chama num primeiro momento de "chorado baiano"* (p.80) mas depois também de "samba" (p.121, 123, 205): o acompanhamento é feito por violão e cavaquinho, forma-se uma roda, os assistentes batem palmas ("cadentes, certas, num ritmo nervoso, numa persistência de loucura", p.81), a mulata ("Rita Baiana") se requebra no centro.

Note-se que tanto na Festa da Penha quanto no cortiço de Botafogo descrito por Azevedo, a participação não se resume aos negros, ao contrário do que acontecia nos sambas de Alencar e Ribeiro. Agora, ambas as descrições enfatizam a heterogeneidade que caracterizava as camadas economicamente desfavorecidas na então capital federal: na primeira, como vimos, o samba

---

* A palavra *chorado* designa uma dança que, na descrição de *O cortiço* e em outras (por exemplo, verbete "Chorado" no *DFB*, p.207-8), se enquadra perfeitamente no conceito de samba de umbigada.

convivia com as "modinhas portuguesas" e as "tiranas do Norte".* Na segunda, a convivência entre brancos e mulatos, portugueses e baianos, é um dos temas do livro e transparece desde as primeiras descrições dos personagens.[32]

Essa diferença tem relação com a flagrante mudança de posição do samba no seio da narrativa: em *O cortiço*, são os personagens principais que participam do divertimento, e é neste que se passam alguns dos acontecimentos decisivos da trama, como o enamoramento do português Jerônimo pela mulata Rita Baiana. Este papel mais essencial do samba no texto literário acompanha o movimento que o conduziu da periferia ao centro da vida social: da roça à cidade, das províncias à capital federal, dos negros ao povo; movimento que se consumará na criação, entre 1917 e o início da década de 1930, do samba urbano carioca.

* * *

Falei acima de uma função "diferenciadora" do samba, detectada no romance *Til*, de José de Alencar. Essa ideia torna-se mais clara quando se compara o samba de *Til* com aquele descrito anos depois por Aluísio de Azevedo no já citado *O cortiço*.

Em ambos os romances, a cena do samba dá ensejo a uma disputa amorosa. No primeiro, a disputa acaba ali mesmo, sem maiores consequências para o desenrolar da trama. No segundo, ela é um dos elementos essenciais desta. Nos dois, o conflito em questão põe em cena personagens pertencentes a mundos diferentes. Em Alencar, a escrava Florência, "negra da roça" (isto é, uma participante direta do duro trabalho nos cafezais), gosta do pajem Amâncio, que é mulato e trabalha na casa dos senhores. Florência tenta atrair Amâncio para o samba, o que representaria um triunfo diante da sua rival Rosa, que como mucama gozava também de um estatuto privilegiado; o mulato hesita, "receoso de derrogar sua nobreza de pajem misturando-se com a ralé da enxada".[33] Mas Amâncio acaba cedendo, o que provoca a intervenção violenta de Rosa seguida de um conflito generalizado: "Os pretos da roça acudiram à sua parceira, insultada pela cambada de pajens e mucamas. Os capangas tomaram o partido do Amâncio por uma espécie de coleguismo."[34]

Em torno do samba, Alencar estabelece toda uma sociologia da fazenda paulista: os "pretos da roça" são os que fazem o samba; os feitores e camaradas,

---

* De acordo com a *EMB*, verbete "Tirana", p.752, trata-se de uma dança originária da Espanha, que teria chegado ao Brasil no final do século XVIII. Melo, em *A música no Brasil*, diz que ela representa o componente hispânico entre os "três tipos populares da arte musical brasileira" — os outros dois seriam o lundu, africano, e a modinha, portuguesa (p.29).

caipiras brancos, ficam à parte ("bem desejavam os sujeitos entrar na súcia e fazer uma perna no batuque; mas, impedidos pela disciplina da fazenda, contentam-se em olhar de fora").[35] Os pajens e mucamas são negros ou mulatos, mas trabalham na casa e não no cafezal, gozando de um outro estatuto graças a seu contato direto com os senhores. Ao contrário dos caipiras, não são "impedidos pela disciplina da fazenda" de ir ao batuque; é antes sua própria vontade de diferenciar-se que faz Amâncio hesitar. Quanto aos senhores, estão completamente ausentes do capítulo, assim como os personagens principais da trama, que são todos marginais à atividade econômica.

Já a segmentação proposta por Azevedo é muito menos nítida que a de Alencar. O samba aparece como algo que pertence em primeiro lugar aos mulatos: Firmo e Porfiro, que fazem a música (violão e cavaquinho), Rita Baiana, que dança melhor do que todos. Mas aparece como algo que pertence também a todos os outros habitantes do cortiço, que são polarizados pelos mulatos: é destes que o samba parte, mas os outros também participam. Ao contrário do que acontecia em Alencar, o samba não é exclusivo de ninguém, mas reúne todo o cortiço: "E depois surgiu também a Florinda, e logo o Albino e até, quem diria, o grave e circunspecto Alexandre ... . O chorado arrastava-os a todos, despoticamente, desesperando aos que não sabiam dançar."[36] No final, mesmo os donos do cortiço, "desembaraçados da sua faina, quiseram dar fé da patuscada", e a família rica que morava ao lado "pusera-se à janela, divertindo-se com a gentalha da estalagem",[37] antecipando assim em quase 100 anos os camarotes VIP do sambódromo.

Só quem fica de fora é o português Jerônimo, que prefere cantar os fados da sua terra. Ele aparece no início do romance como completamente refratário à sedução geral exercida pelo samba, porque portador de uma ética do trabalho de tipo europeu. Vale a pena deter-se na caracterização de Jerônimo, porque ela contrasta fortemente com as de Firmo e Rita Baiana, personagens que nesse romance mais se identificam ao samba; e este contraste nos permitirá antecipar a discussão da malandragem, que será desenvolvida à frente.

Assim, quando Jerônimo discute com o dono da pedreira, João Romão, as condições da sua contratação, sua visão é a de um capitalista moderno e esclarecido. O que vê é uma pedreira magnífica desperdiçada por trabalhadores ignorantes, preguiçosos e mal pagos:

> — Sempre o mesmo serviço malfeito e mal dirigido! ... Que relaxamento! ... Comigo aqui é que eles não fariam cera. ... Entendo que o empregado deve ser bem pago, ter para a sua comida à farta, o seu gole de vinho, mas que deve fazer serviço que se veja, ou então, rua! ... Temos cá muita gente que não precisa de estar. ... Em vez de todas aquelas lesmas, pagas talvez a trinta

> mil-réis ... melhor seria tomar dois bons trabalhadores de cinquenta, que fazem o dobro do que fazem aqueles monos ...[38]

Azevedo destaca o seu "zelo", sua "habilidade", "a grande seriedade de seu caráter e a pureza austera dos seus costumes"; bom marido, bom pai, temente a Deus, a moralidade exemplar de Jerônimo se funda em seu apego ao trabalho:

> ... acordava todos os dias às quatro horas da manhã, fazia antes dos outros sua lavagem à bica do pátio ... A sua picareta era para os companheiros o toque de reunir. ... Jerônimo só voltava para casa ao descair da tarde, morto de fome e de fadiga. ... Depois, até às horas de dormir, que nunca passavam das nove, ele tomava a sua guitarra e ia para defronte da porta, junto com a mulher, dedilhar os fados da sua terra. Era nesses momentos que dava plena expansão às saudades da pátria, com aquelas cantigas melancólicas em que a sua alma de desterrado voava das zonas abrasadas da América para as aldeias tristes da sua infância.[39]

Azevedo faz de Jerônimo um estrangeiro: ele vive no Brasil mas é português na música, na culinária e na valorização do trabalho. O contrário exato de Firmo e Rita Baiana. A respeito desta, eis os comentários de suas colegas lavadeiras:

> — É doida mesmo! Meter-se na pândega sem dar conta da roupa que lhe entregaram... Assim há de ficar sem um freguês... ... Pode haver o serviço que houver, aparecendo pagode, vai tudo pro lado! Olha o que saiu o ano passado com a festa da Penha!... — Então agora, com este mulato, o Firmo, é uma pouca vergonha! Est'ro dia, pois você não viu? levaram aí numa bebedeira, a dançar e cantar à viola ... — Ainda assim não é má criatura... Tirante o defeito da vadiagem...[40]

Quanto a Firmo, não é que não trabalhe, mas, como sua amante, trabalha o mínimo possível: "Era oficial de torneiro, oficial perito e vadio ... às vezes porém os dados e a roleta multiplicavam-lhe o dinheiro, e então ele fazia como naqueles últimos três meses, afogava-se numa boa pândega com a Rita Baiana." Sua frustração profissional era não ter conseguido "nunca o lugar de contínuo numa repartição pública — o seu ideal! — Setenta mil réis mensais, trabalho das nove às três". A ironia desta última frase se acentua pelo fato de a soma mencionada ser a mesma que Jerônimo pede e João Romão hesita muito em pagar, por um horário duas vezes mais longo (das cinco às cinco).[41] Na segunda parte voltaremos ao personagem Firmo e às relações entre samba e rejeição ao trabalho.

O que quero sublinhar agora é que enquanto em Alencar o samba possibilitava estabelecer uma série de discriminações dentro do mundo do trabalho (pretos da roça, pajens, capangas), em Azevedo a única oposição que se estabelece é de tipo "nacional": brasileiros, mulatos à frente, fazem o samba, enquanto o português canta o fado. Mais ainda: é vendo e ouvindo o samba que Jerônimo se enamora de Rita Baiana e começa um processo de abrasileiramento, no qual a mudança do gosto musical vai de par com a da atitude em relação ao trabalho. No primeiro romance, a sedução do samba também está presente; através dela, Florência faz Amâncio se aproximar. Mas esta sedução é afinal vencida pela diferenciação social que o próprio samba também instaura. No segundo, ao contrário, a diferenciação nacional é vencida pela sedução, Jerônimo mata seu rival Firmo e se converte ele mesmo num "brasileiro":

> Estava completamente mudado. Rita apagara-lhe a última réstia das recordações da pátria; secou ... a derradeira lágrima de saudade, que o desterrado lançou do coração com o extremo arpejo que a sua guitarra suspirou. A guitarra! Substituiu-a ela pelo violão baiano ... e embebedou-lhe os sonhos de amante prostrado com as suas cantigas do Norte .... O português abrasileirou-se para sempre; fez-se preguiçoso, amigo das extravagâncias e dos abusos ... fora-se-lhe de vez o espírito da economia e da ordem; perdeu a esperança de enriquecer ...[42]

Ainda prevalece aqui a localização geográfica do samba na Bahia ou no "Norte". Mas, à diferença de trechos citados anteriormente, o "violão baiano" aparece como um símbolo nacional: ele faz o português "abrasileirar-se", e não "abaianar-se". Se retomarmos a distribuição de Silvio Romero mencionada atrás, veremos que havia vários candidatos potenciais a este posto de emblema musical do país: o "fandango" das províncias do Sul, o "cateretê" da de Minas, e até a "xiba" do Rio de Janeiro; mas quem o assume finalmente, numa ascensão que apenas começava, é mesmo o "samba da Bahia".

Essa nacionalização progressiva do samba pode ser acompanhada ainda num outro registro, que é o da sua utilização pelos teóricos. Assim, quando Carneiro procura em seu artigo citado de 1961 um nome genérico para as danças de umbigada, hesita ainda um momento entre "batuque" e "samba"; esta hesitação faz eco às dos estudiosos que o precederam. Para Alvarenga, tanto um nome quanto outro desempenharam esse papel em relação ao "tipo coreográfico" em pauta, mas "pelo menos na pena dos letrados, Samba parece ter substituído completamente a designação Batuque".[43] Luciano Gallet, em livro publicado postumamente em 1934, dá "batuque" como termo generalizado e "samba" como particular a Bahia, Rio e Pernambuco.[44] Artur Ramos, em *Folclore negro no Brasil*, corrige Gallet afirmando que "samba" também é geral. Mas, acrescenta Ramos, o termo samba tende a se generalizar ainda mais: "Perde o aspecto primitivo, sinônimo de batuque ... para se tornar um termo genérico de dança popular brasileira. O samba tende assim a substituir o maxixe."[45] Também para Alvarenga o samba "viu seu sentido ainda mais alargado que o do Batuque, estendendo-se a nome de qualquer baile popular, equivalente a 'função', 'pagode', 'forró' e outros mais".[46]

Já mencionei antes a oposição entre batuque — dança de umbigada, consequentemente de "par separado" — e baile — dança de "par enlaçado". Vimos também que o maxixe é um tipo de baile. Ora, as danças de umbigada são consideradas no Brasil como pertencentes ao domínio do folclore, enquanto o maxixe (urbano, dançado ao som de música impressa, de autor conhecido) se classifica como popular. Ramos e Alvarenga expressam aqui o deslizar quase imperceptível de uma área para outra: o samba que substitui batuque como termo genérico é inequivocamente o samba folclórico: o samba de umbigada, como dirá Carneiro para diferenciá-lo. Mas o samba que substitui o maxixe é o samba popular, caracteristicamente urbano e de "par enlaçado" (sem umbigada portanto), cujo nascimento estudaremos na sequência.

Finalmente, "samba" substitui também "tango" como denominação de canção popular. (Já vimos atrás que no início do século XX "tango" e "maxixe" eram praticamente equivalentes). No carnaval de 1911, uma reportagem no *Jornal do Brasil* dizia que o rancho "A Filha da Jardineira só tem um samba: 'Ladrãozinho', tango". Silva e Oliveira Filho, que mencionam a notícia, acrescentam: "A palavra samba, que até então era usada em sinonímia quase perfeita com tango e maxixe, especializou-se, substituindo na prática as outras duas."[47]

A propósito, escreve Mário de Andrade na introdução aos *Estudos de folclore*, de Luciano Gallet, ao comentar uma peça do compositor:

> O que nos importa notar nesse *Tango-Batuque* é principalmente o nome, indicando já a preocupação de especificar bem forma e caráter das músicas brasileiras. É curioso de verificar no manuscrito da partitura, datado de abril de 1919, que primeiro Gallet escreveu a tinta "Tango-Batuque", mas que, em seguida, a palavra "tango" foi riscada. Escrito a lápis, por cima, está a palavra "samba".[48]

Dificilmente se poderia ilustrar melhor a substituição de que tratamos. Saía o tango, entrava o samba, sem que o conteúdo musical mudasse, nem mudasse tampouco a associação com o "batuque" (a associação entre tango e batuque, como o leitor recorda, foi discutida acima).

Vemos assim que a crescente importância do termo "samba" se faz em duas vertentes concomitantes, folclórica e popular: na primeira, substitui batuque, na segunda, maxixe e tango. Essas duas "vertentes" ainda hoje estão presentes, como se vê por exemplo nos verbetes "Samba" da *EMB* e do *DFB*, divididos ambos em duas partes correspondentes.[49] De fato, o processo de definições e redefinições que abordamos acima levou a uma situação em que convergem na mesma palavra uma significação folclórica e outra popular, tidas como distintas mas estreitamente relacionadas, e às vezes, como veremos à frente, indevidamente confundidas.

Mas essa convergência do folclórico e do popular numa mesma palavra expressa uma nova convergência ideológica que se forja entre as duas áreas. Quando ela se consuma, o samba popular beneficia-se de toda a carga positiva atribuída por boa parte dos intelectuais brasileiros desde os anos 1930 ao folclore.

* * *

Voltemos um momento a *O cortiço*. O romance representa uma etapa intermediária no processo de "nacionalização" do samba: este é identificado ali, ao mesmo tempo, à Bahia e ao Brasil. Tudo que é da Bahia figura no romance como o mais autenticamente brasileiro: a mulata Rita Baiana, a comida que ela prepara e a música que dança.

A finalização desse processo de "nacionalização", no entanto, passará pela identificação do samba ao Rio de Janeiro, capital do país depois de Salvador, de 1763 a 1960. A criação do "samba carioca", que estudaremos na sequência, começa em 1917 com o sucesso alcançado no Rio de Janeiro pela composição "Pelo telefone", que seu autor, o carioca filho de baiana Ernesto dos Santos ("Donga"), batizou de "samba"; e assume seus contornos definitivos no início da década de 1930, com uma série de mudanças rítmicas (e outras). É só nesse momento que o samba assume da maneira mais inequívoca a condição de ritmo nacional por excelência.[50] Mas a relação entre "samba carioca" e "samba baiano" ainda necessita de esclarecimento.

Essa relação, como se pode suspeitar, é paralela à que discutimos atrás, entre samba popular e folclórico. O "samba baiano", descrito por Carneiro, Waddey e outros, é o "samba de umbigada", sem registro oficial senão o que lhe é atribuído de fora, pelo romancista ou o antropólogo: folclore. O "samba carioca" é o que, como vimos atrás, substitui o maxixe e o tango nos títulos das partituras e no gosto do público urbano: popular. Aparentemente, duas entidades completamente distintas.

No entanto, eles compartilham o mesmo nome, só o predicado geográfico é que muda. Mais ainda, uma relação é postulada pelo senso comum brasileiro, segundo a qual o samba carioca-popular teria sua origem no samba baiano-folclórico, sendo um desenvolvimento deste. Assim, por um lado diz-se que o samba "nasceu" em 1917, com "Pelo telefone",* e o compositor Zé Keti cantava em 1955 no samba "A voz do morro":

Eu sou o samba
Sou natural daqui do Rio de Janeiro

Por outro lado, diz-se também que "o samba nasceu lá na Bahia" (como na letra do "Samba da bênção", composto por Baden Powell e Vinicius de Morais em 1966); e o próprio Donga, autor de "Pelo telefone", afirma em entrevista que "o samba não nasceu comigo. Ele já existia na Bahia, muito antes de eu nascer, mas foi aqui no Rio que se estilizou".[51]

A noção de "estilização" empregada por Donga é importante, pois serve para especificar a diferença, ao mesmo em tempo que postula a continuidade, entre as versões "baiana" e "carioca". Mas em outros casos tal diferença é completamente esquecida. Por exemplo, a já mencionada *Carta do samba*, aprovada no Congresso do Samba realizado no Rio de Janeiro em 1961, teve sua redação confiada a Edison Carneiro, presidente da "Campanha de defesa do folclore brasileiro", baiano e inventor da expressão "samba de umbigada"! Tal escolha manifesta visivelmente a intenção de reforçar a filiação folclórica do samba carioca.

Vianna mostra em seu livro *O mistério do samba* como nos anos 1930 interessava aos ideólogos nacionalistas atribuir a um produto musical que acabava de nascer a respeitabilidade devida às coisas antigas e tradicionais. O samba que naquela década passou a ser consumido de norte a sul do país teve, como veremos, seus contornos definidos no Rio de Janeiro entre 1928 e 1932 aproximadamente; mas era apresentado como a mais tradicional expressão musical do Brasil inteiro. Assim, numa composição como a famosa "Aquarela do Brasil", lançada por Ary Barroso em 1939, o samba *que se escuta* é uma

---

* Como numa reportagem de Sérgio Cabral, publicada na revista *Realidade* em agosto de 1967, que se intitulava "Então nasceu o samba" e comemorava os 50 anos de "Pelo telefone". O mesmo autor, sem dúvida uma das maiores autoridades em samba carioca, escreve em outro lugar: "O samba nasceu e cresceu no Centro do Rio de Janeiro" (prefácio a Vianna, *O mistério do samba*, p.11). Outra autoridade indiscutível no assunto, Ary Vasconcelos, publicava em 1958 uma reportagem intitulada "O samba nasceu na Praça Onze" (citado em Muniz Jr., *Do batuque à escola de samba*, p.36).

produção musical cujos contornos são recentes, são em parte fruto do Brasil urbano, do disco e do rádio; mas o samba *de que se fala* — "Brasil, terra de samba e pandeiro" — é definido com referências à época escravocrata, à "cortina do passado", à "mãe preta no cerrado", ao "rei congo no congado" e à sinhá que caminha "pelos salões arrastando o seu vestido rendado". A mensagem implícita é que nossos ancestrais da época da Colônia e do Império já conheciam um "samba" que seria, no essencial, o mesmo de "Aquarela do Brasil". Esta passagem demasiado fácil entre o folclórico e o popular, entre o que seriam tradições musicais ancoradas no passado e práticas ligadas ao mercado fonográfico, mitologia alimentada em parte pelo discurso dos atores envolvidos e pela própria bibliografia existente, será discutida na sequência pela análise de dois momentos privilegiados na constituição do samba carioca: o do sucesso da composição "Pelo telefone", no carnaval de 1917 e, no capítulo seguinte, o da emergência dos sambistas ligados ao bairro carioca do Estácio de Sá, entre 1928 e 1933.

4. Da sala de jantar à sala de visitas

A segunda metade do século XIX vê acentuar-se o fluxo migratório do Nordeste para o Sudeste do país, acompanhando a mudança de eixo econômico, que vinha já do século anterior e que se expressou também na mudança da capital de Salvador para o Rio de Janeiro. Uma parte desse contingente era constituída por negros baianos nascidos livres — ou porque filhos de escravos forros, ou porque beneficiados pela Lei do Ventre Livre — e que até, em certos casos, gozavam de relativa tranquilidade econômica. Esse grupo, unido por fortes laços de solidariedade, iria constituir uma "comunidade baiana" no bairro da Saúde, no Centro do Rio.[1]

Tal solidariedade era em grande parte assegurada pela figura das "tias", isto é, de baianas mais velhas que exerciam uma liderança na organização da família, da religião e do lazer. Entre estas, podemos mencionar tia Amélia e tia Perciliana, mães, respectivamente, do já citado Ernesto dos Santos (1889-1974) e de João Machado Guedes (1887-1974), que, conhecidos pelos apelidos de "Donga" e "João da Baiana" — pelos quais serão tratados neste trabalho de agora em diante —, viriam a desempenhar papel de relevo no meio musical carioca do início do século XX.*

Mas a mais famosa das "tias" baianas foi mesmo Hilária Batista de Almeida, que entrou para os fastos do samba como Tia Ciata. A importância a ela atribuída pelos cronistas do samba se deve especialmente a que "Pelo telefone" (considerado unanimemente como a primeira composição chamada de samba a alcançar um amplo sucesso na música popular), embora tenha em Donga seu autor oficial, teria sido na verdade uma produção coletiva gestada em sua casa. Assim, segundo Almirante, foram "os *habitués* da casa da Tia Ciata ...

---

* Donga e João da Baiana sobreviveram largamente aos outros pioneiros do samba carioca, e nos anos 1960, juntamente com Pixinguinha (Alfredo da Rocha Vianna Jr., 1898-1973), passaram a ser reverenciados como seus pais fundadores. O depoimento deles ao Museu da Imagem e do Som foi transformado em livro que citarei abundantemente: *As vozes desassombradas do Museu.*

[que] criaram uma produção musical, classificada por eles mesmos como *samba*".[2] Tinhorão também afirma que "Pelo telefone" "fora uma das músicas surgidas durante as reuniões promovidas pela baiana Tia Ciata".[3] A casa de Tia Ciata assumiu, assim, uma dimensão quase mítica como "lugar de origem" do samba carioca.

Mas não era Tia Ciata a única a promover noitadas musicais. Segundo João da Baiana, sua mãe também vivia "dando festas de candomblé. As baianas da época gostavam de dar festas. ... Era preciso ir até a chefatura e explicar que ia haver um samba, um baile, uma festa enfim".[4] E Donga confirma: "Lá em casa, se reuniam os primeiros sambistas, aliás, não havia esse tratamento de sambista ... Era festa mesmo. Assim como havia na minha casa, havia na de todos os conterrâneos de minha mãe."[5]

Vemos aqui em ação a definição de samba expressa por Oneyda Alvarenga, que citamos páginas atrás: "Qualquer baile popular, equivalente a 'função', 'pagode' etc.".[6] Nestas citações, pois, "samba" aparece como sinônimo de "baile popular", mas não no sentido coreográfico (segundo o qual, como vimos e como voltaremos a ver, os dois termos se opõem), e sim no de festa, em que dança, música, comida, bebida e convivência não podem ser concebidas separadamente.

Este sentido é esclarecido pelos dois outros termos mencionados por Alvarenga, "função" e "pagode". Vejamos o que diz o *DFB* em seu verbete "Função": "Antiga denominação de nossas festividades religiosas, e das familiares de batizados, casamentos e aniversários ... ainda mantida pelos músicos, que assim chamam às solenidades de qualquer natureza em que tomam parte."[7] E sobre "Pagode": "Festa, reunião festiva e ruidosa, festa com comida e bebida, havendo ou não danças, festa sempre de caráter íntimo, comparecendo amigos."[8]

Eis em que consistiam portanto — numa primeira aproximação — os "sambas" desses baianos-cariocas do começo do século XX: não mais as reuniões ao ar livre de que nos falaram Edison Carneiro e outros,[9] mas festas de caráter íntimo, com comida, bebida, música e dança, realizadas sob os mais variados pretextos.* Assim, quando em 1933 o cronista carnavalesco Vagalume (Francisco Guimarães, 1870?-1946) escreve em seu livro sobre o samba um capítulo dedicado à "Gente de outro tempo", sua descrição é organizada

* O emprego da palavra "samba" com o sentido de festa sobreviveu em muito ao contexto aqui referido, como mostra a recorrência da expressão "ir ao samba" . Ela aparece na década de 1930 numa famosa composição que perguntava "Com que roupa/ Eu vou/ Ao samba que você me convidou", e ainda mais recentemente, na composição de Paulinho da Viola que diz "Eu vou ao samba/ Porque longe dele não posso viver".

pela sequência das casas onde aconteciam sambas: primeiro, "as festas na casa da Tia Tereza", referidas mais à frente como "os sambas da Tia Tereza"; depois, "os sambas de João Alabá", que não eram evidentemente as composições dele, mas, ainda uma vez, as festas em sua casa; mais à frente se fala de "outro samba famanado ... na casa da Tia Asseata [sic]".[10]

Nascida em Salvador em 1854, presumivelmente de escravos forros, Tia Ciata chegou ao Rio de Janeiro em 1876. Lá, casou-se com João Batista da Silva, também negro e baiano, que em Salvador chegara a cursar dois anos da Faculdade de Medicina e mais tarde conseguiu emprego no gabinete do chefe de polícia da capital federal — e, de acordo com o depoimento de seu neto, isso foi possível graças à intervenção dos orixás de Tia Ciata, que teriam curado a perna doente do então presidente da República, Wenceslau Brás![11]

A "respeitabilidade" profissional do marido deve ter sido um dos fatores que fizeram da casa de Tia Ciata um ponto de referência do universo negro carioca no início do século XX. Mas deve-se também ao trabalho dela própria, em áreas que tanto reforçavam uma certa identidade afro-baiana como teciam sutis relações com o mundo da elite carioca. Uma delas era a fabricação e venda de doces, papel que na época já era tradicional entre as baianas que moravam no Rio: registrada por Debret desde a primeira metade do século XIX, a baiana doceira, atrás do seu tradicional "tabuleiro", se tornara parte integrante da paisagem da cidade, recebendo até encomendas das famílias brancas. Além disso, confeccionava trajes de baiana, muito empregados nos clubes carnavalescos oficiais. Em ambas as atividades, Tia Ciata chegou a contar com um numeroso grupo de baianas trabalhando sob sua supervisão. Outro fator da sua ascendência era a posição proeminente de que desfrutava no candomblé. Era Iyá Kekerê (isto é, a principal auxiliar do pai de santo, o chefe religioso) num dos mais prestigiosos terreiros do Rio de então, o de João Alabá, citado acima por Vagalume.[12]

Os sambas na casa de Tia Ciata ficaram na memória oral do Rio de Janeiro, como nos mostram os depoimentos recolhidos por Moura (e também na literária, sendo citados por poetas como Manuel Bandeira e Mário de Andrade)[13]. Nos parágrafos seguintes, vamos nos servir desses (e outros) depoimentos para detalhar nossa compreensão de tais sambas.

A primeira coisa a ressaltar é que se o termo era, como vimos, designação genérica daquelas festas, era também o nome específico de um dos divertimentos que ali tinham lugar, como deixa entrever a categorização presente em certos testemunhos: "A festa era assim: baile na sala de visita, samba de partido-alto nos fundos da casa e batucada no terreiro" (João da Baiana).[14] "Baile na frente, samba nos fundos" (Carmem do Xibuca — outra sobrevivente daquela época, entrevistada por Moura já quase centenária).[15] "Em casa de preto, a festa era na base do choro e do samba. Numa festa de pretos havia o baile mais civilizado na sala de visitas, o samba na sala do fundo e a batucada no terreiro" (Pixinguinha).[16] "O samba era dançado na sala de jantar e o baile era na sala de visitas";[17] "As baianas davam a festa com as seguintes características: tinha samba na casa de fulana, então tinha choro também. No fundo tinha também batucada" (Donga).[18]

Aqui se delineia, pois, um segundo sentido da palavra "samba", através da oposição, no interior da festa, de diversas modalidades de divertimento. Mas antes de examinar a diferença que assim se estabelece entre baile e samba, que é a mais marcante desse conjunto de depoimentos, vamos esclarecer o significado de alguns termos empregados nos depoimentos citados: choro, batucada e samba de partido-alto.

A palavra "choro" designou a princípio um agrupamento instrumental que surgiu por volta dos anos 1870, ao mesmo tempo que a dança do maxixe, portanto. Sua formação clássica era flauta, cavaquinho e violão, e seu repertório inicial, danças de proveniência europeia, sobretudo a polca, mas também a schottisch, a valsa e algumas outras. Estas, como vimos, tinham coreografia de par enlaçado; de fato, a criação do choro acompanhou, do ponto de vista musical, o processo a que nos referimos atrás, de adoção pelas camadas populares de novas maneiras de dançar. Os conjuntos denominados choros estiveram entre os principais artífices das mudanças rítmicas sofridas pela polca, que analisamos através dos registros que nos chegaram pelas partituras para piano. Mais tarde, a palavra choro passará a designar as composições que eram tocadas por esses grupos.

A palavra "batucada", nesse contexto, faz referência a um jogo de destreza corporal, variante da capoeira, que foi popular no Rio de Janeiro. Pode ser considerada também como uma variante do samba de umbigada definido por Carneiro, pois consistia numa roda, com os usuais cantos responsoriais e palmas dos participantes, onde a umbigada era substituída pela pernada, golpe com a perna visando derrubar o parceiro, o qual, se conseguisse se manter de pé, ganhava o direito de aplicar a próxima pernada no parceiro que escolhesse.* A batucada se diferencia dos outros sambas-de-umbigada — e em particular dos que teriam sido praticados em casa de Tia Ciata — por sua componente violenta, que explica, nos depoimentos citados, sua localização fora da casa, no terreiro.

---

* A palavra "batucada" ganhará outra conotação a partir dos anos 1930. Para uma boa descrição do termo na sua acepção de jogo de destreza, ver Silva e Oliveira Filho, *Cartola*, p.32-6. Voltaremos a discutir o assunto ao abordar o tema da malandragem adiante.

Quanto à expressão samba de partido-alto, ela já se prestou a muita confusão; Lopes recenseou para ela dez conceitos diferentes.[19] Há porém um consenso segundo o qual há dois tipos fundamentais de partido-alto: o antigo ou baiano e o moderno ou carioca.[20] Sobre um e outro considerado isoladamente é mais fácil chegar a conclusões, pois ambos são praticados ainda hoje; o trabalho etnográfico de Waddey na Bahia e de Lopes no Rio são as melhores fontes.[21] Eis a definição dada por Lopes do partido-alto *carioca*: "Espécie de samba cantado em forma de desafio por dois ou mais contendores e que se compõe de uma parte coral ... e uma parte solada com versos improvisados ou do repertório tradicional, os quais podem ou não se referir ao assunto do refrão." Falta a esta definição um detalhe importante, como deduzo das próprias observações de Lopes (e também do meu próprio contato direto com o partido-alto carioca): o partido-alto não é nunca cantado em desfile, mas sempre em roda. A distinção é importante porque houve sambas cantados em desfile que correspondiam à descrição citada, mas estes não foram nunca considerados como pertencentes ao domínio do partido-alto.

Um ponto importante a sublinhar é que a expressão partido-alto é muitas vezes usada para enfatizar o caráter tradicional, autêntico, do samba. Donga fala de sua infância como o "tempo do samba verdadeiro, o samba do partido-alto";[22] e Carneiro diz que o "partido-alto que tanto delicia os veteranos do samba não se executa para o grande público ... Os antigos relembram assim os 'velhos tempos' da chegada do samba ao Rio de Janeiro".[23]

Justamente esses "velhos tempos" tão idealizados é que são difíceis de apreender, e responsáveis pela profusão de definições mencionada acima. Com efeito, não sabemos em que consistia exatamente o partido-alto que teria sido praticado pelos filhos de baianos no Rio de Janeiro no início do século XX. Neste ponto, os depoimentos de que dispomos não podem nos ajudar, por serem contraditórios; ora a expressão aparece como um simples sinônimo de samba de umbigada, ora parece ser uma modalidade específica no seio de um conjunto que incluiria a chula raiada, o samba-corrido etc., termos igualmente obscuros. As poucas gravações de sambas anteriores a 1930 que trazem em seu selo a menção a partido-alto também não ajudam, por serem muito díspares. Voltarei, mais à frente, a falar do partido-alto e de seu significado.

Quanto à oposição entre baile e samba, que aparece com notável regularidade nos testemunhos citados acima, uma parte de seu significado já foi examinada: trata-se de uma maneira de indicar a diferença cultural que se expressa no hábito de dançar, respectivamente, com o par enlaçado ou separado. Ela aparece junto com a diferença entre choro e samba, que deve ser tratada com cuidado, pois as duas palavras continuam sendo usadas na música brasileira, mas com sentido diferente. O choro, como vimos, passou de nome de conjunto a nome de gênero musical, guardando muito pouca relação com as polcas que lhe deram origem. A partir dos anos 1920, na maioria das gravações comerciais de samba, foram os músicos de choro que se responsabilizaram pelo suporte harmônico e pela ornamentação melódica de flauta, trombone etc. Assim, hoje os dois campos se encontram muito mais misturados que no início do século XX, quando, mesmo se o contato existisse, ele se fazia no quadro de uma separação determinada por dois tipos opostos de dança.

Mas a oposição entre baile e samba é também remetida a uma outra, de tipo espacial, que se faz entre sala de visita e sala de jantar. Encontramos, no ensaio de Jeffrey D. Needell sobre a elite carioca na *Belle Époque*, elementos sobre o significado que se poderiam atribuir a esta categorização arquitetônica:

> os aposentos distinguiam-se uns dos outros pelo valor simbólico da aparência europeia. ... Alguns deles, notadamente a sala de visitas ... serviam claramente como a afirmação pública do status da família ... A família passava a maior parte do tempo nos quartos de dormir e na sala de jantar familiar, onde ninguém, a não ser parentes muito íntimos, era admitido. ... À medida que passamos de um aposento a outro, nos deslocamos de uma expressão cultural a outra. A *persona* formal do indivíduo, em ocasiões sociais, era mais europeia. A familiar, mais brasileira.[24]

Quando Needell opõe a cultura europeia, com a qual buscava identificar-se a elite carioca da *Belle Époque*, à cultura tradicional brasileira, define esta última em grande parte pela presença de traços africanos.* O interessante, no entanto, é que ele ao mesmo tempo suaviza a oposição, ao mostrar a presença destes últimos até mesmo na casa das famílias ricas, nos aposentos caracterizados pela maior intimidade.

Meus argumentos também suavizam a oposição, mas pela via inversa: os depoimentos que reuni possibilitaram mostrar que na casa das tias baianas, os traços europeus também estavam presentes — desta vez, no aposento caracterizado por um grau maior de formalidade. Ou seja, também na casa de Tia Ciata — que neste ponto reproduzia o funcionamento comum das casas da elite — o status "respeitável" era afirmado na sala de visitas, com a dança de

---

* Por exemplo, na p.71: "O carnaval expressava em parte uma cultura afro-brasileira da qual a elite afinada com os padrões europeus se envergonhava". E na p.195: "Os modelos explícitos para o Ouvidor [uma rua do Centro do Rio frequentada pela elite] eram as ruas de encontro elegante de Paris e Londres. ... Tudo o que existia era trazido de fora ... em gritante contraste com o resto da velha cidade portuária e sua grande população afro-brasileira."

par enlaçado e a música dos choros, baseada em gêneros de proveniência europeia, como a polca, a valsa etc.: em resumo, a festa mais "civilizada", no dizer do próprio Pixinguinha. Por oposição, na sala de jantar, ficava a esfera íntima, onde prevalecia, protegido por um "biombo cultural",[25] um divertimento de tipo afro-brasileiro.

Em todo caso, não se pode imaginar que o hermetismo do "biombo" separando sala de visitas de sala de jantar fosse completo, como se os visitantes ilustres pudessem surpreender-se ou chocar-se com o que se passava no outro aposento. O "biombo" não servia para interditar, mas para marcar uma fronteira pela qual, sob certas condições, passava-se constantemente. Assim, há testemunhos da presença de membros da elite branca na roda de samba, como na composição de Pixinguinha e Cícero de Almeida:

> Samba de partido-alto
> Só vai cabrocha que samba de fato
> Só vai mulato filho de bahiana
> E gente rica de Copacabana[26]

Vagalume também faz alusões ao fato: "Quando formava-se a roda, os componentes eram a elite, e os convidados, gente escolhida, que merecia ser chamada de 'Iaiá' e 'Ioiô'." Essa gente escolhida, ainda segundo Vagalume, era gente "do alto": "seu barão, seu comendador, e o português da venda e do açougue".[27]

Estas duas citações evidenciam uma característica importante da apreciação do partido-alto,* que se encontra em estreita relação com o problema que nos ocupa. É que esse tipo de samba se reveste de um caráter "elitista", termo que deve ser compreendido em dois sentidos. Primeiro: na medida em que, como vimos, trata-se do *nec plus ultra* em matéria de tradicionalismo no samba, é só a elite dos bambas que, por sua habilidade e familiaridade com a tradição, pode nele tomar parte ativa. Somente, como diz Pixinguinha, "a cabrocha que samba de fato", o "mulato filho de bahiana", ou, como quer Vagalume, as "sumidades". Segundo: entre os espectadores brancos do samba (ou as pessoas exteriores ao "mundo do samba", para empregar uma expressão que será discutida abaixo), são admitidos somente os membros da elite — desta vez, em termos econômicos e de prestígio.

Este elitismo constatado na apreciação do partido-alto, da parte do grupo baiano-carioca do começo do século, é confirmado pelas pesquisas de Waddey,

---

* Mesmo se Vagalume não menciona na passagem citada a expressão "partido-alto", ela aparece inúmeras vezes em seu livro, como sinônimo de samba tradicional (por exemplo, p.93 e passim).

desta vez na Bahia, nos anos 1980. Um de seus informantes diz que o partido-alto é o "samba da aristocracia". O mesmo autor menciona uma informação da professora Zilda Paim, de Santo Amaro da Purificação (cidade-chave da região cultural do Recôncavo Baiano), segundo a qual "de 'partido-alto' eram os sambas que os donos de plantações de cana [e de escravos, naturalmente] organizavam para exibir suas cabrochas ... — quer dizer, suas amantes negras".[28] Isto explicaria uma das particularidades da versão baiana do partido-alto: a dança é individual e acompanhada somente por instrumentos; o canto aparece apenas no intervalo entre um dançarino e outro.

Estas conotações atribuídas ao partido-alto permitem, segundo penso, compreender o único testemunho de um participante das festas de Tia Ciata que dá uma versão diferente de sua organização. Trata-se da declaração de João da Baiana publicada por Tinhorão: "Os velhos ficavam na sala da frente cantando partido-alto ..., os jovens ficavam nos quartos cantando samba corrido. E no terreiro ficava o pessoal que gostava de batucada."[29] Sempre a separação da festa em três, com a batucada no terreiro e o espaço da casa separado em uma parte mais exterior e outra mais interior. Mas em vez de sala de visitas fala-se em sala da frente e, em vez de sala de jantar, de quartos.* Quanto à música, em vez de "baile" e "samba", temos "samba de partido-alto" e "samba-corrido".

Ora, do que ficou dito acima, deduz-se que o "partido-alto" está para o "samba-corrido" como o "baile" está para o "samba".

Para confirmar esta proposição, o único elemento cujo significado resta a esclarecer é "samba-corrido". Vejamos o que diz Waddey sobre o assunto: "O samba-chulado apresenta, entre todas as variáveis, um elemento constante: a forma essencialmente europeia de seu texto. ... Ao contrário, o canto responsorial com frases curtas, assim como a duração indeterminada do samba-corrido, são traços de origem africana."[30] Mas o que é este "samba-chulado" que Waddey opõe a samba-corrido, situando o primeiro como "mais europeu" e o segundo como "mais africano"? Nada menos que outro nome do mesmo partido-alto: "Cada um destes ... nomes — 'samba de chula' (ou 'samba-chulado'), ... samba de partido-alto, ... identifica o mesmo gênero por um aspecto diferente."[31] Isso, como se percebe, confirma por outra via a proposição feita acima: se o partido-alto está para o samba-corrido como a Europa está para a África, e se a Europa está para a África como o baile está para o samba, então o baile está para o samba como o partido-alto está para o samba-corrido.[32]

---

* O que dá no mesmo, tanto sob o prisma da arquitetura — da frente ao fundo — como sob o da estrutura social — do formal ao íntimo.

A posição do partido-alto como samba aristocrático lhe confere, e a ele somente, a distinção de ser realizado na sala da frente. Trata-se de posição ambígua, na medida em que o elitismo da tradição afro-baiana confunde-se com o elitismo do público branco formado por donos de plantações, barões e comendadores, e na medida em que elementos europeus se misturam mais intensamente com elementos africanos. Mas é esta ambiguidade que confere coerência à declaração de João da Baiana quando comparada a outros testemunhos, e mesmo a outros testemunhos do próprio João da Baiana.

* * *

Embora não haja uma descrição detalhada de como era o samba-divertimento praticado na sala de jantar na casa de Tia Ciata, dados que emergem aqui e ali nos testemunhos existentes corroboram a hipótese de que se tratava de um tipo de samba de umbigada. O fato de que as testemunhas oponham, no interior do samba-festa, o samba-divertimento ao baile, é um desses dados, pois vimos em capítulo anterior que o termo foi frequentemente contraposto a outros designavam danças de umbigada. Nos depoimentos recolhidos por Moura, há outras indicações que fazem pensar nestas últimas: por exemplo, alusões à roda e às palmas dos assistentes.[33] Outro dado é o apego que os participantes demonstravam a suas raízes baianas, vista a importância do samba de umbigada na Bahia, conforme as descrições de Carneiro e Waddey,[34] entre outros. Parece legítimo supor que entre os vários laços que este grupo manteve com sua terra de origem (religião, festejos, culinária),[35] estava também o samba tal como era praticado lá. Mas ainda mais importantes para corroborar a hipótese em questão são as poucas descrições coreográficas que nos chegaram daquelas festas.

Assim, uma testemunha diz que Tia Ciata "levava meia hora fazendo miudinho na roda".[36] O miudinho, na definição de Renato Almeida, "é um dos passos do samba [baiano]. Eu mesmo tive ocasião de ver, na Bahia, as mulheres o dançarem em sambas de roda".[37] Lili Jumbemba, neta de Tia Ciata, nascida em 1885, lembra que nos sambas sua avó sabia "sambar direitinho ..., arrastar graciosamente as chinelinhas na ponta do pé e no meio de uma roda".[38] Compare-se com o que diz Gilberto Freyre sobre o samba rural em Pernambuco, no tempo de escravidão: "As mulatas, com muito jogo de quadris ..., entravam num sapatear lúbrico e quase sem fim, com as chinelinhas arrebitadas na ponta dos pés."[39] E acrescenta Donga: "Formava-se uma roda. ... No centro, as pessoas sapateavam .... Dançava um de cada vez, com entusiasmo, fazendo samba nos pés."[40] A coreografia era pois executada no meio da roda, e seu passo característico era o gracioso arrastar dos pés conhecido como sapateado ou miudinho: na descrição de Waddey, "os rápidos e quase imperceptíveis movimentos do pé (o 'sapateado', também dito 'repicado', 'recolchete' ou 'miudinho'), que são quase os únicos movimentos corporais na coreografia do samba no estilo do Recôncavo, quando executado da maneira devida".[41] João da Baiana nos dá outros elementos: "Nós tirávamos um verso e o pessoal sambava, um de cada vez ... Um saía para tirar o outro. Se fosse a 'liso' era só umbigada, mas se fosse para pegar 'duro' já era capoeiragem."[42] A maneira como o solista da coreografia escolhe o parceiro que vai substituí-lo cria a subdivisão em "samba liso" (com umbigada) e "samba duro" (ou batucada, no qual, como vimos, a umbigada é substituída pela pernada).[43]

Todos esses elementos nos permitem agora compreender melhor os dois sentidos em que a palavra samba aparece nos testemunhos sobre as festas de Tia Ciata. No sentido mais geral, ela designa a própria festa. É claro que nem todas as festas que na época se realizavam no Rio de Janeiro faziam jus à denominação de samba; Pixinguinha fala de "festa de pretos", e Donga de "festas das baianas". Alargando um pouco mais a ideia, podemos chegar à de "festa na casa de pessoas do povo", e assim voltamos a encontrar o conceito de samba expresso por Alvarenga que havia sido discutido atrás: "qualquer baile popular etc."

No sentido mais restrito, porém, ela designa um dos divertimentos que tinham lugar nas festas dos baianos transplantados para o Rio de Janeiro. Tratava-se de um samba de umbigada conforme a definição de Carneiro exposta antes, em que os cantos e as danças apresentavam certas marcas de identidade afro-brasileira. Ele era praticado na sala de jantar, região da casa caracterizada por um grau maior de intimidade e pelo acesso mais restrito.

* * *

A disposição arquitetônica da casa de Tia Ciata, e o uso que se fez dela, sugere que o caminho da fachada até o fundo — do exterior ao interior — recobre uma polarização entre o espaço público e a intimidade.[44] Tal polarização não se manifesta de maneira gradativa, mas através de rupturas, que são as separações entre os aposentos. Assim, na sala de visitas poderiam ser recebidas pessoas cujo acesso à sala de jantar seria vedado. Inversamente, na intimidade da sala de jantar a gente da casa poderia se entregar a práticas ou comportamentos não tolerados diante das visitas mais formais. As separações assim criadas — que atrás chamamos, com Sodré, de "biombos culturais" — agem pois como um filtro, que restringe e seleciona o acesso tanto num sentido quanto noutro. Este filtro pode, por sua vez, ser concebido como mais ou menos permeável, o que, como veremos, implicará em diferentes concepções da circulação das práticas culturais entre a esfera íntima e a pública, e, no caso que nos ocupa, da própria criação do samba.

A separação entre os aposentos na casa de Tia Ciata também sugere uma analogia com a ideia de "censura", na concepção tópica da mente desenvolvida por Freud. Analogia similar aparece numa passagem de Arthur Ramos sobre a Praça Onze, localidade do Rio de Janeiro que foi o palco principal do carnaval negro carioca até 1930:

> Perseguido pelo branco, o negro no Brasil escondeu as suas crenças nos "terreiros" das macumbas e dos candomblés. O folclore foi a válvula pela qual ele se comunicou com a civilização "branca" ... Principalmente no Carnaval. Todos os anos a Praça Onze de Junho, no Rio de Janeiro, recebe a avalanche dessa catarse coletiva. ... A Praça Onze é uma grande trituradora, mó gigantesca, que elabora o material inconsciente, e prepara-o para sua entrada na "civilização". A Praça Onze é o censor do inconsciente negro-africano. ... É a fronteira entre a cultura negra e a branco-europeia, fronteira sem limites precisos, onde se interpenetram instituições e se revezam culturas.[45]

Assim, a casa de Tia Ciata, que não por acaso ficava exatamente na Praça Onze, cumpriria a mesma função de válvula comunicante entre um "inconsciente negro-africano" e a "civilização 'branca'", para empregar as expressões de Ramos.

Ora, a transposição do plano psicológico, no qual Freud elaborou sua teoria, para o sociológico é muito problemática. Ainda mais problemática é a equivalência postulada por Ramos entre a cultura negra e o inconsciente. A analogia aí formulada tem no entanto o grande mérito de manifestar claramente dois paradigmas da história do samba: o da repressão e o da concepção tópica.

Esses dois paradigmas já aparecem na primeira frase da passagem: "Perseguido pelo branco, o negro no Brasil escondeu suas crenças nos terreiros das macumbas e dos candomblés." As crenças dos negros, ou de modo geral as práticas sociais e culturais que lhes eram próprias, teriam sido vítimas, num Brasil por três séculos escravocrata, de interdições e recalcamentos: tese repressiva. Essas práticas, no entanto, sobreviveram em certa medida, pois teriam sido encobertas e limitadas a determinados lugares onde os senhores não podiam descobri-las: concepção tópica. A imagem de conteúdos culturais postos fora do alcance de uma instância repressiva, e portanto mantidos aquém da circulação geral das ideias na sociedade, se oferece à analogia psicanalítica tão bem explorada por Ramos.

Se afirmei que tanto a tese repressiva como a concepção tópica são paradigmas historiográficos, é porque elas aparecem não apenas na analogia de

Ramos, mas também na maior parte da literatura produzida sobre o samba. É o que mostrarei nos parágrafos seguintes.

O tema da repressão ao samba carioca é frequentemente abordado nos textos e depoimentos sobre sua fase embrionária. Segundo Sérgio Cabral, o samba foi "um gênero tão execrado pelas classes dominantes das primeiras décadas do século que a polícia prendia quem o cantasse, dançasse ou tocasse".[46] A afirmação é sem dúvida exagerada, inclusive porque, como vimos, até 1917 o samba não era ainda um "gênero" a ser cantado ou tocado independentemente de um contexto preciso. Mas ela é exagerada também, como veremos, por tratar as relações entre "classes dominantes" e cultura popular como um caso de repúdio completo, sem nenhuma nuance.

Em todo caso, Cabral não é o único autor a enfatizar a existência de uma perseguição oficial ao samba até os anos 1930. Ao contrário, o tema é um lugar-comum na bibliografia do assunto. De fato, há muitos depoimentos de sambistas que atestam tal perseguição. O de Cartola, por exemplo: "No meu tempo, as rodas de samba ... muitas vezes eram dissolvidas pela polícia, visto que o samba naquela época era coisa de malandro e marginal."[47] Ou o de João da Baiana: "Fui preso várias vezes por tocar pandeiro."[48] Ou ainda o de Noel Rosa, compositor de quem muito se dirá a seguir: "A princípio o samba foi combatido. Era considerado distração de vagabundo."[49]

Hermano Vianna, no entanto, mostrou que existiu desde cedo, ao lado da repressão, interesse e apoio à música popular por parte de membros da elite.[50] Estou de acordo com a tese básica de seu livro, *O mistério do samba*: a aceitação daquele gênero, nos anos 30, como "música nacional", foi o "coroamento de uma tradição secular de contatos ... entre vários grupos sociais na tentativa de inventar a identidade e a cultura popular brasileiras".[51] Assim, o samba e, antes dele, a cultura afro-brasileira não foram apenas objeto de perseguição, mas desde o início também parceiros de um diálogo cultural.

Essa tese é muito genérica e precisa ser concretizada por um estudo de detalhe, que permita elucidar as mediações pelas quais esse processo se deu (estudo apenas iniciado por Vianna). Mas ela tem o grande mérito de ir contra a corrente da historiografia tradicional do samba, que sublinhou apenas o aspecto repressivo da relação entre elite e cultura popular, o que fez daquela aceitação subsequente um paradoxo, um verdadeiro "mistério", como diz o título do livro de Vianna.

Depois do antropólogo paraibano é possível perceber que, para dar-se conta dos limites da tese repressiva, teria bastado ler até o fim os depoimentos dos próprios sambistas. Assim, Juvenal Lopes conta que "nós éramos muito perseguidos pela polícia. Chegavam no Estácio, a gente corria pra Mangueira, porque lá havia o Nascimento, delegado que dava cobertura e a gente sambava mais à vontade".[52] Portanto, para cada delegado que reprimia, havia outro que dava cobertura. Lê-se também num depoimento da neta de Tia Ciata: "Quando ela dava os pagodes em casa, tinha o coronel Costa que mandava seis figuras."[53] As "figuras" do coronel Costa eram policiais, que, sem dúvida graças aos contatos do marido de Tia Ciata no gabinete do Chefe de Polícia, funcionavam como "seguranças".[54]

Uma associação que supostamente contribuía para a perseguição ao samba era a que ele mantinha com as religiões negras, na medida em que contrariava os valores do catolicismo, que no Brasil era quase religião oficial. Já se fez alusão à ligação de Tia Ciata com o candomblé; alusões semelhantes poderiam ser feitas com relação às principais figuras do samba em sua fase inicial (até 1930). De Sinhô, escreve um jornalista que lhe foi muito próximo: "Fervoroso adepto da religião africana, Sinhô jamais abandonou o seu pai espiritual — o Príncipe dos Alufás, o conceituado e respeitado Henrique Assumano Mina do Brasil."[55] Essa associação era reconhecida e talvez até exagerada pela elite branca, como no caso de Guilherme de Melo, que escreve: "Toda função africana baseia-se no espiritismo e consta de sambas."[56]

Mas se esse vínculo podia, em certos casos, depor contra o samba, isso nem sempre acontecia, pois a ambiguidade também esteve presente na atitude das autoridades diante dos cultos afro-brasileiros. O já citado João Abedé, por exemplo, era, segundo Vagalume, "o único pai de santo que possuía diploma de Doutor em ciências ocultas, de uma academia norte-americana", e promovia seus candomblés sem ser molestado, "em vista de ser ali uma sociedade de Ciências Ocultas, com organização de sociedade civil, sendo que os seus Estatutos aprovados pela polícia cogitavam de religião e danças africanas".[57] Também já foi mencionada a versão contada por um neto de Tia Ciata, segundo a qual os orixás de sua avó teriam curado a perna doente de um presidente da República.

Encontramos em Nina Rodrigues outros exemplos de ambiguidade nas relações entre autoridades oficiais e cultos afro-brasileiros: uma notícia de jornal transcrita do *Diário de Notícias*, de Salvador, em 1896, dizia que "há seis dias está funcionando, num lugar denominado *Gantois*, um grande candomblé. ... Acabaram de nos informar que entre as pessoas que foram apreciar o candomblé achavam-se uma autoridade policial e diversas praças da polícia à paisana e alguns secretas da mesma polícia". No ano seguinte, comentava *O Republicano*, jornal da mesma capital: "Não cause espanto ao público, se amanhã a imprensa anunciar que dentro da secretaria de segurança houve festas em homenagem a Xangô ou outro qualquer."[58]

Apesar de tudo isso, mais de 40 anos depois, quando o Departamento de Cultura de São Paulo, dirigido por Mário de Andrade, envia ao Nordeste uma

Missão de Pesquisas Folclóricas, esta constata que ainda existe repressão aos cultos afro-brasileiros. O "interventor" de Pernambuco, nomeado pelo ditador populista Vargas, tinha em sua equipe políticos ligados ao clero e à revista católica de direita *Fronteiras*, o que prejudicou bastante o trabalho da Missão, como conta seu responsável em carta a Mário de Andrade: "Os padres estão dando as cartas ... Por imposição [deles e de seus aliados] foram fechados os xangôs e apreendido todo o material das sessões."[59] Ainda em 1944, Mário de Andrade afirma que "Recife, João Pessoa e Natal perseguem os Maracatus, Cabocolinhos e Bois ... Quem que pode com o delírio de mando dum polícia ou dum prefeito ...!"[60]

Também nos anos 40, no interior de São Paulo, o clero e a polícia proíbem o samba de umbigada que era praticado em Itu. Curioso é que este samba era realizado desde o século XIX, sem problemas, no terreiro em frente à igreja que possuía uma imagem de S. Benedito, a qual permanecia iluminada toda a noite para que os participantes viessem descansar dentro dela![61]

O caso de Itu inverte assim o padrão tido por geral: em vez de passar da repressão à aceitação, a relação entre elite e samba passa da aceitação à repressão. Esses exemplos mostram que se, como quer Vianna, antes da ascensão do samba carioca existiu, ao lado das perseguições, também uma "interação entre elite e cultura popular", mesmo depois de tal ascensão as perseguições continuaram coexistindo com a aceitação. Na Itu de 1940 (assim como em Recife, João Pessoa e Natal), certamente já se ouviam os sambas cariocas transmitidos pelo rádio e pelos discos, mas daí não se seguia necessariamente um maior apreço pelos negros locais e seus divertimentos, os quais eram desprovidos da aura assegurada pela tecnologia, pela voz de um cantor de grande sucesso como Francisco Alves e pelos arranjos de um maestro como Radamés Gnattali.

Quando Vianna fala da criação do samba como da invenção da cultura popular brasileira, retoma a tese de Hobsbawm sobre a invenção das tradições. O samba seria assim uma tradição inventada por "negros, ciganos, baianos, cariocas, intelectuais, políticos, folcloristas, compositores eruditos, franceses, milionários, poetas ... este podia estar interessado na construção da nacionalidade brasileira; aquele em sua sobrevivência profissional no mundo da música; aquele outro em fazer arte moderna". O samba surgiria como fruto do diálogo entre estes grupos heterogêneos que, cada um com seus propósitos e à sua maneira, criam ao mesmo tempo a noção de uma música nacional. Antes e fora deste processo nunca teria existido "um samba pronto, 'autêntico', depois transformado em música nacional. O samba, como estilo musical, vai sendo criado concomitantemente à sua nacionalização".[62]

Essas afirmações contrariam o outro paradigma da historiografia do samba, que chamei de "concepção tópica". Nesta, o samba não teria sido inventado, muito menos por "vários grupos sociais"; ele já existia, confinado às noites da senzala, dos terreiros de macumba ou dos morros do Rio de Janeiro, antes de sair à luz do dia e conquistar o Brasil. O "lugar" do samba seriam os redutos da cultura negra, nichos onde esta se refugiou e resistiu.

Assim, escreve Alvarenga: "No Rio de Janeiro o samba vive, na sua forma primitiva de dança de roda, entre a gente sem eira nem beira que habita os morros da cidade. Do Samba dos morros nasceu o Samba urbano carioca, que se espalhou por todo o Brasil."[63] E Andrade: "Felizmente, no ar mais alto dos morros, o samba continuava a batucar, ignorado, formando-se com mais liberdade e pureza, na fraternidade das macumbas e dos cordões de carnaval. E quando se sentiu púbere, já impossibilitado de sofrer novas deformações essenciais, desceu para a cidade, e o Brasil o adotou."[64] Também Arthur Ramos: "O samba do morro é o herdeiro do batuque negro primitivo, angola-conguês, e do escravo brasileiro do ciclo das plantações e minerações."[65] Finalmente, Vasconcelos, apoiando-se em Gallet, fala do "famoso Samba, hoje exportado para todo o mundo", como uma "dança negra implantada no Brasil".[66]

Em resumo, o samba seria para este ponto de vista uma propriedade intrínseca da cultura afro-brasileira. Intrínseca em dois sentidos: em primeiro lugar, por não se tratar de uma invenção livre, de uma criação, com todo o componente arbitrário que estas palavras evocam; mas de uma herança, de um atavismo, do que Mário de Andrade chamaria de uma "fatalidade racial". E daí decorre que ela seria intrínseca à cultura negra também num segundo sentido, isto é, por oposição às outras culturas e etnias que compõem a sociedade brasileira.

O primeiro a questionar de maneira consistente esta posição — antecipando nisto o trabalho de Vianna — foi Flávio Silva, que escreveu, baseado em seu estudo sobre as origens do samba urbano carioca: "Constitui, pois, um equívoco afirmar — como se faz com demasiada frequência — que 'o samba veio da África' ... Não vejo nenhum traço negro-africano na gravação de 'Último desejo' feita por Aracy de Almeida em 1937."[67]

Podemos agora perceber até que ponto os dois paradigmas que nos têm ocupado estão ligados. Quanto mais se enfatiza a cultura negra como o "lugar", o *topos* por excelência do samba, mais a relação deste com a cultura branca será encarada pelo prisma da repressão. Chega-se assim a uma versão em "alto contraste", no sentido fotográfico, da história do samba. A versão simetricamente oposta, para a qual tende o livro de Vianna, veria ali uma música neutra, despida de marcas culturais potencialmente conflitivas.

Para formular a questão de maneira extrema: se o samba é concebido como exclusivamente negro, é como se a sala de jantar de Tia Ciata (ou outras versões do seu "lugar", como o terreiro de macumba ou o morro) fosse completamente vedada a qualquer elemento branco; o grau de vazamento para a sala de visitas (ou, como quer Ramos, para a "civilização branca") seria zero, e a repressão a que ele seria submetido na sociedade englobante, máxima. Se, ao contrário, a parede entre os dois aposentos desaparecesse sem deixar vestígios — e com ela a "concepção tópica" —, o samba seria concebido como um gênero a mais ao lado da valsa e da polca a animar os bailes de um Brasil onde as diferenças étnicas não encontrariam qualquer expressão musical. Assim, ele seria uma mistura perfeitamente homogênea, em cuja composição interna nenhum grupo seria majoritário; um produto, por assim dizer, completamente artificial — criação arbitrária, isenta de quaisquer heranças, atavismos e etnicidades.

Assim formuladas, ambas as posições são unilaterais, simplistas e insustentáveis. Mas, com diferentes graus de atenuação, a primeira tem sido dominante na literatura do samba. Vianna escreve contra essa dominância e por isso tende para a segunda, que também procura atenuar ao dizer que não pretende negar a repressão ao samba, mas apenas mostrar que ela "convivia com outros tipos de interação social".[68]

A atenuação das duas posições às vezes é consciente, como no caso de Vianna que acaba de ser citado. Mas às vezes ela se faz sem que os autores se deem conta, o que implicaria esforçar-se por integrar o reverso da medalha ao curso da argumentação. Por exemplo, os historiadores da música popular que descreveram o samba carioca como "música negra" não puderam deixar de incluir em seus livros uma série de informações que mostram a participação, desde o início, de brancos de diferentes classes e nações na criação dele. Mas tivemos de esperar pelo trabalho de Vianna para que tal participação fosse problematizada — para o que, de resto, ele se serviu largamente daqueles mesmos livros.

Mas a recíproca é verdadeira: Vianna argumenta em favor da invenção do samba por vários grupos sociais, mas deixa entrever aqui e ali que, como aqueles que critica, também atribui aos negros a predominância no processo. Assim, afirma por exemplo que "muitas famílias baianas haviam se mudado para o Rio de Janeiro depois da Abolição da Escravatura, trazendo em sua bagagem o candomblé e vários ritmos do samba, que aqui foram transformados no samba carioca".[69] Esses baianos eram, como vimos, negros e mulatos, que seriam pois os portadores dos ritmos do samba.

Mais problemática é a afirmação que faz no final de seu primeiro capítulo:

> O samba não é apenas a criação de grupos de negros ... Outros grupos, de outras classes e outras raças e outras nações, participaram desse processo, *pelo menos como "ativos" espectadores e incentivadores das performances musicais.* Por isso serão privilegiadas, aqui, as *"relações exteriores" ao mundo do samba.*[70] [grifos meus]

De fato, muitos dos grupos mencionados acima por Vianna — como os milionários, franceses ou compositores eruditos — não participaram como músicos práticos da criação do samba. Mas considerá-los exteriores ao "mundo do samba" parece contradizer o esforço desenvolvido pelo autor no sentido de abandonar o que estou chamando de "concepção tópica" do tema.

Ele nos mostra brilhantemente que membros de tais grupos tiveram um papel determinante na história da música popular como espectadores e incentivadores. Veja-se por exemplo o que diz Donga num passo não citado por Vianna: "[Irineu Marinho] foi um Deus para os 'Oito Batutas'. Se não fossem o Arnaldo Guinle e o Irineu Marinho não existiriam os 'Oito Batutas'."[71] Os Oito Batutas foram o primeiro conjunto musical organizado por Pixinguinha e Donga a fazer sucesso no Rio de Janeiro, a partir de 1919. Irineu Marinho foi um importante jornalista e homem de imprensa, fundador do jornal *O Globo*, semente das empresas *Globo* que hoje dominam fortemente o panorama das comunicações no Brasil. Arnaldo Guinle foi um milionário, membro de uma das famílias mais ricas do país na época; mecenas musical, apoiou financeiramente não apenas os Oito Batutas como também Villa-Lobos, que em gratidão dedicou-lhe o *Choros nº5 (Alma brasileira).*[72] Os Oito Batutas estão para os conjuntos musicais como "Pelo telefone", que será analisada à frente, está para as canções populares: são as primeiras passagens de um certo grupo de músicos negros para um sucesso amplo, para a "música popular". Quando Donga diz que sem Marinho e Guinle o grupo não existiria, está dizendo que um dono de jornal e um milionário brancos foram tão importantes para aquele sucesso quanto os próprios músicos.

Mas não é porque não fossem músicos que os dois são considerados externos ao "mundo do samba". É porque seu lugar social era outro: os bairros onde moravam, os círculos que frequentavam, suas práticas religiosas etc. Ao admitir isso, Vianna reintroduz sub-repticiamente a hierarquia que critica no resto do livro, pois admite ao mesmo tempo que o samba possui um mundo próprio do qual, ao menos em princípio, os outros grupos estão excluídos. Apesar de tudo que diz contra a ideia de autenticidade e em prol do caráter artificial e inventado do samba, ele reconhece, pois, a sua pertinência prioritária a um lugar cultural separado e anterior, com o qual os outros grupos mantêm relações que, por serem intensas, não seriam menos externas.*

O que fazer com o "mundo do samba"? Talvez o mesmo que com a sala de jantar de Tia Ciata, cujo paradigma ele compartilha, ou com as expressões "música folclórica" e "música popular", que venho empregando neste livro. Com Vianna e com a antropologia construtivista contemporânea, devemos recusar a adesão pura e simples a tais categorias, que implicaria tomá-las como realidades naturais. Mas constatar o caráter construído das categorias não quer dizer ainda que acertamos todas as nossas contas com elas. Pois fazem parte dos processos que se quer analisar; creio ser importante reconhecer que para compreender esses processos, estamos obrigados a levá-las em conta, a empregá-las dentro de seu âmbito de validade, cuja definição é aliás uma das tarefas da análise.

---

* Na página 119 aparecem mais alusões ao "mundo do samba" e a um "território da 'autenticidade' do samba", contrapostos aos "ricos" e aos "jovens da classe média". Acho importante notar, *en passant*, que o problema da autenticidade é demasiado complexo para ser resolvido pondo a palavra entre aspas.

5. "Pelo telefone"

No final de 1916, Donga levou ao registro de autores da Biblioteca Nacional do Rio de Janeiro uma composição cuja indicação de gênero era "samba carnavalesco". Ela se chamava "Pelo telefone" e a história de sua criação é um dos assuntos da música brasileira que mais tinta fez correr. A pesquisa mais aprofundada sobre esta canção deve-se a Flávio Silva, em sua dissertação de 1975, *Origines de la samba urbaine à Rio de Janeiro*. De acordo com Silva, houve outras composições com essa indicação de gênero registradas ou gravadas em disco antes dessa data; mas passaram despercebidas, não ficaram na memória popular e nem mereceram registro na *História do carnaval carioca através da música* de Edigar de Alencar ou nos testemunhos literários que nos chegaram do início do século XX. A composição registrada por Donga, ao contrário, é lembrada até hoje; foi o grande sucesso do carnaval de 1917 e tornou o termo "samba" incomparavelmente mais popular. Um levantamento feito por Silva mostra que a imprensa carioca, no carnaval de 1916, só falou em "samba" 3 vezes; em 1917, 22 vezes, e em 1918, 37 vezes.[1] Daí em diante o prestígio da palavra aumenta vertiginosamente. Na década de 1920, o mais importante compositor de canções populares, Sinhô (José Barbosa da Silva, 1888-1930), será conhecido como "o Rei do Samba". No final da década seguinte — isto é, em pouco mais de 20 anos — o samba será conhecido em todo o país, e mesmo no exterior, como um símbolo musical do Brasil. No início disso tudo está o sucesso de "Pelo telefone"; daí a importância de nos determos um pouco na análise desta canção.

Vimos que muitos pesquisadores da música brasileira atribuem a criação de "Pelo telefone" a uma noitada musical na casa de Tia Ciata. Com efeito, pelo menos uma parte significativa dessa composição é fruto direto do samba folclórico tal como praticado no Rio, nas salas de jantar das tias baianas, no início do século XX. Sabemos disto em primeiro lugar por testemunhos de contemporâneos, pois o sucesso da iniciativa de Donga suscitou reações de seus amigos. Assim, o *Jornal do Brasil* de 4.2.1917 publicou uma nota em que Tia Ciata, Sinhô e outros protestavam contra a presunção de autoria de

Donga, em versos que parodiavam a parte III da versão gravada (como veremos adiante):

> Tomara que tu apanhes
> Pra não tornar fazer isso
> Escrever o que é dos outros
> Sem olhar o compromisso.[2]

O próprio Donga reconheceu, muito mais tarde, que não era propriamente o "autor" da canção, numa entrevista ao jornal *O Globo*: "Recolhi um tema melódico que não pertencia a ninguém e o desenvolvi ..."[3] O autor oficial da letra que consta na gravação original, Mauro de Almeida, também relativizou sua "autoria" em duas cartas à imprensa, publicadas em janeiro e fevereiro de 1917, afirmando que "os versos do samba carnavalesco "Pelo telefone" ... não são meus. Tirei-os de trovas populares e fiz como vários *teatrólogos* [grifado no original] que por aí proliferam: arregleio-os, ajeitando-os à música, nada mais. ... Ao povo a sua rolinha, que é mais dele do que minha".[4]

Em outro lugar, Donga se expressa nos seguintes termos:

> Eu e o Germano ..., e bem assim o não menos saudoso Didi da Gracinda, sempre procurávamos o falecido Hilário Jovino [todos os citados são figuras de destaque na comunidade baiano-carioca da época] ... e nos aconselhávamos entre nós dentro do nosso repertório folclórico escolher aí [sic] qual o melhor para ser introduzido na sociedade, logo que se oferecesse a oportunidade, o que se deu em 1916, quando começamos a apertar o cerco. ... Porque a hora era aquela.[5]

O "repertório folclórico", como vimos, estava confinado à sala de jantar; introduzi-lo na sociedade significava torná-lo público, fazê-lo passar à sala de visitas, à festa "civilizada". Como diz Donga em outro depoimento, significava "mostrar àquela gente que o samba não era aquilo que eles pensavam",[6] ou seja, que as melodias cantadas nos sambas de umbigada também podiam, com certas adaptações (como veremos), ser cantadas nos bailes de carnaval.

No empreendimento que Donga se propõe, no entanto, esse repertório folclórico deverá passar por diversas mediações. Um carnaval dificilmente seria suficiente para "introduzir na sociedade" o que o samba efetivamente era até então — isto é, uma modalidade de divertimento, que incluía coreografia, códigos de conduta, improvisação poética etc. Era preciso, destes comportamentos e relações entre pessoas, destacar resíduos, objetos capazes de transitar entre os biombos da sociedade (criando na sua passagem sem dúvida novas relações). E moldar estes objetos em formas capazes de adequarem-se aos meios de divulgação de que se dispunha na época: a partitura para piano a ser comercializada; o arranjo para banda; a letra impressa, cuja rigidez transforma todas as improvisações posteriores em meras paródias; a gravação em disco. Mas o sucesso dessa empreitada dependia ainda de outros fatores: o registro na Biblioteca Nacional visando a preservação dos direitos autorais (o que exigiu idas e vindas burocráticas minuciosamente descritas por Silva),[7] e a obtenção de um aliado branco, jornalista, figura de destaque no Clube dos Democráticos (uma das principais instituições do carnaval oficial de então), Mauro de Almeida. A consequência de toda essa atividade de Donga foi transformar algo que até então se restringia a uma pequena comunidade em um gênero de canção popular no sentido moderno, com autor, gravação, acesso à imprensa, sucesso no conjunto da sociedade.

Assim, Donga pode não ter sido o "autor" de "Pelo telefone", como alguns anos depois se dirá no Rio de Janeiro que Noel Rosa é o autor de "Feitiço da Vila". Mas, como bem nota Silva,[8] é ele o autor da história, é ele quem inventa a canção e assim fazendo inventa o samba carioca em muitas das características que veio a guardar até hoje. Para usar a expressão de Michel Foucault, este é o primeiro momento da constituição de uma "função autor" no universo do samba;[9] veremos adiante outros momentos dessa constituição.

Essa imagem ativa e inovadora de Donga contrasta com a ideia transmitida por Máximo e Didier, que em seu livro publicam uma foto daquele em roupa de banho com a legenda: "Donga, um salva-vidas do choro e do samba".[10] Ora, a relação de Donga com o samba não foi a de ir salvar algo que estava se afogando, foi uma relação muito mais positiva. Ele (com seus amigos) "criou" o samba como gênero moderno, e é justamente por causa desse caráter ativo e inovador que foi acusado por Vagalume e outros não de salva-vidas mas de coveiro do samba tradicional.[11]

O objetivo dos parágrafos que se seguem é mostrar como, aos testemunhos dos diferentes atores indicando a proveniência em parte folclórica de "Pelo telefone", podem ser acrescentadas provas textuais. Gostaria de mostrar o famoso samba como um produto misto, uma bela colcha de retalhos integrando elementos considerados como pertencentes tanto à esfera do folclore como à do popular.

"Pelo telefone" foi então gravado em janeiro de 1917 pelo cantor Baiano num disco da Casa Edison. Mas a letra gravada não foi a única; registros orais e escritos nos trouxeram a existência de outra letra, "oficiosa", que tinha uma primeira parte diferente. Dou em seguida as duas versões para a primeira estrofe da canção:

(Versão gravada)	(Versão anônima)
O chefe da folia	O chefe da polícia
Pelo telefone	Pelo telefone
Manda me avisar	Manda me avisar
Que com alegria	Que na Carioca
Não se questione	Tem uma roleta
Para se brincar	Para se jogar

Note-se antes de mais nada que houve muita polêmica para saber qual das duas letras foi feita primeiro. O próprio Donga, em diferentes entrevistas, esposou ora uma, ora outra das teses.[12] Quanto a mim, sou pela precedência da versão anônima, como se verá.

A alusão ao "telefone", constante nas duas versões, refere-se a um incidente ocorrido no quadro da campanha contra o jogo na cidade. No dia 29.10.1916, o jornal *A Noite* noticiava: "Conflitos, às vezes sangrentos, explodem diariamente nos clubes de jogo chiques, nas barbas da polícia."[13] A 30.10, o Chefe de Polícia da cidade reagia e enviava um ofício (publicado pela imprensa no dia seguinte) "ao delegado do distrito ordenando-lhe que lavre auto de apreensão de todos os objetos da jogatina". O texto publicado continuava, porém, com esta recomendação curiosa: "Antes porém de se lhe oficiar, comunique-se-lhe esta minha recomendação *pelo telefone* oficial" (grifo meu).[14]

O texto, lido rapidamente, deixa no ar uma dúvida: o Chefe de Polícia ordenava a alguém que telefonasse ao delegado do distrito onde se fazia a jogatina, com o intuito de agilizar as providências, ou será que sugeria que se telefonasse aos diretores dos clubes, para que estes "arrumassem a casa" antes da chegada das autoridades? Foi a última hipótese que caiu na boca do povo, visto que era notória a complacência da polícia em relação ao jogo, que, como foi dito, era praticado nos "clubes chiques". O próprio telefone, se em 1916 não era mais uma novidade no Rio de Janeiro, era ainda algo de "chique", na medida em que só uma parcela ínfima da população tinha acesso a ele.* Assim, ordenar uma apreensão "pelo telefone" parece uma forma de amortecê-la; como nota Silva, subentende-se que, quando feitas nas casas dos pobres, as buscas e apreensões dispensavam semelhantes formalidades.[15]

Com efeito, vimos que as diversões das classes humildes eram muitas vezes objeto de perseguição policial. Alusões ao "chefe de polícia" em letras de músicas populares cariocas não faltam, desde as "cantigas de fado" menciona-

* De acordo com Silva, as primeiras linhas foram instaladas no Rio de Janeiro em 1877; em 1915, haveria na cidade 11.181 linhas. *Origines*, vol.II, p.298.

das nas *Memórias de um sargento de milícias*, que satirizavam o temido Major Vidigal,[16] passando pelo lundu "Graças aos céos" de Gabriel Trindade (c.1830), que dizia ironicamente:

Sr. Chefe de polícia
Eis a nossa gratidão
Por mandares os vadios
À casa da correção,[17]

até a quadra cantada na Festa da Penha de 1916, citada por Silva:

O dr. Chefe da Polícia
Mandou me chamar
Só pra me dizer
Que já se pode sambar.[18]

Neste ponto, a versão anônima de "Pelo telefone" não faz mais que retomar, com especial felicidade, uma tradição já centenária; e é bem compreensível que o momento em que o samba se torna popular em toda a cidade, e portanto se torna mais imune à repressão policial, seja propício à ridicularização do último avatar daquela repressão. O Chefe da Polícia, tornado alvo de escárnio geral, converte-se por isso mesmo em Chefe da Folia, em Rei Momo: é finalmente em torno dele, como de um bode expiatório, que a multidão canta e dança durante o carnaval de 1917, com alegria e sem "questões". O repressor é transformado em chefe dionisíaco.[19] Mas ao que parece o escárnio ainda não era geral a ponto de poder ser gravado. Daí, segundo penso, viria uma das funções de Mauro de Almeida: filtrar a sátira popular, deixando em sua nova letra oficial o Chefe da Polícia apenas perceptível sob o Chefe da Folia.

A alusão à roleta no Largo da Carioca pertence ao mesmo contexto. Em maio de 1913, repórteres do jornal *A Noite*, para desmascarar a inépcia da polícia do Rio, instalaram em frente à sede do jornal (Largo da Carioca, nº14) uma roleta, convidando os passantes a apostar; e no dia seguinte publicaram uma reportagem com o título "O jogo é livre".[20]

Acrescento apenas, para encerrar esta breve apresentação da letra da primeira estrofe, que juntar dois acontecimentos separados por mais de três anos, como são o episódio da roleta na Carioca e o do telefone, só é eficaz como sátira na medida em que sugere que o chefe de polícia de 1916 é tão condescendente com o jogo quanto o de 1913. O fato novo (as ordens dadas pelo telefone) é iluminado com o auxílio da alusão ao fato antigo (a roleta na Carioca). A sátira vai buscar a roleta em 1913 para melhor ridicularizar o poderoso de plantão; é como se ela dissesse — "antigamente era a roleta, agora o telefone; mudam os chefes de polícia, mas permanecem os dois pesos e duas medidas nas relações entre autoridades e diferentes camadas sociais".

Passando agora do conteúdo à forma, vamos encontrar novas diferenças entre a letra da versão gravada e a da anônima. Na versão gravada, cada um dos versos do primeiro terceto rima com o verso correspondente do segundo terceto, formando o esquema de rimas "ABC-ABC"; na versão anônima, é apenas o último verso de cada terceto que apresenta rima, e o esquema é: "ABC-DEC". A versão gravada, obrigada a conseguir uma rima para "telefone", vai buscar o verbo "questionar" (de emprego raro na linguagem coloquial, sobretudo no sentido de "brigar"), para conjugá-lo no subjuntivo! O resultado é um segundo terceto que é um verdadeiro prodígio sintático: "que com alegria/não se questione/para se brincar" — isto é, "que, para poder brincar (o carnaval) alegremente, a gente não arrume 'questões' (brigas)". O terceto equivalente da versão anônima, por sua vez, emprega vocabulário simples e sintaxe direta, sem esquecer do emprego do verbo "ter" no lugar de "haver", o que contrariava os gramáticos da época.

As considerações que se seguem exigirão o recurso constante ao restante da letra da versão gravada de "Pelo telefone", razão pela qual é conveniente dá-la aqui em sua totalidade:

I':
O Chefe da Polícia
Pelo telefone
Mandou me avisar
Que com alegria
Não se questione
Para se brincar

II':
Ai, ai, ai
É deixar mágoas pra trás,
Ó rapaz
Ai, ai, ai
Fica triste se és capaz,
E verás (bis)

III':
Tomara que tu apanhes
Pra não tornar fazer isso
Tirar amores dos outros
Depois fazer seu feitiço

IV':
Ai, se a rolinha – sinhô! sinhô!
Se embaraçou – sinhô! sinhô!
É que a avezinha – sinhô! sinhô!
Nunca sambou – sinhô! sinhô!

Porque este samba – sinhô! sinhô!
De arrepiar – sinhô! sinhô!
Põe perna bamba – sinhô! sinhô!
Mas faz gozar.

I”:
O Peru me disse
Se o Morcego visse
Eu fazer tolice
Que eu então saísse
Dessa esquisitice
De disse não disse

II”
Ai, ai, ai
Aí está o canto ideal,
Triunfal
Ai, ai, ai
Viva o nosso carnaval
Sem rival (bis).

III”:
Se quem tira amor dos outros
Por Deus fosse castigado
O mundo estava vazio
E o inferno, habitado

IV”:
Queres ou não — sinhô! sinhô!
Ir pro cordão — etc.
É ser folião
De coração
Por que este samba
De arrepiar
Põe perna bamba
Mas faz gozar

I’”:
Quem for de bom gosto
Mostre-se disposto
Não procure encosto
Tenha o riso posto
Faça alegre o rosto
Nada de desgosto

II’”:
Ai, ai, ai
Dança o samba com valor,
Meu amor!
Ai, ai, ai
Pois quem dança não tem dor,
Nem calor (bis)

Vê-se assim que a versão gravada comporta 4 partes, formando um ciclo (I’, II’, III’, IV’) que se repete uma vez (I”, II”, III”, IV”), e uma segunda vez até a metade (I’”, II’”), formando o esquema:

I’ — II’ — III’ — IV’ / I” — II” — III” — IV” / I’” — II’”

As partes I e III são “simples”, sendo cantadas, em cada ciclo, uma só vez. Mas as partes II e IV são “duplas”, isto é, são bisadas a cada ciclo. O bis da II é completo, com repetição de letra e música dentro de cada ciclo. O bis da parte IV é só musical, razão pela qual ela apresenta duas quadras em cada ciclo.

Todas as partes receberam inúmeras paródias e versões anônimas; mas só no caso da primeira houve uma versão anônima que contestou a prioridade da versão gravada. Não me ocuparei, por isso, de comparar as três partes restantes da versão gravada com suas respectivas paródias, o que nos levaria muito longe do assunto. Em vez disso, vou proceder a uma comparação interna à versão gravada, que mostrará a coexistência, nela, de duas dicções poéticas diferentes.*

Vimos que a primeira estrofe da versão gravada (I') tendia a rimar mais que sua equivalente anônima. As partes II', I", II", I''' e II''' acentuam a tendência da versão gravada a rimar o máximo possível. Elas adotam a rima repetida, a mesma em todos os versos de cada estrofe, sendo que nas partes II chega-se a rimar duas e mesmo três vezes no interior de cada verso — primeira vez (II'):

> É deixar má*goas*** pra *trás*, ó ra*paz*
> Fica triste se és ca*paz* e ve*rás*

Primeira repetição (II"):

> Aí está o canto ide*al*, triun*fal*
> Viva o nosso Carna*val*, sem ri*val*

Segunda repetição (II'''):

> Dança o samba com va*lor*, meu a*mor*
> Pois quem dança não tem *dor*, nem ca*lor*.

Já as partes III da versão gravada apresentam, do ponto de vista da rima, o esquema clássico das quadrinhas populares brasileiras, o segundo verso rimando com o último: "ABCB".[21]

Quanto às partes IV, como vimos elas são "duplas", apresentando duas quadras em cada ciclo. No primeiro ciclo (IV') as duas quadras apresentam duas rimas por estrofe ("ABAB"); no segundo ciclo (IV"), a primeira quadra apresenta rima em todos os versos ("AAAA"), enquanto a segunda volta ao esquema "ABAB", pois é a repetição exata da segunda quadra de IV'.

Quanto ao conteúdo da letra, há três observações a fazer. A primeira é que a parte IV é a única que apresenta quadras de origem indubitavelmente folclórica. Há cinco variantes delas mencionadas em fontes independentes de "Pelo telefone": as coletâneas de poesia popular de Pereira da Costa, Afonso Arinos[22] e Mário de Andrade;[23] a "revista" *O Marroeiro*, citada por Almirante;[24] e Vagalume,[25] que publica versos cantados num clube carnavalesco em 1916.

---

* Silva já mostrara esta coexistência, mas acho que sua demonstração pode ser melhorada. É o que tento fazer aqui.

** Por causa da melodia, a palavra "mágoas" aqui é pronunciada "maguás".

As quadras citadas têm em comum a presença do que Silva chama de "refrão interior", uma resposta coral intercalada depois de cada verso.[26] Em Mário de Andrade é "dorme, dorme", em Pereira da Costa/Arinos é "doce, doce", em *O Marroeiro*, "sindô, sindô", que deriva do anterior por inversão silábica, e do qual por sua vez deriva "sinhô, sinhô", presente na versão de Vagalume e na de "Pelo telefone". Esta técnica poético-musical existe também na tradição do partido-alto carioca estudada por Lopes, com o nome de partido-alto cortado.[27] As quadras são as seguintes:

Pereira da Costa/Arinos:

Olha a rolinha
Caiu no laço
Embaraçou-se
No nosso amor.

O Marroeiro:

Olha a rolinha
Mimosa flor
Presa no laço
Do meu amor.

Vagalume:

Olha a rolinha
Que se embaraçou
Presa no laço
Do nosso amor.

Mário de Andrade:

Uma rolinha
Que caiu no laço
Dais um beijinho
E um abraço.

Por sua vez, a primeira apresentação da parte IV na gravação de "Pelo telefone" mostra os versos:

Ai, se a rolinha
Se embaraçou
É que a avezinha
Nunca sambou.

Porque este samba
De arrepiar
Põe perna bamba
Mas faz gozar.

As variantes folclóricas têm em comum uma ideia subjacente, que é a comparação entre o amor, ou a pessoa amada, e a rolinha, e entre apaixonar-se e "cair no laço". As variantes de "Pelo telefone", por sua vez, retomando a metáfora rolinha/amor, propõem o samba como antídoto... não da paixão, mas da identidade sugerida entre paixão e laço, entre o apaixonado e a rolinha desatenta que se deixa prender. Antídoto que age concretamente sobre o corpo, arrepiando, deixando a perna bamba, fazendo gozar. Essa irrupção do corpo no interior do texto — bem mais direta do que o beijinho e o abraço da versão recolhida por Mário de Andrade — sugere a presença do que Muniz Sodré chama de "posição discursiva" do negro brasileiro.[28]

A segunda observação se relaciona justamente ao diálogo que vemos estabelecer-se entre diferentes quadras. Quando se leem as versões folclóricas do tema da "rolinha" e em seguida a versão gravada por Baiano, o caráter de resposta desta última fica patente; à simples audição de "Pelo telefone", no entanto, tal caráter passa despercebido, devido ao fato de que as quadras que seriam o ponto de partida não são dadas.[29] A mesma coisa se verifica na parte III da gravação, cuja primeira quadra é:

Tomara que tu apanhes
Pra não tornar fazer isso
Tirar amores dos outros
Depois fazer seu feitiço,

e cuja segunda é:

Se quem tira amor dos outros
Por Deus fosse castigado
O mundo estava vazio
E o inferno habitado.

A situação de diálogo é evidenciada já desde o "tu" do primeiro verso. O restante da primeira quadra explicita uma acusação dirigida contra este "tu", o qual por sua vez toma a palavra na segunda quadra para defender-se ironicamente. A matriz dialógica é no entanto disfarçada pelo fato de que a segunda quadra é cantada pelo mesmo cantor; além disso, ela só aparece depois da repetição completa da canção, o que dificulta ainda mais ao ouvinte estabelecer a conexão.

Ora, a ideia das quadras que se respondem remete a uma prática comum no samba folclórico, que é o improviso e, em particular, quando há mais de um solista, a disputa poética.[30] De acordo com Lopes, o partido-alto "é as vezes também uma forma de desafio, 'disputa poética, parte de improviso e parte decorada'".[31] Vagalume dá um exemplo de samba cantado sob forma de desafio.[32] Também há muitos exemplos de diálogos com caráter de improvisação na discografia do partido-alto.[33]

Ora, o que me parece revelador é que precisamente a quadra que abre a parte IV", e que como vimos volta à rima repetida em todos os versos, foge ao caráter dialógico que caracteriza as duas outras quadras! Ei-la:

> Queres ou não
> Ir pro cordão
> É ser folião
> De coração.

Isso nos leva à terceira observação sobre o conteúdo da letra. É que as estrofes que adotam a rima repetida, além de não participarem do "diálogo" mencionado, ou se referem expressamente ao carnaval, ou incitam a uma alegria que pelo contexto é sem dúvida carnavalesca.

Tal fato é especialmente significativo quando se leva em conta que toda a iniciativa de Donga visava ao sucesso no carnaval carioca de 1917. O carnaval era com efeito, no Rio de Janeiro da época, o momento ideal para o sucesso generalizado de uma nova canção popular. Assim, em suas inúmeras alusões ao carnaval, "Pelo telefone" se apresenta através de sua letra como uma canção de carnaval, ou um "samba carnavalesco", para utilizar a expressão que era empregada nos selos dos discos da época e também nas pequenas apresentações que, na voz de um locutor, abriam as gravações. As estrofes "carnavalescas" se enquadram pois perfeitamente na tática de Donga com vista ao sucesso popular, sendo legítimo supor que foram feitas deliberadamente com esse intuito.

Vem em apoio a esta ideia o fato de que nas letras de sambas folclóricos, transcritas entre outros por Carneiro e Vagalume, não há uma só menção a carnaval. O carnaval só se torna um tema recorrente nas letras de samba muito mais tarde, com o desenvolvimento dos sambas-enredo, feitos especialmente para a competição das escolas de samba, que se tornou a partir da década de 1950 o ponto culminante daquela festa no Rio de Janeiro.

As alusões ao carnaval na letra de "Pelo telefone" se fazem ora diretamente, como na estrofe II", ora através de alusões: é o caso da primeira quadra da parte IV", que fala de "cordão" e de "folião", e da estrofe I", onde "Peru" e "Morcego" são os apelidos de dois conhecidíssimos foliões da época:

O Peru me disse
Se o Morcego visse etc.

Em duas outras das estrofes que adotam a rima repetida (II' e I'''), o carnaval não aparece mas fica subentendido pela incitação à alegria em que elas se resumem ("É deixar mágoas pra trás, ó rapaz"; "Tenha o riso posto/ Faça alegre o rosto" etc.) e pelo contexto (contexto interno, constituído pelas outras estrofes diretamente carnavalescas, e contexto externo, pois o sucesso da canção se deu de fato no carnaval).

Finalmente, a parte II''' não fala em carnaval nem é incitação à alegria; mas é uma incitação a "dançar o samba", o que, levando-se em conta mais uma vez o contexto da canção, vem a dar no mesmo. Considere-se ainda que no mundo do samba carioca, a expressão correta não é "dançar o samba", mas "sambar".

Faltou mencionar uma das estrofes que incitam diretamente à alegria carnavalesca, estrofe especialmente importante pois, por sua posição no seio do conjunto, é a que deve estabelecer o clima geral da canção: trata-se exatamente da primeira, I'. O caráter especificamente carnavalesco da "alegria" ali mencionada é garantido pela presença da palavra "folia" e do verbo "brincar".* À diferença das outras estrofes no mesmo caso, no entanto, ela não apresenta rima repetida, o que contradiz a relação que estou postulando entre conteúdo e forma.

Ora, a construção da primeira estrofe exigia a presença da expressão "pelo telefone" no segundo verso, pois este, como mostrou Silva, era já o título da música antes mesmo que ela tivesse letra oficial. Se o autor da versão gravada quisesse insistir em suas rimas repetidas, seria obrigado a encontrar cinco palavras que rimassem com "telefone", o que, pressupondo-se um mínimo de coerência do texto, é tarefa virtualmente impossível na língua portuguesa. Não é de espantar que tenha optado pelas três rimas alternadas, "ABCABC", o que, de qualquer modo, situa esta estrofe no grupo de "três rimas ou mais", por oposição a um outro grupo de estrofes, de "duas rimas ou menos". Assim, vê-se que finalmente a correlação positiva entre a maior quantidade de rimas e o tema do carnaval também se verifica na estrofe I'.

---

* Como se sabe, a ação do folião no carnaval carioca é definida pelo verbo "brincar". Basta lembrar da velha marcha cantada a cada carnaval, na qual se diz: "Este ano não vai ser igual àquele que passou/ Eu não *brinquei*, você também não *brincou* .../ Este ano, meu bem, tá combinado/ Nós vamos *brincar* separados."

* * *

O que se quis mostrar com toda a análise precedente é a convivência na letra oficial de "Pelo telefone" de duas dicções poéticas: uma que chamarei de folclórica, e outra popular, ou, se quisermos, "autoral". As estrofes "autorais" (I, II, a primeira quadra de IV") são caracterizadas, quanto à forma, pela presença de três rimas ou mais; quanto ao conteúdo, pela alusão ao carnaval e incitação à alegria carnavalesca. As estrofes folclóricas (III, IV' e a segunda quadra de IV") apresentam, quanto à forma, duas rimas ou menos; e, quanto ao conteúdo, são caracterizadas pelo caráter dialogal.

Finalmente, cabe dizer que a versão anônima de I', a que fala em Chefe da Polícia, se não faz parte da letra oficial faz parte, por assim dizer, da letra histórica: é ela que é empregada, até hoje, cada vez que o samba é cantado em situações informais. Essa versão pertence inequivocamente ao grupo das estrofes folclóricas: só tem uma rima, e se não é dialógica, no sentido discutido acima, o é num sentido talvez mais profundo. Com efeito, ela dialoga à sua maneira com o chefe de polícia e com a redação do jornal *A Noite*, e assim fazendo constitui uma resposta aos discursos de grupos que ocupavam uma posição sólida no panorama social da cidade, pois já dispunham da capacidade institucional de se fazerem ouvir. Com "Pelo telefone" e a entrada do samba na música popular, novos personagens descobriam uma forma igualmente nova de participar desse diálogo, e espalhavam seus discursos pelos quatro cantos do Rio de Janeiro — e logo pelo país inteiro.

1. Desde quando o samba é samba?

De acordo com Máximo e Didier, em fins dos anos 1920 existiriam no Rio de Janeiro "dois tipos de samba. Um é aquele que se faz, toca e dança nas casas de Ciata e outras 'tias' baianas".[1] Quanto ao segundo tipo de samba, ele "surgiu há poucos anos [a referência é 1929] no Estácio de Sá, bairro situado entre o Rio Comprido e o Catumbi, o morro de São Carlos e a zona do Mangue. Dali se espalhou pelas vizinhanças, galgou as encostas da Saúde, Salgueiro, Mangueira ...".[2]

Essa separação do samba em dois tipos, que portanto teria ocorrido no final dos anos 1920, tem sido sublinhada por inúmeros pesquisadores, como veremos a seguir. O tipo mais antigo é associado a Tia Ciata e aos compositores que frequentavam sua casa, como Donga, João da Baiana, Sinhô, Caninha, Pixinguinha. O tipo mais recente é associado a um bairro do Rio de Janeiro — chamado Estácio de Sá, ou simplesmente Estácio (em homenagem ao português que fundou a cidade em 1565) — e aos compositores que ali viviam ou circulavam: Ismael Silva (1905-1978), Nilton Bastos (1899-1931), Bide (Alcebíades Barcelos, 1902-1975), Brancura (Sílvio Fernandes, 1908-1935) e outros.

O tipo de samba que teria sido criado no Estácio logo se difundiu, influenciando os compositores de outras áreas da cidade, generalizando-se e tornando-se um sinônimo de samba moderno, de samba tal qual o reconhecemos hoje em dia. A primazia do Estácio sobre os outros redutos do samba carioca é admitida por todos. O famoso compositor Cartola, da Mangueira, depõe:

> O Estácio era a escola mais velha, não vamos discutir isso. Fora do carnaval, o pessoal do Estácio vinha pra cá pro morro cantar samba, qualquer dia da semana. E nós tínhamos muito respeito a eles como os mestres do samba. Houve até uma vez que fiz um samba em homenagem ao pessoal do Estácio que nos visitava em Mangueira:

Professor, chegaste a tempo
Pra dizer neste momento
O que devemos fazer
Me sinto mais animado
A Mangueira a teus cuidados
Vai à cidade descer.[3]

No que diz respeito ao bairro de Osvaldo Cruz, que daria origem à importante escola de samba Portela, testemunha o compositor Candeia:

> É bom deixar claro que Ismael Silva, Baiaco, Brancura e outros compositores do Estácio participavam de reuniões de samba ... em Osvaldo Cruz. Evidentemente não pretendemos desmerecer o processo de legalização e reconhecimento, perante a opinião pública, que se deve ao Estácio inegavelmente.[4]

Não há, na literatura sobre o assunto, nenhuma descrição pormenorizada das características musicais dos dois tipos; para os brasileiros que pesquisaram a história do samba, jornalistas, músicos e demais interessados, a diferença é reconhecida "de ouvido". Como escreve Cabral: "É fácil: basta comparar uma velha gravação de um samba de Sinhô (ou do próprio "Pelo telefone") com outra de um samba qualquer de autoria dos compositores do Estácio de Sá para estabelecer a diferença entre as duas formas de samba."[5] "Basta comparar", isto é, basta ouvir uma gravação depois da outra: a diferença salta aos olhos (ou aos ouvidos), dispensando qualquer comentário verbal.

Cabral fala, percebe-se, como um nativo do mundo do samba, para quem as distinções de estilo são naturais e evidentes. Não se trata aqui, no entanto, de uma diferença simples, como as que podem existir entre dois compositores ou entre as variedades inventariadas no verbete "Samba" da *EMB*.[6] Trata-se antes de uma diferença substancial, que põe em xeque, como notou Vianna, a "verdade do samba",[7] sua definição íntima. É por isso que, apesar da naturalidade com que Cabral o vê, o tema suscitou na literatura especializada inúmeros comentários e tentativas de explicação. Tentarei aqui fazer um balanço crítico desse debate.

Talvez o depoimento mais importante sobre o tema, citado por quase todos os autores que aludem a ele, seja o que foi obtido pelo mesmo Cabral ao confrontar, numa entrevista, dois compositores que são tidos como símbolos, respectivamente, do tipo de samba que vigorou até o final dos anos 1920 e do que se impôs dos anos 1930 em diante (que chamaremos a partir de agora de "estilo antigo" e "estilo novo"): Donga e Ismael Silva. Cabral propôs aos dois a mesma questão — o que é samba? Donga respondeu com o exemplo de "Pelo telefone" e Ismael discordou: "— Isso é maxixe." Para ele, samba de verdade era "Se você jurar" (composto por ele e Nilton Bastos em 1931). Mas Donga também discordou: "— Isso não é samba, é marcha."[8]

A maior parte da crítica deu razão a Ismael Silva. Se não conheço nenhum comentador que ponha em dúvida a pertinência de "Se você jurar" à categoria de samba, o mesmo não se dá com "Pelo telefone". Máximo e Didier não hesitam em chamá-lo de samba "amaxixado".[9] Muito antes deles, Mário de Andrade já pensava assim, pois escreveu:

> Uma das mais recentes mães de santo ... famosas foi tia Ciatha [sic], mulher também turuna na música dizem. Passava os dias de violão no colo inventando melodias maxixadas e falam mesmo as más línguas que muito maxixe que correu Brasil com nome de outros compositores negros era dela e apropriações mais ou menos descaradas.[10]

É clara a alusão a "Pelo telefone" e a Donga, aliás citado na mesma página duas linhas abaixo como autor de outro "maxixe".

Também para Silva e Oliveira Filho, os sambas do estilo antigo, mais do que "amaxixados", seriam simplesmente maxixes. A culpa da confusão seria de Donga, que teria abusivamente chamado "Pelo telefone" de samba. Em virtude do sucesso alcançado por esta composição, "a palavra samba, que até então era usada em sinonímia quase perfeita com tango e maxixe, ..., especializou-se, substituindo na prática as outras duas. Os sambas de Sinhô, portanto, na verdade, são maxixes ou tangos".[11] A mesma coisa pensa Alvarenga, para quem "não só o 'Pelo telefone', como todas as peças de Sinhô, o primeiro grande criador de sambas, não se distinguem verdadeiramente do maxixe cantado".[12]

A opinião de Flávio Silva é ligeiramente diferente: "'Pelo telefone' não é um samba. Está muito mais próximo do maxixe que do samba urbano, que só apareceu de fato no final dos anos 1920, graças sobretudo a Sinhô."[13] A diferença entre os dois pontos de vista está na avaliação das últimas composições de Sinhô: já sambas ou ainda maxixes? Essa questão será discutida adiante. Por ora, retenhamos apenas que também Silva considera "Pelo telefone" e todos os "sambas" de até o meio da década de 1920 como falsos sambas.

O próprio Donga, em entrevista concedida alguns anos depois do encontro narrado por Cabral, reconheceu certa influência do maxixe na sua famosa composição: "...fiz o samba, não procurando me afastar muito do maxixe, música que estava bastante em voga."[14]

À questão proposta no título desta Parte — "desde quando o samba é samba?"* — desenha-se portanto uma primeira resposta. Mesmo que já se

---

* Ela retoma sob forma interrogativa o título de uma canção de Caetano Veloso, "Desde que o samba é samba".

falasse em samba como designação de um gênero de música popular desde 1917, a opinião dominante na crítica brasileira pretende que tal designação é imprópria até o final dos anos 1920: que só a partir de então o samba é samba.[15]

Mas nem todos os autores veem a diferença entre estilo antigo e estilo novo como uma questão de samba ou maxixe. Os dois primeiros livros publicados sobre samba, por exemplo —, *Na roda do samba*, de Vagalume, e *Samba*, de Orestes Barbosa, ambos de 1933 —, usam a mesma palavra — "samba" — para se referir a composições mais tarde identificadas ou com um estilo ou com outro. Vale a pena se deter um pouco nestes dois livros, pois eles foram feitos "no calor da hora", por gente que, como veremos, tinha estreitas relações com os personagens principais da história. E sobretudo porque expressam de outras maneiras a mesma separação estilística que é nosso tema presente.

* * *

Tanto Vagalume quanto Barbosa eram jornalistas e muito ligados ao meio do samba e da música popular. O primeiro deve ter nascido por volta de 1870, pelo que indica uma nota biográfica publicada em 1916[16] (e como se pode supor por certas referências contidas em seu texto, como a que faz ao fado brasileiro, na página 27, denotando conhecimento de divertimentos que no final do século XIX já estavam extintos). Foi repórter de polícia, mas notabilizou-se sobretudo como cronista do carnaval; seu apelido originou-se do nome da coluna que assinava no *Jornal do Brasil* sobre o assunto. Mulato, como se vê na foto publicada na página 7 de seu livro, foi amigo de Donga e principalmente de Sinhô, a quem dedicou seu livro (em companhia de Eduardo das Neves, célebre cantor popular falecido em 1919, do já mencionado Hilário Jovino Ferreira e do líder religioso Henrique Assumano Mina do Brasil, todos personalidades de destaque da cultura afro-carioca do início do século XX).

O segundo nasceu em 1893. Sua atividade jornalística era mais diversificada e tinha mais prestígio que a de Vagalume: seus artigos "criticavam os acontecimentos e as autoridades da época, com destemor e ironia".[17] Publicou vários livros, inclusive de poemas, e em 1922 chegou a se candidatar (sem sucesso) à Academia Brasileira de Letras, na vaga deixada por João do Rio.[18] Branco, converteu-se à música popular no final da década de 1920, tornando-se letrista e parceiro entre outros de Noel Rosa e Sílvio Caldas, tendo composto com este último pelo menos um clássico da canção brasileira, "Chão de estrelas" (1937).

As diferenças de geração e de trajetória entre Vagalume e Barbosa se manifestam, nos livros respectivos, por um apoio implícito ao estilo antigo, no caso do primeiro, e ao novo, no caso do segundo. Para Vagalume, um representa a "tradição", outro a "comercialização". No momento em que escreve, o samba estaria sendo "desvirtuado" pela ganância dos que viram nele uma fonte de renda. Seu livro pugna pelo samba "verdadeiro", que o autor situa ora no passado, ora na parte do presente que parece ficar fora do tempo, que é o "morro". (Como veremos adiante, o morro, ou certos morros do Rio de Janeiro, ocupa na mitologia do samba um posto privilegiado, como lugar de origem e pureza, e é homenageado por Vagalume na segunda parte de seu livro com uma série de reportagens.)

A condenação que Vagalume faz do que chama "a indústria do samba" não poupa nem mesmo os compositores identificados com o velho estilo, a começar por Donga, acusado de apropriação indébita de "Pelo telefone", "pescado na casa da tia 'Asseata' [sic]. ... Com o Donga, todo o mundo come mosca".[19] E continua com Sinhô: "Para vencer facilmente, usou de um truque vantajoso: tinha uma amante pianista de uma casa de músicas da rua do Ouvidor, e, quem ia lá escolher músicas, ela, primeiramente, executava o que era do seu mulato..."[20] De outro compositor importante do estilo antigo, Caninha (José Luís de Morais, 1881-1961), diz que se certa sociedade, que então estava sendo criada para combater os plágios, estendesse "as suas investigações à roda do samba, o 'Caninha' [seria] o primeiro a sair correndo".[21]

Mas as piores invectivas de Vagalume são guardadas para o cantor Francisco Alves. Este era no início dos anos 1930 o grande astro do rádio e do disco no Brasil, tendo sido o principal responsável pela divulgação ampla dos sambas do Estácio (razão pela qual nos ocupará longamente adiante). E parece ter sido quem primeiro lançou mão em larga escala de um fenômeno que também discutiremos em detalhe, a compra de sambas. Num dos trechos mais duros do livro, sem mencionar-lhe o nome (mas numa alusão óbvia para quem leu o resto), Vagalume fala dos que "estão ótimamente instalados na vida, explorando a inexperiência, a necessidade, as privações de homens modestos e deconhecidos, comprando por uma bagatela os seus trabalhos, sonegando-lhes o nome, chamando a si a autoria de produções preciosas, porque tiveram o cuidado de preparar o monopólio da gravação".[22] Quanto aos compositores mais diretamente identificados com o novo estilo — "I. Silva, N. Rosa, Alcebíades Barcellos" —, na única ocasião em que os menciona chama-os de "sambistas industriais dos discos da Victor" e nega-lhes intimidade com a "roda do samba".[23]

Trata-se, como se vê, de um livro militante, que constata as transformações pelas quais o samba passa ("hoje ... o samba foi adotado na roda *chic*, ... é batido nas vitrolas e figura nos programas de rádio")[24] e as condena resolutamente ("Onde morre o samba? No abandono a que é condenado pelos sambistas que se prezam, quando ele passa da boca da gente da roda, para o disco da vitrola")[25]. Por um lado, Vagalume vê muito bem que a comercialização do samba — ou, se quisermos, sua transformação em "música popular" — é um processo que toca a todos, de Donga a Francisco Alves; neste ponto, sua condenação aos sambistas que gravam discos é global. Por outro lado, distingue, entre estes, os que seriam originários da roda do samba e os que seriam estrangeiros a ela. É aqui que se manifesta sua preferência pelos compositores do estilo antigo (na lista que se segue, Sinhô está ausente por merecer um capítulo à parte): "Donga — Este é filho de peixe... Nasceu na roda do samba ... Caninha — É o filho do samba com a malandragem ... João da Baiana — Este pode formar ao lado do Donga e do Caninha, porque foi criado na mesma roda e conhece, como eles, todos os segredos do samba. ... Heitor dos Prazeres — Conhece o samba e é da roda." E sua reticência em relação aos poucos personagens ligados ao novo estilo que menciona: "Ary Barroso — ... não é sambista na expressão da palavra ... na roda do samba é um profano. ... Francico Alves — Não é da roda, nem conhece o ritmo do samba."[26]

O ponto de vista do livro de Barbosa é completamente diferente. Vejamos como o autor é apresentado no prefácio: "Sambista do bom. Criador do samba na sua última fase — o samba urbano. Porque foi realmente Orestes Barbosa quem coloriu a emoção do morro introduzindo no samba a nota civilizada do *abat-jour* de seda, do arranha-céu imponente, do *manteaux* [sic] acariciante, do aperitivo capitoso, do telefone serviçal."[27] A "civilização" a que se refere o prefaciador é a modernidade burguesa, com os costumeiros fetiches franceses e norte-americanos de que ela se revestiu no Brasil (*abat-jour*, *manteaux*, arranha-céu). Nada mais distante do discurso tradicionalista de Vagalume: "O samba é uma tradição da nossa roça ... respeitemos o samba, como uma das tradições brasileiras."[28]

Barbosa só dedica atenção, entre os compositores do velho estilo, a Sinhô, considerado o maior entre os "mortos do samba".[29] Pixinguinha, Donga e João da Baiana são citados de passagem, como se fossem já de uma outra época: "Não deixam morrer a lembrança do grupo que foi, há vinte anos, o precursor da vitória da música popular."[30] O livro se estende mesmo é sobre a gente ligada ao novo estilo: Noel Rosa e Francisco Alves (para quem, em perfeita simetria com o livro anterior, vão os maiores elogios), Ismael Silva, Nilton Bastos, Brancura e outros.

A primeira frase do livro é taxativa: "O samba é carioca."[31] Não há nenhuma menção à Bahia como fonte ou origem, como há em Vagalume: "Segundo os nossos tataravós, o samba é oriundo da Bahia ... Os baianos, com justo orgulho, chamam a si a paternidade do samba."[32] Outro contraste diz respeito à maneira de chamar os personagens ligados ao samba. Em Barbosa, o termo "malandro", que discutiremos em detalhe mais à frente, é onipresente. Para ele, esta é a perfeita designação do tipo humano que cria o samba. Este seria a expressão musical daquele. E "malandro" não aparece apenas como qualificativo ou nome comum; ele é personificado, vira alguém de carne e osso que olha, sabe, ama, escreve, fala, canta, tem fé, e a quem "não se deve negar essa glória carioca do samba".[33] Em Vagalume, ao contrário, a palavra "malandro" é rara;[34] no seu lugar, aparece com muito mais frequência a palavra "bamba". Essa mudança vocabular não é neutra, pois como veremos a associação entre malandro e sambista foi um tema importante no surgimento do estilo novo.

Embora nenhum dos dois livros em questão fale explicitamente de uma diferença entre dois tipos de samba, ou entre samba e maxixe, fortes contrastes se manifestam neles entre duas maneiras de encarar o assunto (um valorizando a tradição, outro a modernidade), dois grupos de compositores a que se dá pesos diferentes (a turma da Tia Ciata e a do Estácio), duas reivindicações de origem (a Bahia e o Rio), dois personagens-símbolo (o bamba e o malandro). Todos estes contrastes se ajustam perfeitamente ao quadro geral da diferença de estilo que é alegada pelos autores citados antes.

* * *

Vejamos agora como os estudiosos tentaram explicar a diferença estilística que apontam. Sérgio Cabral adota uma explicação que lhe foi fornecida pelo próprio Ismael Silva em entrevista: "É que quando comecei, o samba da época não dava para os grupos carnavalescos andarem na rua ... O estilo não dava pra andar."[35] Esclarecem Máximo e Didier, que também entrevistaram o sambista: "Segundo Ismael, à necessidade que os blocos têm de cantar sua música *marchando* e não *dançando*, deve o samba do Estácio de Sá as suas características."[36]

Tal motivo, por si só, é a meu ver inconsistente, pois não há nenhuma razão imanente que impeça a utilização do estilo antigo como estímulo ao desfile: as relações entre música e dança são mais flexíveis do que deixa supor Ismael. Em teoria, não se pode dizer que uma música qualquer determine de modo intrínseco a coreografia correspondente, nem deduzir um estilo musical de uma necessidade coreográfica. Mas se a explicação de Ismael "não encerra a questão" — como admitem em seguida os mesmos Máximo e Didier — ela aponta para uma direção importante.

Pois é preciso levar em conta que Ismael não está falando "em teoria", mas de dentro de sua própria experiência. É provável que para ele e seus amigos fosse de fato impossível (ou pouco estimulante) desfilar ao som do estilo antigo. Este estava, como vimos, associado ao samba de umbigada, onde não há desfile, pois a dança é feita individualmente dentro de uma roda. Com o sucesso de "Pelo telefone" e a transformação do samba em canção de carnaval, o contexto coreográfico muda: não há mais roda, e sim o bloco, o grupo humano que se desloca pela rua, no qual todos dançam ao mesmo tempo. É provável que, ao menos em determinados círculos, o estilo antigo ainda estivesse demasiadamente associado ao contexto da roda para poder ser utilizado eficazmente no desfile. Assim, as transformações coreográficas teriam, como quer Ismael, um papel no abandono do samba "amaxixado".

Mas vejamos as outras tentativas de explicação. Para Máximo e Didier, "as dessemelhanças rítmicas talvez se devam a ter sido [o novo estilo] criado a partir dos refrãos cantados nos improvisos e nas rodas de batucada". Nele, o acompanhamento seria

> feito basicamente por instrumentos de percussão, na maioria fabricados pelos próprios ritmistas ou por eles inventados. Se na Cidade Nova [isto é, no estilo antigo] as festas são animadas por músicos treinados, bons tocadores de piano, flauta, clarineta, cordas e metais, no Estácio de Sá, salvo por um ou outro violão ou cavaquinho em mãos desajeitadas [sic], tudo é tamborim, surdo, cuíca e pandeiro. Ou acompanhamento ainda mais rudimentar, palmas cadenciadas ou batidas em mesas, cadeiras, copos, garrafas.[37]

Para esses autores, trata-se pois em primeiro lugar de uma diferença de instrumentação. O estilo antigo seria caracterizado pelo uso de instrumentos europeus, e o estilo novo por instrumentos de origem africana (como a cuíca)[38] ou inventados no Brasil (como o surdo). Mas outra diferença se insinua no trecho citado. Os músicos da Cidade Nova são ditos treinados e bons tocadores. Quanto aos do Estácio de Sá, diz-se que suas mãos são desajeitadas e o acompanhamento que produzem, rudimentar. Assim, uma diferença de capacitação técnica é insinuada entre os dois sambas. Os instrumentos europeus vão junto com o treinamento especializado, enquanto aos afro-brasileiros corresponderia uma musicalidade por assim dizer selvagem, que à maneira do *bricoleur* evocado por Lévi-Strauss, lança mão dos objetos que encontra em seu caminho, cadeiras, copos, garrafas.[39]

Já Silva e Oliveira Filho, em vez de abordarem o tema pelo ângulo dos instrumentos, preferem o das origens sociais dos músicos. Mas a conclusão a que chegam é no fundo a mesma:

> A palavra samba, portanto, durante algum tempo designou dois gêneros musicais de origens distintas e bastante bem caracterizados. Para os músicos de formação profissional, que em geral sabiam ler na pauta, pertencentes à baixa classe média, frequentadores dos ranchos e dos teatros populares, como Donga e Sinhô, samba era sinônimo de maxixe, último estágio abrasileirado da polca europeia. Para os negros e mestiços descendentes de escravos, era um gênero novo, último estágio abrasileirado do batuque angolense, que eles propunham ensinar à sociedade nacional por meio do movimento das escolas de samba.[40]

De um lado, a classe média (mesmo que baixa). De outro, os descendentes de escravos. Com os primeiros, a formação profissional que capacita a ler partituras, o saber musical de tipo europeu, e a consequente vinculação estilística à polca. Já os segundos perpetuariam na música a ausência de qualificação profissional de seus ancestrais;* eles seriam salvos, no entanto, pela paradoxal capacidade de criar um gênero que, sendo novo, seria ao mesmo tempo o último estágio do batuque angolano.

As relações entre música e classes sociais são mais complexas do que aparecem nestas polarizações. Os próprios exemplos citados por Silva e Oliveira Filho as contradizem em parte: Donga e Sinhô, embora tivessem se tornado músicos profissionais, não passaram por nada que se possa chamar de "formação profissional", nem pelo tipo de treinamento musical que habilita a ler partituras.[41] Embora sua música fosse gravada e tocada nos teatros por orquestras, eles próprios não eram músicos de orquestra, regentes ou arranjadores. Acrescente-se que eram ambos descendentes de escravos, o que os situaria, de acordo com os mesmos autores, no campo do estilo novo.

De fato, o problema crucial desta maneira de explicar a diferença é que a presença dos "músicos treinados", embora fosse evidente no teatro e nas gravações que se faziam das composições de Donga, Sinhô etc., dificilmente pode ser imputada ao samba tal qual era praticado na sala de jantar de Tia Ciata. Na discussão que fizemos de "Pelo telefone" e de sua origem, ficou claro que também esse samba nasceu de improvisações e de rodas, ao som de palmas cadenciadas e de instrumentos inventados por eles mesmos (como o prato-e-faca) —, características que, segundo os autores citados antes, seriam definidoras do estilo novo. Se as festas da famosa baiana eram frequentadas por "bons tocadores de flauta, clarineta" etc., estes normalmente limitavam suas

* Como se não tivesse havido pessoas de alta qualificação técnica entre os escravos no Brasil! Sobre o assunto, Karasch, *A vida dos escravos no Rio de Janeiro*, p.276-81 ("Profissionais especializados e artesãos") e 281-4 ("Músicos e artistas").

participações à sala de visitas, onde havia o baile animado pelo choro. São raríssimos os testemunhos indicando a presença de instrumentos europeus outros que violão e cavaquinho nas rodas de samba das tias baianas. Conheço uma menção ao clarinete num depoimento de um neto de Tia Ciata,[42] e menções à flauta, que em pelo menos um testemunho figura como excepcional: "Antigamente, quando numa festa de samba aparecia uma flauta, era uma novidade ... a semana inteira o comentário era este: — 'Ah! Mano véio, *Bambala* deu um samba na hora!... Teve até flauta! — Que está dizendo?! — Juro por essa luz que está me alimiando [sic].'[43]"

O único músico identificado ao estilo antigo que se enquadra perfeitamente na caracterização proposta por Silva e Oliveira Filho é Pixinguinha, este sim versado em teoria musical, músico de orquestra, maestro e arranjador. Mas ele era, do ponto de vista da casa de Tia Ciata, muito mais um homem do choro que do samba: "Samba é com o João da Baiana. Eu não era do samba. Eles faziam seus sambas lá no quintal e eu os meus choros na sala de visitas. Às vezes eu ia no terreiro fazer um contracanto com a flauta, mas não entendia nada de samba."[44]

Pixinguinha escreveria na década de 1930 a parte orquestral de inúmeras gravações de sambas, tanto no estilo antigo como no novo. Além disso, é autor de várias composições que foram gravadas com a indicação de gênero — samba. Só se pode explicar que ele se afirme alheio ao assunto se se leva em conta a diferença entre as categorias de samba folclórico e samba popular, ou em outras palavras, samba caseiro e samba de estúdio de gravação. Deste último, Pixinguinha entendia, mas quanto ao primeiro, considerava que o verdadeiro especialista era João da Baiana.

* * *

As explicações até aqui propostas para as diferenças entre os dois tipos de samba não são conclusivas, pois ambos podem ser tocados por brancos ou negros, por orquestras e grupos de batucada, em teatros ou em reuniões caseiras. Tinhorão compreendeu isso quando propôs uma outra explicação para a diferença:

> Todos esses sambas já produzidos para a gravação em disco nessa primeira fase que se estenderia de 1917 a 1927 guardam entre eles a marca sonora de seu parentesco com os sambas de partido-alto dos baianos. ... Foi então preciso que uma nova geração de talentos, já agora saída das camadas baixas cariocas igualmente herdeiras de uma tradição local de sambas de roda à base de estribilhos ... fizesse sua entrada no cenário da criação popular no

> Rio de Janeiro com a contribuição definitiva para a carreira comercial do gênero: o samba batucado e marchado do Estácio.[45]

O problema é que, se existe alguma documentação sobre as tradições baianas que estariam na origem do primeiro tipo de samba, o mesmo não se pode dizer da suposta "tradição carioca de sambas de roda". Segundo o consenso dos estudiosos, como vimos, o samba folclórico foi introduzido no Rio em fins do século XIX, não existindo pois ali como tradição autóctone. Se outras práticas musicais assimiláveis ao samba existiam, como parece provável, nada sabemos sobre elas.

Além do mais, o estilo antigo já é um misto baiano-carioca (para não falar das outras contribuições ainda mal conhecidas, como a dos ciganos que mencionaremos à frente). Sinhô era carioca e fez dos ataques aos baianos um de seus temas prediletos. João da Baiana, apesar de seu nome, tinha nascido no Rio, e dizia orgulhar-se de ter "vencido" seus irmãos nascidos na terra da mãe. Quanto ao estilo novo, Lopes mostrou a enorme contribuição de músicos e tradições musicais de outros estados (Minas, Pernambuco etc.) à sua configuração final.

Uma maneira de escapar a essas objeções é afirmar que a partir dos anos 1920 os habitantes do Rio já teriam criado, a partir do samba introduzido pelos baianos e das demais influências, uma nova modalidade de samba folclórico, não sendo pois seus herdeiros como quer Tinhorão, mas seus *inventores*.

Essa é a posição do próprio Ismael Silva em seu depoimento a Cabral: ele reivindica a invenção do novo estilo como uma necessidade decorrente da prática do desfile.[46] Também aponta neste sentido o depoimento de Bucy Moreira ao mesmo Cabral, ao contar que uma vez encontrou um grupo reunido para cantar samba nas redondezas do Estácio: "Eu cheguei e perguntei: 'O que é isso?' E disseram: 'É um samba moderno que o Rubem fez'."[47] O "Rubem" é Rubem Barcellos, irmão de Bide, que morreu prematuramente e que teria sido um dos primeiros a compor no estilo novo. O samba de Rubem é pois definido como "moderno", o que implica dizer que sua particularidade não estaria no vínculo a uma tradição, mas na criação de algo novo.

Obviamente, as "razões" da distinção do samba em estilo novo e antigo são múltiplas e variadas. Nelas há lugar para a inovação estética e também para a passagem entre os domínios do folclore e do popular, sugerida por Tinhorão. De fato, as diferentes categorias nas quais, num momento dado, a sociedade divide seu universo musical, se influenciam mutuamente, num processo contínuo de repercussões recíprocas e seleção de elementos. E elas se transformam não apenas devido a essa influência mútua, mas também devido à sua dinâmica própria, baseada como vimos na criatividade dos músicos, e além disso em fatores musicais e extramusicais de toda ordem. É deste processo complexo que estou procurando dar conta no caso das transformações do samba carioca.

Nos capítulos seguintes, a mudança estilística do samba será abordada a partir de vários temas: os lugares em que passa a ser praticado, seu estatuto enquanto objeto de trocas econômicas, sua forma, seus assuntos, sua associação com personagens típicos da cidade. Todos estes temas fornecerão, espero, um quadro a partir do qual o sentido social da mudança de paradigma rítmico pode ser compreendido.

2. O passarinho e a mercadoria

Assim como o estilo antigo esteve associado à casa de Tia Ciata, o estilo novo teve também seus lugares sociais de predileção, cujo exame se impõe para sua compreensão. Entre estes, parecem-me especialmente interessantes os blocos e os botequins. Os blocos foram os predecessores imediatos das escolas de samba. Reuniam, como ainda hoje reúnem, grupos de carnavalescos, geralmente do mesmo bairro, que em torno de um estandarte cantavam e desfilavam pelas ruas. Outras denominações para esse tipo de agrupamento eram cordões e ranchos; a primeira cai em desuso nos anos 1910, e a segunda passa a se referir, um pouco mais tarde, a agrupamentos de proporções bem maiores. Assim, a denominação "bloco "ganha importância nos anos 1920, e a imprensa carioca, que sempre promovia os desfiles dos diferentes agrupamentos, cria em 1926 o "Dia dos Blocos" no carnaval.[1] Alguns blocos se limitavam a cantar as músicas de sucesso daquele ano, mas outros cantavam canções feitas por seus próprios participantes. Neste último caso, a prática corrente nos anos 1930, como veremos a seguir, era que a composição se limitasse a um estribilho cantado por todos, o qual era seguido pela improvisação de alguns solistas.[2]

Quanto ao botequim, ele é para o Rio de Janeiro o que o *pub* é para Londres ou o *café* para Paris: antes de tudo um ponto de encontro, um lugar de sociabilidade. Nas biografias de sambistas do estilo novo há inúmeras referências a botequins como lugares privilegiados de fazer samba: o do "Apolo", onde se reunia o grupo do Estácio,[3] o do "Carvalho", frequentado por Noel Rosa,[4] e muitos outros. Uma de suas melhores descrições está no samba "Conversa de botequim", de Noel Rosa e Vadico, onde se enumeram com humor todos os serviços que se espera de um garçom de botequim: além de servir a tradicional média com pão e manteiga, ele devia informar o resultado do jogo de futebol, trazer cigarros, um cartão e um envelope, providenciar um guarda-chuva, telefonar, emprestar dinheiro e finalmente "pendurar" a conta.

O botequim é para o sambista do período um ponto tão habitual que é chamado às vezes de "escritório", como em outra parte da letra do samba que acabamos de citar e na biografia de Ismael Silva.[5] Assim, a diversão e o trabalho se reúnem no botequim, pois também é lá que o sambista poderá ser encontrado por seus eventuais "empregadores" (nos anos 1930 a maioria dos sambistas que começavam a se profissionalizar não tinha telefone, nem podia — em contraste com Tia Ciata — receber gente importante em sua própria casa). A propósito, Pixinguinha disse do "Bar do Gouveia", onde depois de muitos anos de fidelidade ganhou até uma cadeira cativa: "Não gosto de ficar mudando de ponto. ... Parece até emprego. Você chega lá e me encontra."[6] Este é mais um aspecto no qual o botequim substituiu a casa da "tia" baiana, pois esta funcionava também como ponto de encontro e de prestação de pequenos serviços: "... na residência da tia Tereza é que os sambistas sabiam das novidades. Qualquer brincadeira que houvesse, tinha que ir ali — ao *bureau* de informações."[7]

Blocos e botequins possuem uma característica comum: são mais públicos, mais abertos socialmente, que a sala de jantar de Tia Ciata. Nesta última, como vimos, os brancos presentes eram "gente escolhida", que tinha por uma razão ou outra o privilégio de ser admitida na intimidade das baianas. Naqueles, ao contrário, a admissão era praticamente livre. Em ambos, podiam conviver pessoas que a vida separava em todo o resto: profissão, riqueza, religião, cultura, cor da pele. A capacidade de circulação do samba nos seus novos lugares sociais aumenta pois prodigiosamente.

Um bom exemplo é a história de "É bom parar", grande sucesso do carnaval de 1936, contada em detalhes por Máximo e Didier.[8] Francisco Alves encontra um grupo de amigos num botequim cantando um estribilho feito por Rubens Soares (n.1911), lutador de boxe profissional. Entusiasma-se, aprende o estribilho e sai em busca de um compositor profissional (no caso, Noel Rosa) que faça a segunda parte.* Encontra-o, como não podia deixar de ser, em outro botequim. Feita a segunda parte, gravado o samba, Francisco Alves trabalha por sua divulgação numa "batalha de confetes", festa popular em que se reúnem diversos blocos carnavalescos:

> Vem gente de todo o Rio participar do desfile de carros abertos, sob chuva de confete e serpentina. Os blocos passam, cada um com suas baianas e ritmistas. Compositores — os melhores da cidade — aparecem para cantar seus sambas e marchas, ou para ouvir o que os outros fizeram. ... Quantas pessoas participam? Impossível calcular. São milhares, muitos milhares que cobrem as calçadas de um lado e do outro, enquanto os automóveis passam.[9]

---

* Discutiremos adiante em detalhe a importância da criação da "segunda parte" nas transformações sofridas pelo samba.

O estribilho de Rubens Soares é um samba de rua, feito por alguém que não era compositor profissional (embora depois viesse a se tornar, o que evidencia mais uma vez a circulação a que me referi). Captado pelo cantor de sucesso, que frequentava o mesmo botequim, ele transita até as mãos do compositor já profissional, onde recebe a segunda parte que, como veremos, é a condição para que entre no mundo do rádio e do disco. Para que essa entrada seja fecunda, no entanto, a consagração do confete e da serpentina junto aos blocos no carnaval é fundamental. Aqui, tudo circula: os carros *abertos*, os compositores, os bairros da cidade, as classes sociais. Esta nova circulação generalizada, que se faz em torno do samba ao mesmo tempo em que é ele mesmo que circula, substitui a velha circulação da roda. Do esoterismo da sala de jantar de Tia Ciata só resta uma reminiscência, a figura da "baiana" de carnaval, que ainda hoje tem papel importante nos desfiles das escolas de samba.[10]

* * *

A "abertura" do botequim também se presta a usos menos louváveis, como o roubo de sambas. Máximo e Didier contam das artimanhas empregadas por músicos desonestos para roubar "fragmentos, muitas vezes sambas inteiros, ouvidos nos botequins do Mangue de anônimos compositores que anônimos continuarão".[11] Mas o que vai nos interessar aqui é ver como foi possível que muitos outros destes mesmos anônimos tenham justamente deixado de sê-lo.

Um dos traços definidores da noção de "música folclórica" é a ausência de autor conhecido. Deve-se no entanto notar que mesmo num contexto folclórico, como o que é descrito nas reminiscências de Vagalume, a ideia de autoria pode ter lugar: "O Aimoré ... lá pela madrugada, depois de roer muita *coirana*,* improvisou este samba: ... Ou pela popularidade do Aimoré, ou porque o samba fosse mesmo o 'suco', durante muito tempo ficou no 'terreiro'. Ainda hoje faz sucesso, quando alguém se lembra e diz: '— O samba do Aimoré!'"[12]

Apesar disso, a passagem do "anonimato" à "autoria" é perfeitamente visível *na literatura produzida sobre o samba*. Num contraste marcante com aquela originada desde o século XIX pelo samba de umbigada que, como vimos, descreve os participantes, os passos de dança, todo o evento enfim, a literatura do samba carioca desde 1917 passa tudo isso sob o silêncio e se concentra nos "autores" e seus textos. Para ilustrar esta afirmação, nada me-

* Grifado no original. "Roer coirana", de acordo com o *Aurélio*, é expressão popular para "mostrar-se ciumento ou despeitado" (verbete "Coirana").

lhor que o exemplo do próprio "Pelo telefone": as duas polêmicas que fizeram correr rios de tinta sobre este samba foram, primeiro, quais seus verdadeiros autores e, segundo, qual sua letra original; muito pouco se escreveu sobre as circunstâncias em que era cantado.

A discussão sobre a "verdadeira autoria" de "Pelo telefone" é pois apenas a primeira de uma série de polêmicas sobre autorias de sambas. Na década de 1920, as mais famosas estiveram ligadas ao nome de Sinhô. Atribui-se a este a frase "samba é como passarinho, é de quem pegar".[13] O que se expressa aí é o fato de que se cantavam na cidade inúmeros refrãos anônimos, sem que ninguém se preocupasse em descobrir seus autores. A comparação contida na frase atribuída a Sinhô é a mesma que está implícita numa expressão como "colheita" de melodias folclóricas, tão empregada por autores como Mário de Andrade e Oneyda Alvarenga:[14] em ambos os casos vê-se a canção popular como um objeto natural, pássaro em uma, vegetal em outra.

Esse proceder de Sinhô parece ter sido de conhecimento geral, e mesmo considerado normal. Assim se expressa o compositor Noel Rosa em entrevista de 1935:[15] "Ninguém sabe como o samba nasceu. ... Hoje, tem escola. Criadores de estilo. J.B. Silva, o célebre Sinhô, foi um deles. Sinhô foi ao morro, captou vários estribilhos de samba e os estilizou com grande sucesso." Pixinguinha, perguntado sobre os "acampamentos de ciganos que havia no bairro do Catumbi", afirma: "Eu convivia um pouco com eles porque gostavam de mim. Mas, em matéria musical, quem poderia falar melhor, se fosse vivo, seria o Sinhô. Ele é que estava sempre lá para pegar os temas musicais e publicar ... Não dava parceria porque, na época, não havia nada disso."* Isto é, não havia consciência do problema autoral, não havia ainda uma "função-autor" plenamente estabelecida no mundo do samba.

O poeta Manuel Bandeira também conta numa crônica que, em fins de 1929, esteve em uma festa onde Sinhô apresentou um novo samba que, segundo disse, acabara de compor: "Já é demais". Anos depois, por acaso, deparou-se com uma "lira" (assim eram chamadas as coletâneas de letras de canções populares — talvez uma boa alternativa para *song-book*), lira onde constava o título "Já é demais":

> Abaixo dele vinha a informação: "Letra e música de *seu* Candú". Ora, lá estava o estribilho do samba de Sinhô ... Verifiquei logo que o plágio não

---

* Em *As vozes desassombradas*, p.28-9. A presença de ciganos nos sambas do início do século tem sido assinalada mas ainda não foi satisfatoriamente estudada. Ela acentua o caráter compósito do samba carioca. Ver a propósito o artigo de Vasconcelos, "Tem cigano no samba", e o de Araújo e Guerreiro, "O samba cigano". Estes últimos preparam trabalho mais alentado sobre o assunto.

> podia ser de *seu* Candú, porque a publicação era de 1927 ... e de resto havia ainda a indicação abaixo do título de que o "Já é demais" era choro do carnaval de 1925, o que estava aliás provadíssimo pelo contexto da letra, todo cheio de alusões aos fatos revolucionários de 24 .... Em todo caso, está claro que Sinhô avançou no refrão de *seu* Candú.[16]

Nem *seu* Candú nem os ciganos mencionados por Pixinguinha fizeram, que se saiba, qualquer tentativa de defender seus direitos autorais, o que leva a supor que eles mesmos não se pensavam como "autores". Mas houve quem se manifestasse contra tais hábitos de Sinhô: Heitor dos Prazeres reivindicou a autoria de dois grandes sucessos assinados por aquele, "Ora vejam só!" (1927) e "Gosto que me enrosco" (1928). Quanto ao segundo, disse em entrevista: "Quando procurei (Sinhô) para reclamar por não ter colocado meu nome na gravação, ele se defendeu com a desculpa de que não sabia que a música era minha. Pensava que se tratasse de tema popular sem dono."[17] (Discutiremos com mais detalhes as disputas autorais entre Heitor dos Prazeres e Sinhô adiante.) O próprio Heitor dos Prazeres, no entanto, seria acusado mais tarde de apropriação indébita de um samba de Antonio Rufino, "Vai mesmo".[18]

(Note-se de passagem que tanto no caso de "Gosto que me enrosco" quanto no de "Ora vejam só", Heitor dos Prazeres afirma que Sinhô roubou apenas a primeira parte do samba, isto é, o refrão.[19] Vejo aí um indício de que o samba folclórico existia o mais das vezes sob forma de refrão, ao qual se acrescentavam improvisações que não guardavam necessariamente com ele nenhuma relação intrínseca. Essa autonomia existente, na época, entre estribilhos e estrofes, também se nota no caso de "Já é demais", pois os fatos revolucionários aludidos nas estrofes de *seu* Candú não tinham nenhuma relação temática com o estribilho de cunho amoroso, retomado por Sinhô.)

Se para Sinhô o samba encontrava-se em estado de natureza podendo ser apropriado e publicado, sem outras delongas, pelo primeiro que viesse, o final da década de 1920 verá estabelecer-se uma nova modalidade de relação na área: a compra e venda de sambas.

No final de 1932, Noel Rosa afirma em entrevista: "Há compositores que compram sambas? Eu posso afirmar que há. Falo por experiência própria. Já vendi muitos sambas."[20] O mais notório, e talvez o primeiro, dos compradores de sambas (chamados também de "comprositores") foi o cantor Francisco Alves, que já para o carnaval de 1928 comprava e gravava "A malandragem", de Bide — a data, como se vê, coincide com a das polêmicas entre Sinhô e Heitor dos Prazeres. Havia várias modalidades de compra de sambas: o caso mais drástico era aquele em que o autor, em troca de uma soma fixa, cedia não só os direitos autorais como o reconhecimento da autoria — ou seja, seu nome não aparecia nem no disco, nem na partitura. Em outros casos, os direitos autorais eram vendidos mas a autoria era reconhecida, no disco, na partitura ou em ambos. Por fim, havia o caso em que um cantor propunha uma barganha segundo a qual ele gravaria o samba se lhe fosse cedida uma parte dos direitos autorais.

A relação que se estabelecia neste último caso era considerada como um tipo de "parceria". A parceria é a instituição pela qual a autoria de um samba é partilhada entre dois ou mais indivíduos. Proponho falar de parceria "nominal" quando, como no caso discutido, ela era dada ou vendida no quadro da circulação comercial de sambas; e de parceria "real" quando os parceiros participavam, mesmo que nem sempre em igual medida, da composição do samba. É a partir do final dos anos 1920 que se intensifica a importância da parceria na música popular; o principal compositor da fase que ali terminava, Sinhô, raramente lançou mão deste recurso, ao passo que todos os compositores importantes da fase que ali se abria iriam constantemente participar de parcerias, reais e nominais.

No caso de uma venda pura e simples, o risco de que a música não fizesse sucesso ficava só com o cantor. Mas no último caso citado, o compositor parece, do ponto de vista do mercado musical atual, ficar só com as desvantagens: ele cede a metade dos direitos autorais e ainda compartilha com o cantor o risco de que a música não faça sucesso. Curioso é que Ismael Silva e Bide, que utilizaram amplamente este sistema em suas transações com Francisco Alves, demonstrem em seus depoimentos a Cabral preferi-lo ao da venda, e protestem quando o entrevistador confunde os dois:

> [Cabral:] — Você vendeu quantas músicas a ele [a Alves]? [Ismael:] — Só duas .... Nas outras, ele entrou na parceria e a gente dividia o dinheiro que a música rendia. ... [Cabral:] — Você vendeu o samba por quanto? [Bide:] — Eu não vendi, não. ... [Cabral:] — Mas o Francisco Alves entrou na parceria. [Bide:] — Você queria que ele não entrasse? ... [Cabral:] — Você vendeu música, Bide? [Bide:] — Não, nunca. Sabia que muita gente vendia.[21]

Quando Bide retruca "você queria que ele não entrasse?", está mostrando o quanto lhe parecia óbvia a contribuição de Francisco Alves ao sucesso do samba, o quanto lhe parecia justo, portanto, que entrasse na parceria. O mesmo ponto de vista aparece no depoimento de Bucy Moreira: "Ele subia qualquer morro atrás de um samba bonito. Aí diziam que ele estava comprando samba, mas não era nada disso, não. Ele dava uma propina ao autor para segurar o samba. Você vê como essa gente é ingrata. Ainda falam mal do rapaz."[22]

No afã de defender o cantor, Bucy omite que o nome de Francisco Alves aparecia no selo dos discos e nas capas das partituras como coautor, e em alguns casos como único autor, dos sambas pelos quais ele "dava uma propina". Essa atitude parece ligada ao sentimento de que a atuação dele foi positiva e que de alguma forma merecia a atribuição de autoria.

Tal coisa revela uma concepção do que seja "autoria" que é mais abrangente do que a desenvolvida pelos teóricos do direito autoral moderno. Ainda hoje nas escolas de samba semelhante concepção prevalece, como mostra o depoimento de um membro da diretoria da Mocidade Independente de Padre Miguel, colhido em 1992: "Tem você que faz o samba, o fulano que faz a letra, o sicrano que tem dinheiro [para a promoção], mais o beltrano que é amigo da diretoria [da Escola], então eles põem todo mundo como parceiro."[23] Cabe perguntar se essa concepção não seria no fundo mais realista, ao levar em conta toda a cadeia de mediações que finalmente faz o samba existir como música popular, ao invés de limitar a autoria a criadores isolados no alto de um morro ou de uma torre de marfim.[24]

Bide, Ismael e Bucy não eram ainda compositores profissionais em um mercado competitivo; eram, como diz Paulo da Portela (Paulo Benjamin de Oliveira, 1901-1949) em seu samba "Cidade mulher" (1935),[25] com um misto inimitável de ingenuidade e ironia, "anteprojetos de artista" — de artista profissional, sublinhe-se —, a quem a possibilidade de ganhar a vida com sua música sorria pela primeira vez. Assim, a contribuição de Francisco Alves não foi tanto a de criar os sambas, mas, o que talvez fosse mais importante, a de criar os próprios "compositores de sambas" no sentido moderno e profissional.*

Mas, como dizia Bucy, "essa gente é ingrata". Já em 1933, como vimos, Vagalume atacava Francisco Alves, acusando-o de ser "o *consagrado autor* dos trabalhos de homens modestos, que acossados pela necessidade, são obrigados a *torrá-los* a 20$000 e 30$000".[26] O compositor Cartola dá conta de uma cifra mais elevada: "Foi em 1931. O Mário Reis veio aqui no morro [pois] queria comprar um samba meu. ... Perguntou quanto eu queria. Fiquei sem resposta. Ia pedir uns cinquenta mil-réis, mas o Clóvis cochichou pra eu pedir quinhentos. Aí eu pedi trezentos. E ele me deu."[27] O depoimento de Cartola é de 1974, isto é, mais de 40 anos depois dos fatos; assim não é impossível que erre

* Quando certa vez tentei explicar o papel desempenhado por Francisco Alves junto aos sambistas do Estácio a um amigo francês, ele surpreendeu-me com o seguinte comentário: "Então, o que ele fazia é o que fazem hoje em dia as editoras musicais: possibilitam que a música se torne conhecida e em troca ganham uma parte dos direitos autorais." Caso se adote este ponto de vista, força é reconhecer que neste papel o cantor não ficou nada a dever às editoras atuais.

nas cifras. Mas de todo modo ele nos dá conta de sua perplexidade diante da atribuição de um valor monetário a seus sambas, e um valor mais alto do que supõe num primeiro momento.

A prática era generalizada. O próprio Bide, que vendia sambas a Francisco Alves, compra, junto com João de Barro, o samba "Vem meu amor", de Mano Décio da Viola e Ernani Silva, como informam Valença e Valença, acrescentando: "As primeiras músicas compostas por Mano Décio, ... como as de outros compositores populares, eram vendidas por seus autores para que pudessem conseguir algum trocado."[28] Noel Rosa chegou mesmo a pagar em samba a dívida contraída por um carro comprado a Francisco Alves.[29] Do já citado Bucy Moreira conta uma prima sua, com naturalidade desarmante: "Ele só vivia lá em baixo na Praça Tiradentes fazendo aqueles sambas. ... Era trapalhão, vendia um samba a um, depois aquele mesmo vendia a outro."[30]

Boa parte dos observadores considerou o comércio de sambas como uma exploração unilateral, em que compradores espertalhões, brancos e burgueses, sempre levavam a melhor sobre vendedores ingênuos, pretos e proletários. Esta é, como vimos, a perspectiva de Vagalume, que falava dos que "ingressaram no meio dos sambistas, roubando-lhes o nome, sugando-lhes o suor, explorando-lhes as produções, sonegando-lhes os lucros e deixando-os sempre no último degrau do esquecimento!"[31] Outro exemplo é o filme *Rio, Zona Norte*, de Nelson Pereira dos Santos (1957), que retrata a exploração de um sambista negro e favelado por seu parceiro nominal branco. Mas a realidade parece ter sido mais complexa que isso, pois os compositores populares também tiravam proveito dessa descoberta de um valor monetário em algo que, até pouco antes, era considerado de domínio público. A narrativa mais reveladora deste aspecto da questão é a que faz o sambista Raul Marques a Sérgio Cabral:

> [Cabral:] — Todo mundo vendia samba ao César Brasil? [Marques:] — Todo mundo. Me lembro até de um samba que o Zé Pretinho vendeu pra ele que já estava gravado. O Zé Pretinho chegou com aquela conversa: "Poxa, César, não deu pro seu nome sair no disco. Mas na próxima gravação do samba o seu nome vai entrar. Pode deixar." E o César Brasil acreditando, deu-lhe uma nota de dez mil-réis. ... Às vezes a gente estava conversando no hotel e tocava um samba qualquer no rádio. "Está escutando, César?" — o Jota Piedade perguntava. "Estou, aliás é muito bonito." "Então, desde já, você é meu parceiro nele." E levava uma grana por um samba que o Piedade nunca tinha ouvido.[32]

O comércio de sambas também foi possibilitado pela tomada de consciência pelos sambistas de que eram donos de um *savoir faire* original, através do qual podiam auferir ganhos e inserir-se, ainda que às vezes anonimamente, no nascente mercado cultural moderno. Este tipo de prática distingue, ainda sob outro aspecto, os compositores do estilo novo e os do estilo antigo, pois no caso destes últimos a função-autor se encontrava num estágio ainda mais rudimentar, dispensando a intermediação monetária e resolvendo-se pela apropriação pura e simples.

* * *

Os testemunhos existentes sobre o samba de rua carioca no início dos anos 1930 mostram que é generalizado o conceito segundo o qual ele consistia em um estribilho, repetido pelo coro e pontuado por improvisações de solistas. Como estas eram efêmeras, sempre cambiantes, e muitas vezes desprovidas de relação com o assunto do estribilho, não podiam servir à identificação de um samba determinado. Digamos que o conceito geral de samba incluía os improvisos como uma parte necessária, mas o conceito de um samba particular tinha que fazer abstração deles, pois não eram particulares.

Já vimos no capítulo anterior alguns testemunhos sobre a importância da improvisação na fase precoce da criação do samba carioca. Mas durante os anos 1930, a improvisação ainda era uma prática vivíssima. Por exemplo, nos desfiles de carnaval, como veremos a seguir; mas também fora deles, como mostra "O século do progresso", samba de Noel Rosa composto em 1934:

> A noite estava estrelada
> Quando a roda se formou
> A lua veio atrasada
> E o samba começou.

Aqui é do samba folclórico que se fala: feito à noite, ao ar livre, iluminado pela lua; feito na roda, e com seus versos improvisados, como mostrará a sequência:

> Entretanto, ali bem perto
> Morria de um tiro certo
> Um valente muito sério.

Isto é, no momento mesmo em que o samba tem lugar, acontece uma morte, um evento dramático que pede um comentário cantado:

> Chegou alguém apressado
> Naquele samba animado
> Que cantando assim dizia:

"No século do progresso
O revólver teve ingresso
Pra acabar com a valentia".

O último terceto é precisamente o comentário cantado de alguém que acabara de presenciar a morte do valente; é um improviso que responde a uma situação imediata. "O século do progresso", como tantas outras composições de Noel Rosa, é um samba sobre o samba, e em particular um samba popular sobre o samba folclórico. Ele não é improvisado, mas retrata com maestria a improvisação e suas circunstâncias, das quais é uma testemunha; mais do que isso, torna presente a improvisação, abrindo aspas e emprestando sua própria voz à voz do improvisador "que cantando assim dizia etc.". Ao fazê-lo, no entanto, torna evidente a passagem do que, inspirado em Sodré, chamo de "discurso transitivo indireto" ao "discurso transitivo direto":

> A letra do samba tradicional (é) um discurso *transitivo direto*. Em outras palavras, o texto verbal da canção não se limita a *falar sobre* (discurso *transitivo indireto*) a existência social. Ao contrário, *fala a* existência ... as palavras têm no samba tradicional uma operacionalidade com relação ao mundo, seja na insinuação de uma filosofia da prática cotidiana, seja no comentário social.[33]

Justamente a situação descrita por Noel Rosa no samba em questão é um exemplo dessa transitividade direta: o improvisador canta o que ele acaba de viver, tirando da morte do valente a lição adequada que podia servir à prática cotidiana da vida nos morros cariocas. O último terceto não pode ser lido como "poesia pura": ele pressupõe que todas as pessoas presentes na roda também escutaram o tiro, e confere a este sua plena significação. Se alguém chega atrasado na roda e não escuta o tiro, fica sem entender o terceto; mas, inversamente, se alguém vai embora da roda antes e não escuta o terceto, fica sem entender o tiro. Mas se tanto o tiro como o terceto ainda podem ser escutados por nós hoje em dia, é porque existe um samba que nos conta esta história e que se chama "O século do progresso": um samba que abre aspas e nos fala de alguma coisa que nós, leitores ou ouvintes, não vivemos. Sua "transitividade indireta" caminha junto com seu caráter de samba "composto" em vez de improvisado.

Pois a música popular trazia com ela um mundo de fixidez onde o improviso via seu lugar drasticamente reduzido. A gravação, a publicação, os direitos autorais, tudo isso exigia a presença, ao lado do estribilho, de uma segunda parte, que fosse, tanto quanto ele, "propriedade" de um samba dado. Ela precisava ser "exclusiva", em dois sentidos: primeiro, seus versos não podiam aparecer em outro samba; segundo, seus versos deviam ser só aqueles, com a exclusão de quaisquer outros, negando a abertura da improvisação onde novos versos eram sempre bem-vindos.

Assim é que aparece no vocabulário e na prática do samba dos anos 1930 uma nova categoria, a de "segunda parte", ou simplesmente "segunda". Ela cumpre em relação ao estribilho a mesma função de oposição que era ocupada pelos improvisos: é cantada por um solista e não pelo coro, com uma letra que varia enquanto a do estribilho é por definição constante (razão pela qual se fala frequentemente de "segundas partes", no plural); além disso, cada segunda parte só é cantada uma vez, enquanto o estribilho é sempre repetido.

A divisão do samba em estribilho (também chamado de "coro" ou "refrão") e segunda parte possibilitou a existência de um tipo específico de parceria real, aquela em que um dos parceiros faz o estribilho e o outro, a segunda parte. Ela é muito diferente das parcerias que vieram a se tornar mais comuns no Brasil a partir da bossa-nova, em que um dos parceiros faz a música e o outro, a letra (por exemplo, Jobim e Vinicius de Moraes, João Bosco e Aldir Blanc, Chico Buarque e Edu Lobo).[34]

Máximo e Didier insistem em que as inúmeras parcerias de Noel Rosa com sambistas em vias de profissionalização aconteciam sempre por iniciativa dele.[35] Nelas, Noel fazia segundas partes para estribilhos que já existiam. Tanto o fato de que os estribilhos já existissem previamente quanto a circunstância de ser um compositor profissional quem propunha invariavelmente "completá-los" com as segundas indicam que, como estribilhos, estes sambas já funcionavam perfeitamente para o desfile do bloco ou escola de samba, e também para serem cantados, por exemplo, por Rubens Soares e seus amigos num botequim, e em todos os casos com as respectivas improvisações subsequentes. Eram já sambas completos, inteiros: a sensação de que "faltava" uma segunda parte vinha do novo contexto profissional que surgia na música, com o qual Noel Rosa estava envolvido.

Assim, "Não faz, amor" — parceria de Noel com Cartola — teria sido refrão da Mangueira no desfile de 1932.[36] "Sorrindo sempre" — parceria de Noel com Gradim — também "começou como um dos refrãos do desfile (da Mangueira) de 1932".[37] "Fita amarela" (1932) era originalmente um refrão anônimo conhecido no Estácio e em S. João de Meriti,[38] para o qual Noel fez segundas. Outro caso é o "De babado" (1936) estribilho popular que como tantos outros corria o Rio de Janeiro na década de 1930. Noel diz tê-lo ouvido "não se lembra onde. Outro dia, perguntando ao João da Baiana se sabia de quem era, obteve pronta resposta: — *É do João Mina.* O da Baiana explicou a Noel que o Mina era um tirador de samba [isto é, um improvisador] do morro de São Carlos". Mas "haverá também quem diga que este estribilho não é dele, mas de um tal de Papai da Cancela".[39] De um ou de outro, é Noel quem faz as segundas partes que serão gravadas por ele mesmo.

Caso curioso é o dos sambas "Felicidade" (1932), que era um coro de René Bittencourt, e "É bom parar", já citado, que era um estribilho de Rubens Soares. De acordo com Máximo e Didier, ambos sempre negarão terem sido parceiros de Noel.[40] Tal coisa parece espantosa na ótica atual, em que o samba é visto como um todo no qual as duas "partes" estão indissoluvelmente ligadas; mas o paradoxo se desfaz caso se admita que o estribilho era uma unidade em si, à qual era acoplada uma segunda parte dentro do processo conduzindo à gravação. Assim, a segunda era feita muitas vezes por alguém que não tinha o menor contato com o autor do refrão — foi o que se deu nos dois sambas citados.

No caso de "É bom parar", a gravação é claramente o móvel que leva à feitura da segunda. Outros casos assim são "Vai haver barulho no chatô" (1932), que era um refrão de Walfrido Silva — é o cantor Mário Reis que, tomando-se de entusiasmo pelo samba, para poder gravá-lo encomenda a segunda a Noel;[41] e "Escola de malandro" (1932), estribilho de Orlando Luís Machado "completado" por Noel e Ismael Silva também com vistas à gravação.[42]

O caso de "Só pra contrariar" (1932), samba feito em parceria com Manuel Ferreira, é interessante como demonstração *a contrario*: "Para não fugir à regra, a proposta de parceria parte de Noel. Depois de ouvir o coro feito por Manuel Ferreira, perguntou-lhe: — *Você me deixa botar uma segunda nisso?* Tão surpreso e contente o sambista ficou que nem quis dizer a Noel que já tinha feito a segunda parte."[43] O que o incidente mostra é que a inexistência de segunda parte parecia a Noel algo que dispensava perguntas: sambistas não profissionais, como aquele, só faziam refrãos, e não "sambas" com primeira e segunda. Como ele mesmo diz em "Quem dá mais?" (1932), o samba do Salgueiro e outros morros da cidade é feito "sem introdução e sem segunda parte", "só tem estribilho".[44] Mas, como mostra o caso de Manuel Ferreira, aqueles "compositores espontâneos"[45] começavam a fazer também suas segundas partes, seus sambas já prontinhos para serem gravados.

Na escola de samba Prazer da Serrinha, em Madureira, diz-se que "todos os sambas (até 1946) tinham apenas primeira parte, improvisando-se a segunda na roda que se formava".[46] A propósito da Deixa Falar, que existiu entre 1928 e 1933 e é tida geralmente como "a primeira escola de samba", conta Bide na já citada entrevista a Sérgio Cabral: "— Você se lembra de algum samba da Deixa Falar? ... — Me lembro. Meu mesmo: [canta uma quadra]. Depois, a gente fazia os versos."[47] Isto é, o que era feito pelo autor do samba era o refrão ("meu mesmo"); já "os versos", ou a parte solista, são remetidos para um sujeito indeterminado ("a gente"), a comunidade ou seus porta-vozes, os improvisadores. Na mesma época, na Portela, "os sambas tinham apenas a primeira parte, sendo que a segunda era dada pela versificação improvisada e intuitiva dos compositores".[48] Alvaiade, compositor da mesma escola, confirma em entrevista a Sérgio Cabral: "— Qual foi a primeira vez que a Portela desfilou na Praça Onze cantando um samba seu? — Foi em 1934 mais ou menos. [Canta o refrão]. Aí, o pessoal fazia improviso. Naquele tempo, não havia segunda parte feita."[49] Sim, havia, mas só nos sambas de Noel Rosa, Ary Barroso e dos outros compositores profissionais.

Também a Mangueira, no início dos anos 1930, "costuma desfilar com três sambas, ou melhor, três refrãos, já que os versos das segundas partes ficam por conta dos improvisadores".[50] "Três sambas, ou melhor, três refrãos": nesta frase está perfeitamente expressa a diferença que estamos discutindo entre samba folclórico e popular. Para Máximo e Didier, assim como para outros autores e para os profissionais da música popular, um "refrão" ainda não é propriamente um "samba". Assim, um livro publicado em 1984 sobre o Salgueiro, diz do samba "Arrependimento", de Antenor Gargalhada (feito na década de 1930 e gravado na década de 70), que teve sua "segunda parte feita 40 anos depois pelo compositor João Melo, pois o autor o deixara *incompleto* [grifo meu]".[51]

No entanto, se as escolas de samba se chamavam assim, é óbvio que, para elas, o que faziam eram mesmo sambas, e não, como para outros, "refrãos", "pedaços de samba" ou "sambas incompletos". Essas expressões, tantas vezes empregadas na literatura atual para falar de sambas cariocas dos anos 1930, são evidentes anacronismos. Trata-se de uma diferença conceitual: o samba folclórico, como vimos, era em primeiro lugar a situação festiva; mas era também cada um dos estribilhos que se cantava, seguido das improvisações (que não podiam identificar os sambas por não serem particulares a um estribilho dado). No contexto profissional, ao contrário, o samba é reificado, ganha autonomia em relação às pessoas que o criam — é por isso que começa a poder ser roubado e depois vendido. Como objeto independente, ele precisa demarcar as suas fronteiras: não mais o espaço aberto da improvisação, mas as duas partes definidas de uma vez por todas, letra e música devidamente escritas, publicadas e gravadas.

3. De malandro a compositor

Vimos acima, ao falar do livro de Orestes Barbosa, que o autor considerava o samba expressão viva de um personagem da vida carioca: o malandro. Este se define em primeiro lugar por sua relação esquiva com o mundo do trabalho: trabalha o mínimo possível, vive do jogo, das mulheres que o sustentam e dos golpes que aplica nos otários, sua contrapartida bem-comportada.

Orestes não era o único a associar samba e malandros, ao contrário. No período que nos interessa aqui, o final dos anos 1920 e início dos 1930, tal associação será feita pelo senso comum, pela imprensa do Rio de Janeiro e pelas próprias letras das canções.

Mas as características que definem este personagem não eram exatamente novas. É mais realista concebê-lo como último (?) avatar de uma linhagem que vinha pelo menos do século XIX. Eis porque começaremos nossa abordagem do malandro por uma visita às suas encarnações anteriores, com o que, espero, sua compreensão será facilitada.

* * *

Em 1830, Gabriel Fernandes Trindade publicou um lundu para voz e piano intitulado "Graças aos céus", cuja letra dizia:

> Graças aos céus de vadios
> As ruas limpas estão
> Deles a casa está cheia,
> A casa da correção
>
> (Refrão:)
> Já foi-se o tempo de mendigar,
> Fora vadios, vão trabalhar
>
> II
> Sr. Chefe da polícia,

Eis a nossa gratidão
Por mandares os vadios
À casa da correção

(Refrão)

III
Sede exato, pois Senhor
Em tal deliberação,
Que muita gente merece
A casa da correção.

Na letra deste lundu já aparece um personagem importante na galeria da canção popular brasileira, que em diferentes épocas será conhecido por nomes diferentes, mas que guardará sempre uma característica fundamental, ou seja, a esquivança em relação ao mundo do trabalho. A posição que tal personagem ocupa no interior do discurso da canção popular também varia. No caso citado, ele é chamado de "vadio", e aparece como elemento de discurso alheio: não é ele quem detém a palavra, ao contrário, o texto é enunciado por um não vadio, ou mesmo um antivadio, que aparentemente se regozija do fato de que todos os vadios tenham sido recolhidos à prisão. Numa primeira leitura, o texto teria pois um teor moralista, contrariando frontalmente a veia satírica dos lundus examinada em capítulo precedente.

A última estrofe, no entanto, traz um elemento que põe em cheque uma leitura em primeiro grau deste lundu. Se é verdade que todos os vadios já estão recolhidos à casa de correção, qual o sentido de pedir ao chefe de polícia que seja exato em sua deliberação? Ao dizer que "muita gente merece a casa de correção", o lundu sugere inequivocamente que não é apenas dos vadios *stricto sensu* que se fala, mas também de outros tantos aproveitadores do trabalho alheio. Deste ponto de vista, se voltarmos à primeira estrofe, veremos que sua construção é ambígua o suficiente para deixar também em suspenso de qual "casa" se trata: "deles a casa está cheia", se diz, para só depois especificar, possivelmente com uma piscadela do intérprete: "a casa da correção"...

Essa segunda leitura do texto, onde o moralismo se converte em sátira, e o presumido antivadio, se não em vadio duma vez, ao menos em simpatizante declarado da vadiagem, teria sido sem dúvida reforçada pela interpretação gestual e cênica adequada. Mas ela também se coaduna perfeitamente com o gênero musical escolhido que, como vimos, expressa frequentemente na sua comicidade uma simpatia (mesmo que complacente) em relação aos deserdados da sociedade (ali os escravos, aqui os vadios, duas faces de uma sociedade onde o trabalho não é meio de vida, mas opressão violenta).

Em outros momentos, no entanto, é expressa sem duplos sentidos essa simpatia mútua entre a música popular e o vadio — a qual tem lugar sob o olhar vigilante do chefa de polícia, ao mesmo tempo que desperta a fascinação de um público cujas posses lhe permitiam ter um piano e comprar partituras. "Quem passa a vida a tocar viola e beber cachaça não pode fazer senão desordens": essa frase aparece num romance de 1885, na boca de um coronel.[1] No quadro da cultura brasileira, a lógica é irretocável — os antecedentes são a viola e a cachaça, e o consequente, as desordens. O vínculo entre os dois primeiros é de tal ordem que nenhum deles pode ser substituído sem prejuízo da inteligibilidade: não funcionaria, por exemplo, "tocar *piano* e beber cachaça", ou "tocar viola e beber *champanhe*". A viola e a cachaça, o instrumento e a bebida populares, é que são os ícones do vadio, cuja recusa do trabalho numa sociedade escravagista equivale a uma incitação à desordem.

Importante encarnação do vadio foi o capadócio, que recebe uma boa descrição neste romance de 1875:

> Resta-nos esboçar outro tipo de que já falamos algures; o cantor e tocador de viola dos batuques — o capadócio —. O capadócio, como o nome indica, vivia em santo ócio, tinha vida folgada e férias perpétuas; era de ordinário valentão e espadachim; afora essas qualidades tinha outras prendas que o tornavam complemento natural e necessário dos folguedos de que falamos. Tocava mais ou menos perfeitamente viola, guitarra e bandolim, era magistral no lundu, no fado, a que chamamos rasgado e nas cantigas correspondentes cantava ao desafio, improvisava ...[2]

O autor acrescentava em seguida que esses capadócios "viviam em bródios intermináveis", porque "os convites eram tantos e tão instantes que só havia a dificuldade da escolha". Encontramos outra descrição do capadócio nas *Memórias de um sargento de milícias*:

> Havia um endiabrado e importante patusco que era o tipo perfeito do capadócio daquele tempo, sobre quem há muitos meses andava o major [Vidigal, o chefe de polícia] de olhos abertos ... Gozava de reputação de homem muito divertido, e não havia festa de qualquer gênero para a qual não fosse convidado. Em satisfazer estes convites gastava todo o seu tempo .... Tocava viola e cantava muito bem modinhas, dançava o fado com grande perfeição.[3]

Assim, o capadócio associa as desordens ("valentão e espadachim", "endiabrado patusco") à viola; quanto à cachaça, mesmo se não é mencionada explicitamente, está implícita na alusão às festas intermináveis. A fartura dos convites ("só havia a dificuldade da escolha") é evidente sintoma da popularidade do capadócio, possivelmente mesmo junto a pessoas de melhor situação econômica ("festas de qualquer gênero"). Tema que reaparece muito mais tarde, nos anos 1930, na biografia de Noel Rosa: "Noel se aproxima. Tira do bolso um punhado de papéis. São cartões, impressos, recortes, folhas soltas que ele vai lendo e separando. '— Sabem o que eu tenho aqui? Uma porção de convites para festas. No Centro, no Grajaú, na Tijuca'."[4] A diferença é que, como veremos a seguir, na época de Noel já avançara o processo de separação entre viola, cachaça e desordens: a música popular se profissionalizava. Na época de Noel, também, já não se falava em capadócio. O novo nome do "vadio" era: malandro.

A mais antiga alusão impressa que conheço à malandragem já tem relação com a música popular: trata-se da coletânea de modinhas e lundus de Eduardo das Neves, publicada em 1904, que se intitulava *O trovador da malandragem*.[5] Mas é no final dos anos 1920 que ela aparece como um tema recorrente nas letras de samba, popularizando o personagem do malandro e tornando-o quase um sinônimo de sambista. Quando o jornal *O Mundo Sportivo* promove em 1932 a primeira competição oficial das escolas de samba, é assim que anuncia o evento: "... os príncipes da melodia do malandro, as 'altas patentes' do samba concorrerão ao grande campeonato. ... O público que conhece o malandro pelo disco ainda não sentiu, talvez, o sabor que tem a melodia na boca do próprio malandro" etc.[6] O samba é definido pois como a "melodia do malandro", como a expressão musical — ou a "alma sonora" — deste personagem, exatamente como no livro de Orestes Barbosa que citamos atrás. Outra reportagem, esta publicada em 1933 no *Diário Carioca*, afirmava: "O morro é a catedral do samba. É lá, na simplicidade pitoresca das ribanceiras maltratadas que os seus fiéis — os malandros — vão fazer suas preces fervorosas nas horas de aflição e de desdita."[7]

O momento em que se instaura essa identidade entre sambista e malandro é, como já terá notado o leitor, o mesmo em que ocorreu a mudança estilística que nos ocupa. Cláudia Matos já havia notado isso ao escrever que "a noção de malandro está associada à de sambista desde os anos 1920. A associação é simultânea ao processo de derivação do samba para sua versão rítmica 'moderna', aquela que se divulgou a partir dos fins da década de 1920 nas criações do pessoal do Estácio".[8]

Matos também nota que "a existência de um grupo de pessoas mais ou menos vasto que consegue sobreviver à custa dos outros (dos 'otários'), usando de expedientes mais ou menos ilícitos, não é exclusiva das décadas de 1930 e 1940, nem do Rio de Janeiro, nem mesmo das classes populares".[9] Assim, pois, equivalentes do malandro e do capadócio brasileiros são o *milonguero* portenho, o *negro curro* cubano ou o *guapo* andaluz[10] — todos personagens que compartilham certas características de rejeição ao trabalho, de delinquência e de uma "ética" particular. Por outro lado, a singularidade do malandro — e sua importância no contexto do presente trabalho — viria de sua associação ao samba, e precisamente, ao samba na sua versão moderna. O que tentarei mostrar no restante deste capítulo é, em primeiro lugar, que tal associação não era apenas externa, mas aparecia no próprio texto dos sambas; e, em segundo lugar, que vista assim, de dentro, ela se revela problemática: ao contrário do que pensava Barbosa e do que parecia pensar o público em geral, o samba-malandro era também um samba em conflito com a malandragem.[11] De todo modo, veremos que não se pode dissociar o novo *élan* tomado pelo samba nos anos 1930 da sua temática malandra, que foi decisiva na caracterização do estilo novo.

* * *

Começaremos pela análise de um grupo de oito sambas gravados entre 1927 e 1931 por Francisco Alves (com exceção de um, gravado por Mário Reis). O primeiro deles já foi mencionado: trata-se de um samba assinado por Sinhô, conhecido como "Ora vejam só", que foi o grande sucesso do carnaval de 1927. Seu estribilho dizia:

> Ora vejam só
> A mulher que eu arranjei!
> Ela me faz carinhos até demais
> Chorando, ela me pede:
> "Meu benzinho,
> Deixa a malandragem se és capaz."[12]

Este samba é referido por Vagalume, que transcreve a letra; mas o título que lhe dá, e repete quatro vezes em duas páginas, como se fosse o único que conhecesse, é "A malandragem".[13] Ora, o primeiro samba de um compositor do Estácio a ser gravado tinha exatamente o mesmo título. Era de Bide e foi lançado no início de 1928 (também por Francisco Alves).[14]

As conexões deste samba assinado por Sinhô com a turma do Estácio não se limitam à sua data, temática e título, mas atingem também a disputa em torno da autoria: como vimos, Heitor dos Prazeres, que nessa época tinha o apelido de "Lino do Estácio" por viver naquele bairro, afirmava ter composto o estribilho, acrescentando um terceiro título à história: "Deixa a malandragem se és capaz."[15]

Já sabemos que esta não foi a única disputa autoral entre Sinhô e Heitor dos Prazeres. Em 1927, Francisco Alves grava um maxixe assinado por Sinhô e Bastos Tigre, cujo título era "Cassino maxixe". A composição não faz sucesso. Sinhô faz novos versos, muda o título e o gênero: o samba "Gosto que me enrosco", assinado somente por Sinhô, será gravado por Mário Reis com grande sucesso no ano seguinte.[16] E, ainda uma vez, Heitor dos Prazeres reivindicará a autoria de uma parte do samba, a primeira na gravação de Mário Reis.[17] Essa reivindicação de autoria parece ser bem fundada: o biógrafo de Sinhô, Edigar de Alencar, afirma mesmo que este teria pago uma parte dos direitos autorais devidos a Heitor dos Prazeres pelo samba.[18] A *EMB* também registra a parceria.[19] Eis o trecho da letra que seria de Heitor dos Prazeres:

Não se deve amar sem ser amado
É melhor morrer crucificado
Deus me livre das mulheres de hoje em dia
Desprezam o homem só por causa da orgia.

A "orgia", aqui como em inúmeros outros sambas do Estácio, é um sinônimo de vida boêmia, do modo de vida apreciado pelo malandro. "Orgia", neste contexto, é quase sinônimo de malandragem — trata-se sempre de um estilo de vida, considerado no primeiro caso do ponto de vista do objeto, e no segundo do ponto de vista do sujeito:

A malandragem
Eu vou deixar
Eu não quero outra vez a orgia.

é o início do samba de Bide mencionado acima.

Os dois estribilhos reivindicados por Heitor dos Prazeres possuem um tema comum: a presença de uma mulher que recusa o modo de vida adotado pelo protagonista. Num caso, pede que deixe a malandragem, e, no outro, o despreza porque vive na orgia. Só muda a tática, lamentosa no primeiro ("chorando, ela me pede: 'meu benzinho' etc."), desprezo puro e simples no segundo. Mas a incompatibilidade entre "mulher" e "orgia" fica em ambos estabelecida.

Tal incompatibilidade é um tema recorrente, que permite situar estes dois sambas dentro de um grupo típico do universo do Estácio. Ao mesmo grupo pertence "Não é isso que eu procuro" (Silva-Alves 1928), cujo refrão diz:

Eu juro que hoje em dia
Mulher sendo da orgia
Não quero mais.

Aqui a incompatibilidade entre os dois termos também existe, mas sob forma diferente. A conjunção hipotética entre mulher e orgia é rejeitada pelo homem, tal como, nos exemplos anteriores, este dizia que a mulher rejeitava a conjunção dele com a orgia. A simetria é reforçada pela presença da expressão "hoje em dia", pois se em "Gosto que me enrosco" se dizia que "as mulheres de hoje em dia desprezam o homem só por causa da orgia", em "Não é isso que eu procuro" o protagonista é um homem *de hoje em dia* que despreza a mulher por causa da orgia.

Finalmente, em "Se você jurar" (Silva-Bastos-Alves 1931), ouve-se também no refrão:

Se você jurar
Que me tem amor
Eu posso me regenerar
Mas se é
Para fingir, mulher
A orgia assim não vou deixar.

Por "regenerar-se", entenda-se: deixar a malandragem. Aqui, ou bem o protagonista obtém a jura de amor da mulher e deixa a orgia, ou bem considera fingida a atitude feminina e abandona a ilusão amorosa, perseverando na vida dissoluta. Em todos os casos, a conjunção do protagonista masculino com a mulher implica no abandono — por parte de um ou de outro, pouco importa — da orgia; e vice-versa, a conjunção de qualquer dos dois com a orgia implica o abandono da união amorosa.

Cabe considerar ainda a sequência do refrão de "A malandragem" (Bide-Alves 1928), de que já citei os três primeiros versos:

... Mulher do meu bem querer
Esta vida não tem mais valia.

O protagonista começara afirmando que ia deixar a malandragem; dois versos mais tarde percebemos que está em conjunção com uma mulher, e é por isso que não dá mais valor à vida na orgia.

Um segundo grupo de sambas trata de outra incompatibilidade: a que opõe malandragem e trabalho. O exemplo mais direto é "O que será de mim" (Silva-Bastos-Alves 1931):

Se eu precisar algum dia
De ir pro batente
Não sei o que será

Pois vivo na malandragem
E vida melhor não há.

Este samba ocupa posição complementar à de outro dos mesmos autores e ano, "Nem é bom falar":

Nem tudo que se diz se faz
Eu digo e serei capaz
De não resistir
Nem é bom falar
Se a orgia se acabar.

O protagonista diz que é capaz de morrer se a orgia se acabar, mas não diz por que ela acabaria. No samba anterior, inversamente, não diz o que lhe aconteceria se fosse obrigado a trabalhar, mas deixa claro que é essa a eventualidade que espreita sua vida na malandragem. Ambos os sambas tratam da ameaça fatal à orgia; mas o primeiro só menciona sua causa, e o segundo só sua consequência. A parte que falta em cada um é substituída por uma negação: no primeiro caso, "não sei o que será [de mim]", no segundo, "nem é bom falar". Tal negação constitui nos dois casos o próprio título do samba. É como se o enunciado inteiro fosse demasiado assustador para ser contido em um só samba.

Finalmente, vou recorrer a um samba de Gradim, que era da Mangueira, cujos compositores, como os de outros morros do Rio de Janeiro, sofreram como vimos muita influência de Ismael Silva e seus amigos. Trata-se de "Nem assim", onde o protagonista finalmente abandona a malandragem, mas para arrepender-se no momento seguinte:

Ai, minha vida
Oh Deus, tenha pena de mim
Deixei a maldita malandragem
Para ver se endireitava
Mas, nem assim.

No refrão deste samba, a malandragem aparece em seu aspecto negativo, que é suprimido nos outros casos do mesmo grupo. Ela é mesmo amaldiçoada e em parte responsabilizada pela má situação do protagonista ("ai, tenha pena de mim"), levando-o a abandoná-la e a aderir ao trabalho. Ao contrário de "Nem é bom falar" e "O que será de mim", onde tal adesão era apresentada como fruto de uma fatalidade, aqui existe uma dimensão de escolha racional: o protagonista faz uma experiência "para ver se endireita", isto é, melhora de vida. O "nem assim" do título diz que nem mesmo essa medida extrema deu resultado. Nas segundas partes, como se pode suspeitar, ele anuncia sua volta atrás:

Vou voltar à vida antiga
Pra tornar a ser feliz.

A decepção com o mundo do trabalho transfigura a situação anterior, e a malandragem, de "maldita", passa a ser fonte de felicidade.

Uma vez apresentados os oito sambas em dois grupos separados, vejamos o que constitui sua unidade. Esta não se encontra tanto no fato de que todos falem de malandragem e/ou orgia: meu ponto de vista é que nos sambas do Estácio a malandragem é mais do que uma palavra, é propriamente uma temática, pois se articula a uma rede de questões. A temática malandra que encontramos nos dois grupos de sambas analisados é, de fato, a do *fim da malandragem*, tal como enunciado por um sujeito lírico que *se identifica com ela*. Em quatro dos oito sambas estudados ("Ora vejam só", "A malandragem", "Se você jurar", "Nem assim"), a ação do protagonista é literalmente "deixar a malandragem", ou a orgia no caso do terceiro. Ação que alguém exige que ele empreenda ("Ora vejam só"), que ele mostra a intenção de empreender ("A malandragem"), que gostaria de empreender caso se cumpra determinada condição ("Se você jurar"), e que finalmente empreende de fato, mesmo ao preço do arrependimento ("Nem assim"). Esses quatro sambas são portanto variantes sintagmáticas do paradigma "vou deixar a malandragem".

Nos outros, como espero ter mostrado, embora a expressão "deixar a malandragem" não compareça literalmente, a presença do mesmo paradigma pode ser facilmente deduzida. Nos dois sambas do grupo relativo ao trabalho, as hipóteses em torno das quais o refrão é construído são "se eu precisar ir pro batente" ("O que será de mim") e "se a orgia se acabar" ("Nem é bom falar"), que são traduções de "se eu (for obrigado a) deixar a malandragem". Os dois sambas que restam ("Gosto que me enrosco" e "Não é isso que eu procuro") pertencem ao grupo relativo ao amor, e sua simetria ficou demonstrada acima. Neles, ora é o homem ora a mulher que são desprezados pelo seu par, por ser da orgia, isto é, por não ter deixado a malandragem, como parece ser a exigência dos tempos de "hoje em dia".

* * *

Nos parágrafos anteriores ficaram estabelecidos, ao mesmo tempo, a importância da temática da malandragem no estilo novo e o caráter problemático dessa temática, que é ao mesmo tempo a do abandono da malandragem. Podemos examinar agora o papel que tal temática desempenhou, se é que desempenhou algum, entre os sambistas do estilo antigo. Comecemos por Sinhô.

"Ora vejam só" e "Gosto que me enrosco" são dois dos sambas de maior sucesso de Sinhô, e falam de malandragem, mas a argumentação desenvolvida acima trouxe novos argumentos para sustentar a reivindicação de autoria por parte de Heitor dos Prazeres quanto a eles. Por isso deles não se tratará aqui. Mas Sinhô também menciona a palavra em outros sambas, entre os quais o mais conhecido é "A Favela vai abaixo":

Minha cabocla, a Favela vai abaixo
Quanta saudade tu terás deste torrão
...
Que saudades ao nos lembrarmos das promessas
Que fizemos constantemente na capela
Para que Deus nunca deixe de olhar
Para nós da malandragem e do morro da Favela.[20]

Como se vê, não há aí nenhum dos ingredientes típicos da temática malandra tal como a defini. Nada mais distante dos sambas do Estácio que as alusões às saudades do torrão e às promessas na capela. Além do mais, o protagonista e sua cabocla pertencem ambos à malandragem, sem que ocorra a nenhum dos dois protestar ou desprezar o parceiro. Na verdade, os malandros só entram neste samba porque, segundo um lugar-comum da época, os morros do Rio de Janeiro eram habitados por eles.

Outro exemplo é "Ave de rapina", gravado por Francisco Alves em 1930. Uma das segunda partes diz:

Tenho certeza
Que o mundo vai te ensinar
A malandragem
Não tarda muito a acabar.

Como nos sambas do Estácio, o fim da malandragem é anunciado; à diferença daqueles, o sujeito do texto se regozija com isto. Mas há um detalhe interessante a notar. Este samba já havia sido lançado no carnaval de 1924, mas então não se falava em malandragem. A estrofe correspondente dizia:

Formaste pulo
Como a onça mais ligeira

Fizeste capa
Da nossa pura bandeira.[21]

Quando ele é retomado por Francisco Alves em 1930, a moda da malandragem sugere a substituição, quem sabe se iniciativa do próprio cantor, que andava como vimos às voltas com o tema.

Também há menções à malandragem em "Alta madrugada", "cena cômica" gravada em 1930, e à orgia em "Que vale a nota sem o carinho da mulher", samba de 1928; mas trata-se em ambos de menções isoladas, que me dispenso de citar. Mais interessante é o caso de "Fala macacada" (1930), que põe em cena a batucada, jogo de destreza a que já fizemos alusão:

Refrão:
Leva, leva, se tens perna pra levar
Não há malandro que possa me derrubar (bis)

Segundas:
I
Eu sou é bamba
Ô macacada
Eu sou do samba
E também da batucada

II
Sou carioca
Da velha guarda
Não uso arma
Tenho fé numa pedrada.

Na batucada, um contendor fica parado e o outro tenta derrubá-lo com um golpe de perna chamado de pernada. É a isso que alude o refrão. O segundo verso é a resposta do contendor que espera o golpe, jactando-se de que ninguém pode derrubá-lo. No último verso da segunda estrofe, "pedrada" está por "pernada", palavra que aliás acabou transformando-se, principalmente no Rio de Janeiro, na própria designação do jogo.[22] A alusão demasiado direta teria sido censurada, provavelmente pelo próprio Sinhô.

O samba não se enquadra no paradigma descrito acima, mas é bom notar que a pernada era o esporte predileto dos malandros cariocas dos anos 1930. Como já conhecemos os hábitos de Sinhô, avento a hipótese de que este samba tenha origem num verdadeiro refrão de batucada, o que parece verossímil quando se o compara com os que são citados pelos pesquisadores.[23]

Vemos portanto que Sinhô, no final da década de 30, se apropria em parte do vocabulário que viria a caracterizar o novo estilo, sem que possa ser confundido com ele. Aliás, fará questão de se demarcar dele numa entrevista dada em 1930:

> A evolução do samba! Com franqueza, eu não sei se ao que ora se observa, devemos chamar evolução. Repare bem as músicas deste ano. Os seus autores, querendo introduzir-lhes novidades ou embelezá-las, fogem por completo ao ritmo do samba. ... E lá vem sempre a mesma coisa. "Mulher! Mulher! Vou deixar a malandragem." "A malandragem eu deixei."[24]

Nessa entrevista, Sinhô observa exatamente o que estou tentando mostrar: a ligação entre a mudança estilística (na qual, como ele nota, a mudança rítmica é decisiva) e a temática malandra. Aliás, o samba citado acima, "Fala macacada", também pode ser lido como um desafio aos recém-chegados por parte de um "carioca da velha guarda", de um "bamba", a cantar, confiante: "não há malandro que possa me derrubar".

Em Donga, outro representante do estilo antigo, encontramos um exemplo de samba com referência à malandragem: trata-se de "Foram-se os malandros", gravado por Francisco Alves em fevereiro de 1928.[25] Ele se divide em duas partes nitidamente diferentes. O refrão é uma quadra que me leva a suspeitar de nova apropriação de temas folclóricos por parte de Donga:

> Minha casa foi abaixo
> Meu cachorro se perdeu
> A mulher que eu mais amava
> De desgosto já morreu.

As segundas, em vez de dar sequência às queixas ou explicar as razões dessas desgraças, mudam de ângulo, assumindo uma posição exterior ao personagem que sofre, que agora é designado malandro:

> Os malandros da Favela
> Não tem mais onde morar
> Foram uns pra Cascadura
> Outros para Circular.

Este samba, como o já citado "A Favela vai abaixo", de Sinhô, considera que os habitantes do morro da Favela, cuja "casa foi abaixo", eram os malandros.* Mas os de outros morros também:

---

* Como se sabe, a palavra *favela* se transformaria depois em nome genérico. As habitações pobres que ali se erguiam teriam sido derrubadas em 1927, ensejando os comentários dos dois sambas.

Os malandros de Mangueira
Que vivem da jogatina
São metidos a valentões
Mas vão ter a mesma sina.

Aqui começa a se expressar certa antipatia em relação aos malandros que torna-se indiscutível na última estrofe:

Mas eu hei de me rir muito
Quando a Justiça for lá
Hei de ver muitos malandros
A escorrer, a se mudar.

A ótica na qual Donga vê os malandros neste samba é evidentemente negativa. O mesmo se dá com João da Baiana em seu depoimento ao Museu da Imagem e do Som. Lá, ele afirma que se recusou a viajar à Europa em 1922 com o conjunto "Os oito batutas" para não trocar a segurança de seu emprego por uma aventura incerta — o que parece uma atitude antimalandra. Com efeito, o entrevistador pergunta em seguida: "Quer dizer que este negócio de sambista malandro não é com você?", e João responde sem hesitar: "Claro que não!"[26]

Mas há um detalhe curioso. Esse emprego que João da Baiana não queria perder era o de fiscal da estiva, conforme se lê na mesma entrevista.[27] Ora, segundo o depoimento de Moreira da Silva recolhido por Cláudia Matos, a fiscalização da estiva, trabalho onde não se "pega no pesado", seria justamente um exemplo de "profissão de malandro"![28] Vê-se assim que o perfil "objetivo" de João da Baiana coincide perfeitamente com o dos malandros: mestiço, oriundo de um meio economicamente desfavorecido, festeiro, sambista, preso "várias vezes por tocar pandeiro",[29] ganhando a vida sem "pegar no pesado". Apesar disso, ele, como seus companheiros de geração, não escolheu a etiqueta do malandro como pertinente à sua definição identitária. Assim se evidencia que a malandragem, mais do que uma posição objetiva, é uma construção imaginária pela qual um grupo se reconhece e é reconhecido socialmente.

4. O feitiço decente

Como já foi dito, a adoção da malandragem como definição identitária pela geração de sambistas que criou e desenvolveu o novo estilo não se fez sem conflitos. O primeiro deles foi analisado antes: vimos que a temática malandra, num grupo significativo de sambas, era ao mesmo tempo a do abandono da malandragem. O outro conflito a que quero me referir — e que nos ocupará um pouco mais longamente — encontrou sua expressão num debate, através de letras de sambas, entre Noel Rosa e Wilson Batista.

Em 1933, Batista compôs o samba "Lenço no pescoço", que começa por uma descrição física da figura do malandro:

Meu chapéu de lado
Tamanco arrastando
Lenço no pescoço
Navalha no bolso
Eu passo gingando
Provoco e desafio
Eu tenho orgulho
De ser tão vadio.[1]

Aqui o malandro é visto em sua indumentária e atitude corporal típicas: chapéu de lado, tamanco, lenço, navalha e a famosa ginga, a maneira de andar bamboleando o corpo e arrastando os pés. Notemos, em primeiro lugar, que essa descrição corresponde fielmente à descrição do capadócio que encontramos no já citado romance *O cortiço*: trata-se do personagem de Firmo, que já no final do século XIX usava o "chapéu de lado" ("chapéu de palha, que ele punha de banda, derreado sobre a orelha esquerda"), o "lenço no pescoço" ("e ao pescoço, resguardando o colarinho, um lenço alvo e perfumado") e a "navalha no bolso" ("e então o mulato ... erguera o braço direito, onde se viu cintilar a lâmina de uma navalha").[2] Apesar de todos estes pontos comuns, Firmo é definido como capadócio, e não como malandro.[3] Vê-se assim mais uma vez que a definição de malandro passa por algo além da simples coleção de traços exteriores. Mas voltemos a "Lenço no pescoço":

Eu sou vadio
Porque tive inclinação
Eu me lembro, era criança
Tirava samba-canção.

O malandro, como o capadócio, tem na música um dos seus ingredientes necessários. A inclinação natural para a malandragem é avaliada pelo gosto pelo samba, já desde criança. Ora, se de Firmo se diz que "nasceu no Rio de Janeiro", da música que faz se dirá que "é baiana".[4] De fato, talvez o único traço que faltava para caracterizar o capadócio como malandro fosse efetivamente o emblema sonoro irrecusavelmente carioca que lhe será dado com a mudança estilística que é nosso tema. Assim, a qualificação do malandro como um personagem distinto na cultura carioca vai passar por uma nova qualificação do próprio samba: a criação do novo estilo, identificado num primeiro momento ao bairro do Estácio de Sá.

Falei de um conflito, detonado por este samba, entre seu autor e Noel Rosa, em torno da questão da malandragem como definição identitária. É que Batista faz seu personagem exibir ostensivamente os sinais exteriores de sua identidade: ele provoca, desafia e espalha aos quatro ventos seu orgulho de ser como é. Noel, por seu turno, revela em alguns de seus sambas preferência por estratégia mais discreta. O principal destes sambas é "Feitiço da Vila" (1934), talvez seu samba mais famoso.* Trata-se de uma homenagem a Vila Isabel, bairro onde nasceu e viveu seu compositor, na zona norte do Rio de Janeiro, e às qualidades do samba ali praticado:

A Vila tem
Um feitiço sem farofa
Sem vela e sem vintém
Que nos faz bem
Tendo nome de princesa
Transformou o samba
Num feitiço decente, que prende a gente.[5]

---

* É o mais gravado, para falar em termos objetivos. Máximo e Didier recenseiam 76 gravações! A única música de Noel mais gravada que "Feitiço da Vila", de acordo com o exaustivo levantamento feito por estes autores (*Noel Rosa*, p.497-516), é "As Pastorinhas", que não é samba mas marcha-rancho.

O samba é aqui diretamente identificado a um feitiço. Esta palavra é usada no Brasil também para designar as oferendas deixadas nas encruzilhadas com finalidades mágicas, geralmente no quadro das religiões afro-brasileiras. Essas oferendas constavam muitas vezes de comida ("farofa"), velas e moedas ("vintém"). A alusão ao "nome de princesa" refere-se à princesa Isabel, filha do imperador Pedro II, a qual assinou o decreto que extinguiu a escravidão no país em 1888 (um ano antes da Proclamação da República).

"Feitiço da Vila" postula pois uma relação, através do nome, entre a *Vila* e a *Princesa* Isabel. Tal relação justifica o fato de que a primeira tenha transformado o samba, que por sua vez é posto em relação com o feitiço; este, aos olhos de parte da elite brasileira, era representante das práticas dos negros em seu aspecto ameaçador. O que fica implícito é que o que a Vila faz com o samba é de algum modo equivalente ao que a Princesa fez com os negros abolindo a escravidão. Existe aí uma analogia entre o direito à cidadania por parte do negro e por parte do samba.

Vejamos mais de perto as transformações que, segundo Noel, a Vila efetuou no samba. Continuando a ser sempre um feitiço, ele passaria a estar desprovido dos sinais exteriores deste: a farofa, a vela e o vintém. A ser um feitiço mais espiritualizado, como um remédio homeopático, em que a ausência física da substância eficiente pode representar um incremento de sua presença energética, destilada, purificada e por isso muito mais potente. O feitiço ganharia assim em força o que perde em aparência, em concretude. Sem vela, farofa ou vintém, é feitiço em estado puro, feitiço sutilíssimo, dificultando até aos virtuais enfeitiçados porem-se em guarda contra ele. O que é este feitiço senão a própria música?

E é assim que o samba se transforma: feitiço, porém decente. A palavra "decente" denota principalmente aceitação social; a chancela da Princesa nos informa que não há nada errado em gostar de samba, nada que não possa ser assumido na sala de visitas das melhores famílias. Mas toda essa transformação que Noel vê no samba não altera, segundo ele, sua essência enfeitiçante: sua capacidade de "prender a gente". Esta frase final da estrofe funciona como antítese da ideia inicial que propusemos (o paralelo entre a Vila e Isabel, a Redentora). A doce vingança dos negros libertos é produzir uma música que escraviza quem a escuta: decente, porém feitiço.

Essas observações apontam para o problema mais amplo das relações entre a chamada "cultura negra" e a cultura dominante brasileira. O fim da escravidão tem consequências óbvias nestas relações: momento da igualdade jurídica de negros e brancos como cidadãos, como povo indiferenciado, e logo mais como membros de uma República. Já sua consequência na música, com algumas décadas de atraso, é o surgimento da "música popular", que neste sentido não se opõe apenas a "música folclórica" mas também a "música negra". De fato, ela tem como exigência a destruição das fronteiras, a começar pelas internas ao próprio país. Isto pode ser observado em outro trecho de "Feitiço da Vila":

> Lá em Vila Isabel
> Quem é bacharel
> Não tem medo de bamba
> São Paulo dá café,
> Minas dá leite
> E a Vila Isabel dá samba.

O bacharel — no Brasil, um símbolo da cultura letrada, branca, europeia. O bamba — seu equivalente na cultura mestiça carioca. A Vila aparece como o espaço utópico de confraternização dos dois, espaço que é logo projetado para o conjunto do país: o samba é apenas um "produto" a mais, mais uma riqueza que se soma ao leite e ao café, principais produções dos estados de Minas e São Paulo. Ele defende seu direito de participar do mercado, de entrar nas prateleiras do patrimônio nacional. Não é mais signo de exclusão, de separação, mas diferença que soma. Ao mesmo tempo, suaviza a alternativa demasiado radical entre o café, que é preto, e o leite, que é branco, propondo-se a si mesmo como um misto.

A ideia de um feitiço decente é paradoxal no quadro da cultura brasileira. Paradoxos similares aparecem com frequência nos sambas de Noel. Já falamos de outro no próprio "Feitiço da Vila", o que propõe a confraternização do bamba e do bacharel. Nos próximos parágrafos, examinarei outros casos assim, que nos permitirão compreender melhor a divergência de Noel Rosa com o samba "Lenço no pescoço".

Comecemos por uma entrevista dada em 1935:

> A princípio, o samba ... era considerado distração de vagabundo. Mas o samba estava bem fadado. Desceu do morro, de tamancos, com o lenço ao pescoço, vagou pelas ruas com um toco de cigarro apagado no canto da boca e as mãos enfiadas nas algibeiras vazias e, de repente, ei-lo de fraque e luva branca nos salões de Copacabana.[6]

Os signos do malandro em sua indumentária são aqui, por um lado, contrapostos aos signos da elegância (fraque e luva branca); e, por outro, postos em paralelo com signos geográficos: o morro equivale ao lenço no pescoço, e Copacabana aos trajes elegantes. Já falei e à frente voltarei a falar da indumentária, mas aqui vamos nos deter um pouco no aspecto geográfico da questão.

Os morros do Rio foram, desde o início do século XX, ocupados por uma população de baixa renda que fugia dos aluguéis cada vez mais caros dos bairros tradicionais. Desprovidos dos serviços básicos (água, luz, esgoto), pouco frequentados pela polícia, sem escolas, igrejas ou postos de saúde, eles cresceram como comunidades à parte, olhadas com desconfiança. Embora teoricamente fizessem parte da cidade, pois se encontravam dentro dela, faltava-lhes tudo aquilo que a definia positivamente, a começar por ruas calçadas e casas de alvenaria. Eles foram, desde os anos 1920, lugares privilegiados do samba. Vagalume, em seu livro de 1933, *Na roda do samba*, dedica toda uma segunda parte (p.139-233) à "vida nos morros": o do Querosene, o da Mangueira, o de São Carlos, o do Salgueiro, o da Favela (este o de ocupação mais antiga, cujo nome tornou-se um designativo genérico).

"Copacabana", ao contrário, era na época uma parte "chique" do Rio, com poucas casas, de famílias ricas. O bairro também é mencionado no samba "O 'x' do problema" (1936), e o sentido é aproximadamente o mesmo:

> Você tem vontade
> Que eu abandone o Largo do Estácio
> Pra ser a rainha em um grande palácio
> E dar um banquete uma vez por semana
> Nasci no Estácio
> Não posso mudar minha massa de sangue
> Você pode crer que palmeira do Mangue
> Não cresce na areia de Copacabana.

O canal do Mangue, ao lado do bairro do Estácio, era também a zona de baixo meretrício. Copacabana, onde a gente rica tinha seus grandes palácios e dava seus banquetes semanais, aqui é oposta àqueles, como acima era oposta ao morro. O que o Estácio — que aliás confinava e se confundia com o morro de São Carlos — tinha em comum com o "morro" era a presença do samba. No texto deste samba, Noel quer realçar a diferença e mesmo a incompatibilidade entre os dois bairros, representantes metonímicos de dois modos de vida: o burguês e o malandro.

Na entrevista citada acima, ao contrário, o que ele quer ressaltar é a capacidade de circulação do samba, personificado na figura do malandro que sai do morro, muda de roupa (como as circunstâncias exigem) e vai a Copacabana, o que não implica, está claro, em abandonar o Largo do Estácio.

A mesma ideia se expressa no samba "Cem mil réis" (1936), cujo título evoca a soma de dinheiro necessária para comprar um *soirée* (isto é, um vestido elegante, para frequentar as *soirées* da sociedade) e um tamborim. A pessoa em questão circula à vontade por ambos os tipos de ambiente, mas precisa comportar-se da maneira adequada a cada um:

> Não custa nada
> Preencher formalidade:
> Tamborim pra batucada
> *Soirée* pra sociedade.[7]

Mas a formulação clássica, não só no autor que nos ocupa, mas nas letras de samba em geral — e mesmo na cultura carioca — da oposição que apareceu até aqui como *morro* e *Estácio* versus *Copacabana*, está expressa em outro samba, dos mais famosos de Noel, cujo título evoca mais um paradoxo, pois ali se trata de um samba em "Feitio de oração" (1933):

> O samba, na realidade
> Não vem do morro, nem lá da cidade.

O "morro" e a "cidade": esta oposição reaparece em incontáveis outros sambas, antes e depois de "Feitio de oração", desde o já citado "A Favela vai abaixo" (Sinhô, 1927) até "O morro não tem vez" (Jobim e Vinicius, 1963). Ela aparece também na famosa manchete com a qual o jornal *O Mundo Sportivo* anunciava em 1932 a realização do primeiro concurso oficial de escolas de samba — "A alma sonora dos morros descerá para a cidade".

Se o samba "não vem do morro, nem da cidade", é porque existe um lugar que não é nem uma coisa nem outra, ou é as duas ao mesmo tempo; um lugar onde finalmente essa oposição, tão óbvia — infelizmente — para os cariocas de 1933 como para os de hoje, deixa de fazer sentido. Este lugar é por um lado a Vila, não a Vila real mas a utópica que Noel inventa na letra e na música de seus sambas (e, no mesmo gesto, torna também real, ao menos na medida em que a história lhe permite). Mas é também, como explica depois o mesmo "Feitiço de oração", o coração do compositor:

> ... o samba, então,
> nasce do coração.[8]

Noel joga com o lugar-comum que faz da música a expressão direta dos sentimentos. Assim fazendo, lembra que o resultado do trabalho do sambista (em cujo peito também bate um coração) é, em última análise, "música": algo a que finalmente a cultura contemporânea dá um estatuto similar ao de uma sinfonia, estando ambos devidamente representados no dicionário *New Grove*.[9]

Ao mesmo tempo, convém não esquecer que Noel fala aí em causa própria, contra a ideia dominante que via no samba um fenômeno exclusivo do morro, pois ele mesmo não era de lá. Era, já sabemos, de Vila Isabel, um bairro da planície, "predominantemente de classe média, pequeno-burguês, preocupado com a ascensão social, as convenções, as regras"[10]; e além disso, era de uma família que tinha recursos para pagar-lhe os estudos no São Bento, um colégio religioso de excelente reputação, e fazê-lo chegar à faculdade de medicina, a mesma carreira de seus bisavô, avô e tio[11]. Ou seja: era da parte de Vila Isabel que estava mais afastada do morro, do ponto de vista da situação social.

Sendo assim, optar pelo samba contra a medicina, algo que teria sido impensável uma geração antes, mesmo em 1930 causa decepção à família e espanto aos colegas de Noel. Na época, possuir um diploma universitário era algo de muito valorizado no Brasil. Seus detentores eram os já mencionados "bacharéis", ou "doutores". Mas ele não foi o único na mesma situação a decidir-se assim, como sublinha em uma entrevista: "Quando se fala em ser doutor em samba [este era o apelido do cantor Mário Reis, formado em direito], não se diz uma frase vã. Não faltam médicos e advogados para elevar o samba. Aí estão os doutores Joubert de Carvalho, Ary Barroso, Olegário Marianno e muitos outros."[12]

Esta atração que o samba passa a exercer sobre pessoas que por sua posição social estavam até então destinadas a ser, na melhor das hipóteses, meras ouvintes dele, é comentada por Noel em outra entrevista:

> O samba evoluiu. A rudimentar voz do morro transformou-se, aos poucos, numa autêntica expressão artística ... A poesia espontânea do nosso povo levou a melhor na luta contra o feitiço do academismo a que os intelectuais do Brasil viveram muitos anos ingloriamente escravizados. Poetas autênticos, anquilosados no manejo do soneto, depauperados pela torturante lapidação de decassílabos e alexandrinos sonoros, sentiram em tempo a verdade. E o samba tomou conta de alguns deles. ... O gosto do público foi-se aprimorando. Outros poetas vieram dizer, em linguagem limpa e bonita, coisas maravilhosas. ... É preciso, porém, acentuar que esses poetas tiveram, também, que se modificar, abandonando uma porção de preconceitos literários. Influíram sobre o público mas foram, também, por ele influenciados. Da ação recíproca dessas duas tendências, resultou a elevação do samba, como expressão de arte, e resultou na humanização de poetas condenados a estacionar pelo sortilégio do academismo.[13]

A evolução do samba, a que ele se refere, confunde-se com a evolução das duas partes envolvidas: o público, cujo gosto se aprimora, e os poetas, que se libertam do feitiço do academismo. O movimento do próprio samba — de "rudimentar voz do morro" a "expressão artística" — revela-se assim expressão de um movimento da sociedade em torno dele, uma circulação feita de influências recíprocas, as quais não se produzem diretamente mas por intermédio daquele catalisador.

A reciprocidade de intelectuais e povo ainda é reforçada pela escolha das metáforas "feitiço" e "escravizados". Exatamente como um ano e meio antes, em "Feitiço da Vila", Noel falara do samba como "feitiço" que se torna decente pelo contato da princesa Isabel, dita a redentora por ter assinado a lei que extinguiu a escravidão no Brasil, aqui é o samba que liberta os poetas do feitiço que os escravizava.

* * *

Voltemos à divergência de Noel Rosa com "Lenço no pescoço" em sua avaliação do papel da malandragem como identidade do sambista. Se, em sua utopia, a circulação entre o Estácio e Copacabana deve ser de mão dupla e aquela entre o morro e a cidade, livre e desimpedida; se o bacharel não teria medo do bamba (que como vimos é outro nome do malandro), e a identidade deste último não devia ser afirmada como uma provocação mas como um feitiço sutil — não é de espantar que não tenha gostado do samba de Wilson Batista. Neste, o malandro prefere a etiqueta de "vadio" à de compositor profissional, e não porta apenas chapéu, tamanco e lenço, mas também uma navalha pronta a se dirigir contra o primeiro bacharel que cruzar seu caminho.

De fato, Noel não gostou e não perdeu tempo, escrevendo logo um samba que era uma resposta, ponto por ponto, a Wilson Batista. Chama-se "Rapaz folgado" (1933):[14]

> Deixa de arrastar o teu tamanco
> Pois tamanco nunca foi sandália
> E tira do pescoço o lenço branco
> Compra sapato e gravata
> Joga fora esta navalha
> Que te atrapalha
> Com chapéu de lado deste rata
> Da polícia quero que escapes
> Fazendo samba-canção[15]
> Eu já te dei papel e lápis
> Arranja um amor e um violão
> Malandro é palavra derrotista
> Que só serve pra tirar

Todo o valor do sambista
Proponho ao povo civilizado
Não te chamar de malandro
E sim de rapaz folgado.

Os biógrafos de Noel, Máximo e Didier, têm dificuldade em encaixar esta letra na vida de Noel, que sempre demonstrou grande amizade pelos malandros e conviveu com eles. A maneira que encontram de resolver o problema é fazer da composição um ataque pessoal a Wilson Batista.[16] No entanto, a letra do samba de Noel é claramente genérica quando acusa — não o malandro, como ele toma o cuidado de precisar, mas — a *palavra* malandro de derrotismo. A mesma ideia é repetida no samba "Se a sorte me ajudar" (1934), com Germano Augusto, ele mesmo um malandro:

A palavra "malandragem"
Só nos trouxe desvantagem
E você não vai dizer que não.

Só nos trouxe desvantagem, a quem? Aos próprios malandros, está claro! Para Máximo e Didier, ver em Noel um crítico da malandragem equivaleria a ver nele um moralista, um adepto dos valores burgueses aos quais a vida malandra escapava;[17] mas é justamente porque Noel gosta dos malandros que propõe que passem a se definir como compositores. Seus biógrafos aliás dão todos os elementos para que se compreenda o alcance geral (e altamente coerente) dos versos de "Rapaz folgado". Eles enumeram, por exemplo, as inúmeras parcerias que Noel propõe a malandros, em que faz as segundas partes, transformando o que do ponto de vista da música popular eram meros refrãos em sambas em perfeito estado de aproveitamento pela indústria do disco. Falam também dos retoques que dava às produções daqueles, com seu acordo, no que os próprios envolvidos chamavam de "correções".[18]

O que Noel Rosa faz é pois mostrar um caminho que, evidentemente, não foi ele quem inventou: um caminho que apenas se abria diante de uma gente que gostava de samba e não tinha muitas opções de sobrevivência além da precária vida na orgia. O caminho, enfim, que ia do malandro ao compositor. Noel faz isso, como ele mesmo diz, "dando papel e lápis", isto é, estimulando o registro do samba, nos dois sentidos concomitantes: registro escrito que retira o samba da esfera da oralidade pura, que transforma os improvisos em "segundas" definitivas; e registro autoral, que transforma o tirador de samba em virtual colega de Beethoven.

Falta apenas notar que, apesar do que diz Noel, a palavra "malandragem" — e, mais uma vez, é de fato da *palavra* que se trata — trouxe ao menos uma vantagem. Quero me referir à vantagem mais óbvia de todas, que é a de ter sido uma palavra da moda, que contribuiu para o sucesso comercial dos sambas de Ismael Silva, Bide e os outros. O próprio Sinhô tirou vantagens desta moda, graças em parte aos refrãos de "Lino do Estácio" — o mesmo Sinhô que, estando já profissionalizado como compositor desde o início da década de 1920, em suas próprias produções não usava uma verdadeira temática malandra. Das 17 músicas dele editadas pela Casa Wehrs entre 1926 e 1928, "Ora vejam só "e "Gosto que me enrosco" foram de longe as que mais venderam: as duas juntas representam 11.089 exemplares, contra 11.259 das outras 15 somadas![19]

De fato, talvez a única e decisiva malandragem real dos sambistas tenha sido transmitir aos compradores de discos e consumidores de música popular uma imagem idealizada de suas próprias existências, graças à qual puderam, quando tiveram sorte, contornar parte de suas dificuldades materiais. Essa ideia ilumina a questão por outro ângulo: ela explica por que o abandono da malandragem se expressou, nos sambas do Estácio, através de uma temática malandra.

* * *

Voltemos mais uma vez à polêmica com Wilson Batista, que está sendo o fio condutor nesse percurso pelos sambas de Noel Rosa. Vimos que este se insurge em "Rapaz folgado" contra os sinais exteriores da malandragem: o chapéu, o tamanco, a navalha, o lenço no pescoço. Ora, percebe-se que, aqui, estes objetos estão para o malandro exatamente como a farofa, a vela e o vintém estavam para o feitiço, no "Feitiço da Vila". Em ambos os casos, os objetos são o que chamei de signos exteriores de uma identidade; e em ambos os casos Noel propõe sua supressão, para que em seu lugar apareça o samba. O feitiço, tornado decente por sua transformação em samba, e o malandro tornado sambista pela intermediação de papel e lápis, são evidentes transformações da mesma ideia, e ela se realiza nos dois casos pela supressão de objetos que remetem a uma determinada identidade.

Mas, nunca é demais repetir, a identidade ela mesma não é suprimida, é investida na música: "O malandro não desapareceu. Transformou-se, simplesmente, com a sua cabrocha, pra tapear a polícia."[20] Ora, a música também se exprime através de objetos. O próximo passo é pois tentar encontrar entre os objetos da música — por exemplo, os instrumentos — os que permitam construir a série que corresponde, para o caso do samba, às séries do feitiço: farofa, vela, vintém; e do malandro: chapéu, tamanco, lenço.

Vamos fazê-lo começando mais uma vez por Noel Rosa. Numa entrevista publicada em 1935, perguntado sobre a existência de instrumentos "próprios para o samba", ele diz: "Apareceram agora, não se achando ainda popularizados. A cuíca que ronca. O tamborim repicando em torno do centro que faz a barrica ..."[21] "Barrica" é uma maneira antiga de denominar o tambor grave hoje conhecido como surdo. Ela aparece ainda em 1948, no samba "Adeus América", de Haroldo Barbosa e Geraldo Jacques, onde são mencionados os mesmos três instrumentos que lembrara Noel. A letra fala de um brasileiro que vive nos Estados Unidos mas, sob a pressão da saudade, decide retornar à sua terra, dizendo:

Eu vou voltar prá cuíca
Bater na barrica
Tocar tamborim.[22]

Na entrevista citada acima, Noel Rosa dizia que a cuíca não estava popularizada no Rio de Janeiro do início dos anos 1930. A julgar pela reportagem publicada no jornal *O Mundo Sportivo* em 1932, por ocasião do primeiro desfile oficial das escolas de samba, ele tinha razão: "Terá o público oportunidade de ouvir vários instrumentos mal conhecidos pela maioria da cidade. É o caso, por exemplo, da cuíca, cujo som se destaca de todos pois é único e inconfundível."[23] Ainda em 1933, dizia *O Globo*, que promovera o segundo desfile: "Estamos satisfeitos por termos proporcionado à cidade o espetáculo mais estranho do ano."[24] É de supor que para tal estranheza colaborassem os instrumentos aos quais o público em geral não estava habituado.

De fato, em todas as referências a instrumentos no samba, anteriores a fins da década de 1920, não apenas a cuíca como também o surdo (ou barrica) e o tamborim brilham pela sua ausência. No livro já citado de Vagalume não se fala de surdo, o tamborim só é mencionado uma vez, no meio de uma enumeração,[25] e da cuíca é dito que "já não satisfaz nem condiz com a harmonia do samba-chulado".[26] Nas descrições de sambas folclóricos que citamos antes, incluindo os da casa de Tia Ciata e da festa da Penha no início do século XX, não há sombra de menção a cuíca e surdo, e raras a tamborim.[27]

O acompanhamento rítmico mais comum do samba folclórico até o início do século XX parece ter sido pandeiro, prato-e-faca e palmas. Este grupo aparece em passagens que já citamos de Melo e de Raul Pompeia, entre outras. Por outro lado, se se examina a formação instrumental dos grupos profissionais criados por Pixinguinha, Donga e João da Baiana, constata-se que a seção rítmica também não inclui cuícas nem tamborins. Nos Oito Batutas, durante a década de 1920, temos ganzá, pandeiro e reco-reco;[28] no grupo da Velha Guarda, criado já nos anos 1950, pandeiro, prato-e-faca e afochê.[29] O pandeiro é constante, e a diversidade dos outros quatro instrumentos mencionados é apenas aparente, pois reco-reco e prato-e-faca se substituem, como duas versões de um idiofone raspado, enquanto ganzá e afochê ocupam alternativamente a posição de idiofone chacoalhado.*

O que chama a atenção na entrevista de Noel citada acima é que, perguntado sobre os instrumentos próprios para o samba, não menciona pandeiro ou prato-e-faca, que são talvez os dois mais citados na literatura do samba folclórico anterior a 1917 e do samba popular estilo antigo. Em vez disso, fala como se o samba não tivesse até então instrumentos próprios — e, ao fazê-lo, antecipa os pesquisadores discutidos anteriormente, segundo os quais a diferença entre o estilo antigo e o novo era que o primeiro se baseava nos instrumentos "da orquestra" (europeus), ao passo que o segundo se baseava nos instrumentos "de percussão" (africanos ou brasileiros). A meu ver esta negação deliberada de pandeiro etc. como instrumento do samba está ligada, ao menos no caso de Noel, à afirmação do novo paradigma que surgia — o pandeiro de fato ainda era usado, como é até hoje; mas um samba sem pelo menos um instrumento da série cuíca, surdo e tamborim simplesmente já não era mais samba.

Por outro lado, entre os cronistas do samba há muitas referências à invenção, ou introdução, no samba, *por sambistas ligados ao Estácio*, dos instrumentos que viriam a ser considerados os mais característicos do estilo novo: "O criador do tamborim foi o Bide e o Bernardo, desde garotinhos andavam com tamborim, inventaram isso. E quem introduziu o surdo no samba foi o Bide."[30] Quanto à cuíca, sua introdução "na percussão das escolas [de samba]" é atribuída a João Mina, "do morro de São Carlos"[31] (que é como vimos o morro que confina com o Estácio).

Cuíca, surdo e tamborim aparecem mais uma vez juntos na letra do clássico samba de Ismael Silva, "Antonico" (1950). Esta letra formula um pedido de auxílio dirigido a alguém — o Antonico do título — que, supõe-se, está em condições de interceder em favor de outro personagem, nomeado Nestor. Este é definido de duas maneiras — negativamente, pela situação difícil em que se encontra:

---

* O desaparecimento de menções às palmas — que nos testemunhos mais antigos eram sempre atribuídas aos participantes — indica a passagem de uma situação em que o samba era feito numa roda, constituída por "musicantes" segundo a expressão de Rouget em *La musique et la transe*, a outra, em que ele é feito por músicos profissionais diante de um público.

Está vivendo em grande dificuldade
Ele está mesmo dançando na corda bamba.

E positivamente, pelas qualidades que fazem com que mereça o apoio de Antonico:

Ele é aquele
Que na escola de samba
Toca cuíca, toca surdo e tamborim.[32]

A definição "negativa" de Nestor emprega o verbo *estar*, que, como se sabe, em português denota situações acidentais, temporárias; mas a definição "positiva" emprega o verbo *ser*, que denota características permanentes, *identidades*. Assim, à pergunta "quem é Nestor?", o samba responde "é aquele que toca cuíca etc.". Os três instrumentos funcionam como penhores do reconhecimento de Nestor como sambista singular — pois, como diz a letra mais à frente,

No samba,
Ninguém faz o que ele faz.

Já se aventou a hipótese de que "Nestor" fosse uma representação do próprio Ismael.[33] Seja como for, o texto postula a equivalência entre um e outro, quando diz, em seu último verso: "Faça por ele como se fosse por mim." Ora, Ismael Silva, como o leitor já terá notado, assumiu na história do samba uma dimensão quase mítica como o grande compositor do grupo do Estácio, que tanto tem nos ocupado. Quando ele próprio se autodefine (através de seu *alter ego* Nestor) como aquele que toca cuíca, surdo e tamborim, temos boas razões para ver aí mais uma indicação do valor emblemático assumido pelos três instrumentos no estilo novo.

Assim, penso ser legítimo atribuir a estes três instrumentos o papel de signos identitários, dando a cuíca, surdo e tamborim o lugar de equivalentes sintáticos de farofa, vela e vintém e de chapéu, tamanco e lenço. Ao mesmo tempo, é preciso ter em conta que eles não são escolhidos como tais por seus vínculos práticos com o feitiço, como no primeiro caso, nem com a indumentária do malandro, como no segundo, mas por serem objetos musicais. Isto determina um outro plano, no qual eles substituem, como vimos, pandeiro, prato-e-faca e ganzá. Esta dupla substituição pode ser ilustrada por um esquema, onde se vê que os três objetos em questão encontram-se no ponto exato do cruzamento de música e identidade:

Identidade:
farofa, vela, vintém
:
chapéu, tamanco, lenço
:
Música: *pandeiro, prato-e-faca, ganzá* : *cuíca, surdo, tamborim*

* * *

Em "Rapaz folgado", Noel dizia:

> Da polícia quero que escapes
> Fazendo samba-canção...

Não era apenas a polícia que ameaçava os malandros amigos de Noel. No íntimo, este devia torcer para que, graças ao samba, eles também escapassem de outras ameaças, tão ou mais temíveis. Muitos não escaparam. Canuto, por exemplo, morador do morro do Salgueiro, seu parceiro em "Esquecer e perdoar" (1931), morreria de tuberculose em 1932, com menos de 30 anos. Outro habitante do Salgueiro, na verdade um dos líderes de lá, foi Antenor Gargalhada, parceiro de Noel em "Eu agora fiquei mal" (1931), morto de tuberculose em 1941. Ernani Silva, parceiro de Noel em "Primeiro amor" (1932), "tem dois vícios: samba e baralho", morrendo aos 28 anos, atirado do alto do morro da Favela por adversários desconfiados. Gradim, autor do já mencionado "Nem assim", fez com Noel "Sorrindo sempre" (1932), e também morrerá "moço com os pulmões estragados".[34]

O pessoal do Estácio não ficou atrás. Rubem Barcelos, irmão de Bide e creditado por alguns como o primeiro a fazer sambas no estilo novo, morreu de tuberculose aos 23 anos. Nilton Bastos, parceiro de Ismael Silva em alguns dos sambas analisados atrás, também morreu da mesma doença aos 32 anos. Mano Edgar morreu assassinado aos 31 anos durante uma briga de jogo.[35] Brancura e Baiaco também morreram cedo, o primeiro aos 27 anos, louco, o segundo aos 22, de úlcera.[36]

Todas essas mortes precoces certamente foram vistas pelos inimigos dos malandros como efeitos funestos da associação inevitável entre viola, cachaça e desordens. Mas a profissionalização em curso na música popular contribuía para desfazer em parte tal associação, sobretudo no que diz respeito às desordens. Entre os sambistas do estilo antigo, que no início dos anos 1920 já desfrutavam de uma posição profissional relativamente boa, o único que morreu de tuberculose foi Sinhô, aos 42 anos. Pixinguinha, João da Baiana, Donga e Caninha chegaram inteiros à casa dos 70 anos, com cachaça e tudo.

Ismael Silva foi um representante do estilo novo que escapou. Mas passou por maus pedaços. Esteve dois anos e meio na prisão por tentativa de homicídio entre 1935 e 1937.[37] Houve porém pelo menos uma ocasião em que o samba salvou Ismael de uma enrascada com a polícia. O caso se passou na ilha de Paquetá, que fica a uma hora de barca do Rio,

> onde morava o policial, também compositor, Roberto Martins, para quem o comissário local, Policarpo, telefonou: — *Dá um pulo até aqui, Roberto. Prendi por trapaça no jogo um crioulinho muito magro que se diz compositor. Ele jura que te conhece.* — *Como se chama?* — *Ismael Silva.* — *Ismael? Não pode ser, Poli. Mas, se for, é o autor de...* E Roberto Martins se pôs a cantar ao telefone alguns sambas de Ismael, "Se você jurar", "Para me livrar do mal", "Não há", "Nem é bom falar", "Novo amor", "Adeus". Quando acabou, o comissário estava perplexo: — *Mas tudo isso é dele? É melhor mesmo você vir, Roberto.* Roberto Martins foi. Da porta gradeada do xadrez, viu Ismael lá dentro ... — *Mas você não tem necessidade disso, Ismael! É um grande compositor! Em todo caso, vamos fazer uma coisa: você toma a primeira barca e fica tudo entre nós.*[38]

Tornar-se "um grande compositor", em vez de um "crioulinho muito magro que trapaceia no jogo", é a via pela qual Ismael Silva se torna "alguém". E ele se torna ao mesmo tempo um sujeito capaz de lançar mão de uma atitude clássica no Brasil, o "você sabe com quem está falando?", que mereceu um belo estudo do antropólogo Roberto DaMatta.

Trata-se de locução empregada em situações nas quais a posição de alguém, considerada superior, prevalece sobre o cumprimento da lei. Embora possivelmente em todos os países pessoas poderosas eventualmente lancem mão de seu prestígio para tentar transgredir a lei, de acordo com DaMatta esta prática assume no Brasil tais proporções que é possível pensá-la como um verdadeiro rito. É exatamente deste rito que Ismael lança mão, pois sendo preso por trapaça não alega inocência mas sim a condição de compositor e amigo de policial, o que de resto se mostra muito mais eficiente.

Seu caso se enquadra em um dos tipos examinados por DaMatta, que o chama de "revelação da identidade social":

> ... O momento culminante da situação é constituído pela apresentação enfática de uma outra identidade social que — em geral — tem pertinência e pode até ser essencial, mas em outro domínio social. ... [A revelação mencionada] faz com que a figura abstrata com quem se está interagindo passe a ser um ser humano completo, concreto, com poder e prestígio, beleza e graça, e sobretudo relações com pessoas poderosas que estão, como gosta-

> mos de dizer, "lá em cima". Passa-se, então, de "cidadão brasileiro" ou de "indivíduo", papéis sociais universalizantes que nessas situações não dão qualquer direito, a alguém que é "realmente alguém", deputado, advogado, oficial das forças armadas, secretário de Estado etc.[39]

A análise de DaMatta põe a nu o caráter profundamente hierarquizado da sociedade brasileira, em que certas posições sociais possibilitam relativa indiferença às leis. Cabe apenas ressalvar que, no "você sabe com quem está falando?" de Ismael Silva, não há certeza da impunidade garantida pela posição de poder, mas uma tentativa de escapar à punição iminente. A diferença, porém, é apenas de grau.

Mas o que interessa aqui é sobretudo constatar a surpreendente chegada do compositor de sambas a uma situação de relativo prestígio, que o capacita a lançar mão do recurso em questão. Trata-se de uma novidade, mesmo levando em conta a argumentação de Vianna, que mostra como já desde antes os laços pessoais garantiram em muitos casos a imunidade dos sambistas.[40] Em tais casos, o único elemento de impunidade era o apadrinhamento. Mas no caso de Ismael a reivindicação principal é ser compositor; ser amigo de policial é a secundária. Este não atua tanto como padrinho mas como testemunha da real identidade, que é a de ser autor dos sucessos populares mencionados. Quando Roberto Martins faz a lista das composições de Ismael, é como se estivesse explicando para o comissário Policarpo quão importante era a pessoa que prendera, é como se fizesse a lista de suas medalhas.

É claro que se tal recurso resolve momentaneamente a situação de Ismael, ele não faz mais do que confirmar os mecanismos sociais vigentes. O prestígio recém-adquirido possibilita que "fique tudo entre nós": a lei só vale para os anônimos.*

O jogo que Ismael praticava era o "jogo da chapinha". Há uma boa descrição deste jogo no samba "Jogo proibido":[41]

> Não quero outra vida
> Senão jogar chapinha
> (Da cerveja Cascatinha)
> Navalha no bolso
> Lenço no pescoço
> Chapéu de palhinha

---

* O uso da condição de sambista como escudo diante da polícia tem ilustração mais recente na capa de um disco de Bezerra da Silva, onde ele é mostrado detido por policiais sob a legenda "Se não fosse o samba...". O sambista em questão é, com seu quase homônimo Moreira da Silva, um dos últimos a cultivar ativamente a imagem de malandro.

...
Esta ganha esta perde
Na voltinha que eu dou
E o otário não sabe
Onde a bolinha ficou.

Transcrevo a explicação de Cláudia Matos:

> [o jogo] consistia no manejo de três tampinhas de garrafa, havendo sob uma delas uma bolinha de miolo de pão. O malandro trocava rapidamente as bolinhas de lugar e o apostador otário tentava adivinhar sob qual delas estava a bolinha, mas quase sempre perdia, pois no manuseio ágil das chapinhas o malandro fazia passar a bolinha para baixo da unha.[42]

Note-se que os versos 4 e 5 retomam literalmente a descrição do malandro feita por Wilson Batista em "Lenço no pescoço". De fato, este samba acrescenta um retoque àquela descrição, já que a prática do jogo não constava ali.

Há uma passagem da vida de Noel Rosa que se relaciona diretamente com o jogo da chapinha. Na adolescência, teria levado uma surra de um jogador, que se recusara a pagar a aposta quando Noel descobriu a bolinha embaixo da unha.[43] Esse episódio é ilustrativo da relação de Noel com os malandros. Noel não é um deles, está claro. E também não é um otário, pois é esperto o suficiente para desarmar as artimanhas dos malandros. O jogador com quem teve a altercação podia ser o próprio Ismael Silva, ou qualquer outro sambista-malandro. Máximo e Didier mostram muito bem que ele se torna amigo de inúmeros malandros, que revela como que uma fascinação por seu modo de vida (provavelmente a mesma fascinação que o levou a ficar horas observando o jogador de chapinha, até aprender seu truque). Mas espero ter mostrado que Noel percebeu os limites da condição malandra, e que estimulou os que a viviam a transformar-se em compositores profissionais. Tal como o delegado Roberto Martins, ele poderia ter dito a Ismael Silva: "*Você não precisa disso, você é um grande compositor.*"

Como todos sabem, Noel Rosa morreu em 1937, aos 26 anos de idade, de tuberculose.

5. Pelo gramofone

Tudo que foi dito até agora depõe a favor da ideia, como vimos consensual entre historiadores do samba, de que a substituição do grupo de Donga e Sinhô pelo do Estácio representou uma transformação decisiva no gênero. No entanto, é preciso ouvir uma testemunha muito importante antes de tomar posição sobre o assunto: os discos da época.

O estudo da música popular do passado através dos discos apresenta vários tipos de problemas. O primeiro deles é que, sendo o único registro sonoro de determinada época, os discos não são necessariamente o retrato fidedigno da música em questão. Em outras palavras: assim como os lundus para piano e canto que estão nas partituras do século passado não são os mesmos lundus que soavam nos divertimentos daqueles que não liam partituras e nem possuíam pianos, também os sambas das gravações dos anos 1920 e 30 não seriam necessariamente os mesmos da casa de Tia Ciata ou dos botequins do Estácio. Assim como as partituras, os discos exprimem apenas uma parte das relações musicais vigentes em dada época e lugar, parte que pode ser mais ou menos importante em cada caso.

O samba gravado no estúdio não é igual ao feito fora dele — isso não quer dizer, no entanto, que não haja relações entre ambos, nem que não possamos fazer inferências sobre aquele a cujo som não temos mais acesso (o que não foi gravado), a partir daquele a que ainda temos (o que foi). Estas inferências no entanto devem ser feitas sempre com a maior prudência.

Seja como for, o fato é que a análise proposta nesta seção diz respeito ao samba tal como era praticado nos estúdios de gravação. Acredito que tal análise é importante não apenas devido às inferências que nos possibilita com relação ao que acontecia fora deles, mas também porque, no Rio de Janeiro e no século XX, a música dos discos era em si mesma, artística e socialmente, fenômeno de grande relevância.

O segundo problema a que quero me referir é menos geral. Ele diz respeito às dificuldades de fazer pesquisas com discos antigos num país que só muito recentemente veio a contar com arquivos sonoros públicos. Tal carência levou Oneyda Alvarenga a escrever, ainda em 1946:

> A época exata da diferenciação rítmico-melódica do samba, sensível já há bastante tempo, poderá ser obtida por uma análise atenta da produção discográfica nacional. Entretanto, essa análise é, infelizmente, difícil de fazer. Creio que não existem mais as matrizes dos velhos discos e há quase completa impossibilidade de se adquirirem exemplares deles porventura ainda guardados em algum canto.[1]

Neste ponto, Oneyda foi excessivamente pessimista. A verdade é que em diferentes pontos do Brasil, o esforço individual de alguns aficcionados permitiu a constituição de importantes coleções de discos 78rpm. Foi graças ao apoio de colecionadores como esses que a pesquisa que resultou neste livro foi possível. Em particular, menciono mais uma vez Jairo Severiano e Ary Vasconcelos, que generosamente me concederam o acesso a seus magníficos arquivos sonoros.

Muito bem. Obtidos os discos, e consciente o pesquisador da prudência metodológica necessária a seu bom manuseio, há um problema ainda a resolver, ou seja: que discos escutar? O fato é que na passagem dos anos 1920-30 a indústria fonográfica brasileira já produzia uma quantidade de sambas capaz de tornar impossível que um pesquisador só trabalhe com todos eles. Uma seleção prévia se impõe.

Entre os vários critérios possíveis para realizar esta seleção, escolhi o de escutar todas as gravações de um cantor: Francisco Alves (1898-1952). Um dos maiores que o Brasil já teve, "Chico" Alves, "Chico Viola" ou o "Rei da Voz", como também era conhecido, foi o principal veículo da difusão em larga escala das primeiras composições de Ismael Silva e seus amigos.

Graças à colaboração de Jairo Severiano, foi possível escutar *todos* os sambas gravados por Francisco Alves entre julho de 1927 ("Passarinho do má", de Duque, Odeon 10.001) e agosto de 1933 ("Feitio de oração", de Vadico e Noel Rosa, Odeon 11.042). Como o primeiro samba de compositor do Estácio gravado por Francisco Alves ("A malandragem", de Bide) é do início de 1928, a data inicial que escolhi, além de ser o marco inaugural da Série 10.000 da Odeon (a primeira gravada no Brasil pelo sistema dito "elétrico"),[2] permitiu conferir os sambas imediatamente anteriores à ascensão do grupo. A data final corresponde ao ano em que Francisco Alves parou de gravar sambas de Ismael Silva.*

---

* O período 1927-33 corresponde assim ao da ascensão e apogeu dos bambas do Estácio. A "Deixa falar" é dissolvida em 1931, ano que também é o da morte de Nílton Bastos; em 1933 há o rompimento entre Alves e Ismael; em 1935 o grupo estará totalmente dissolvido, com a morte de Brancura e Baiaco, e a prisão de Ismael, por envolvimento em uma briga.

No entanto, como minha intenção é estabelecer contrastes entre o samba do Estácio e o estilo antigo, é preciso ouvir também sambas dos compositores que se identificam com este último.

No que se refere à época de "Pelo telefone", há uma vantagem evidente: a quantidade de sambas gravados então era muito menor. A famosa composição de Donga, marco inicial da gravação comercial de sambas, foi lançada em janeiro de 1917 pela Casa Edison na Série Odeon 121.000, com o número 121.322. Daquele momento até 1921, quando a série termina (no número 121.999, o que perfaz um total de 678 gravações), a Casa Edison lançou 74 sambas, dos quais pude ouvir os 41 que se encontram na coleção de Ary Vasconcelos. Por estes números se pode constatar que nos primeiros anos o samba não representava mais que uma fração bem pequena da produção discográfica.

Por outro lado, entre 1927 e 1930, ao mesmo tempo em que ia surgindo o pessoal do Estácio, Sinhô, certamente o maior compositor do estilo antigo, continuava atuante, encontrando-se mesmo no auge de suas forças criativas. Para o estudo desta fase de Sinhô, lancei mão de uma coletânea de 3 CDs lançada pelo selo "Revivendo", inteiramente dedicada ao compositor, trazendo 60 gravações originais do período.

Assim, o estilo antigo foi abordado por duas pontas: o momento inicial, com "Pelo telefone" e as gravações de sambas feitas nos quatro anos seguintes; e o momento final, com gravações dos quatro anos que antecederam a morte de Sinhô. Além disso, no *corpus* mais volumoso da pesquisa, que foi o das gravações de Francisco Alves 1927-33, aparecem alguns sambas de compositores do estilo antigo, que também foram aproveitados.

1917-1921

A primeira distinção a fazer entre as gravações de sambas da Série Odeon 121.000 é já surpreendente para quem está acostumado com o gênero em suas características mais recentes, pois ela se faz entre sambas cantados e instrumentais. Os intérpretes dos sambas vocais são Baiano (Manoel Pedro dos Santos, 1887-1944), a quem coube a honra de gravar "Pelo telefone", e Eduardo das Neves (1874-1919), uma das pessoas a quem Vagalume dedicou seu livro *Na roda do samba*, e personagem principal de um dos capítulos deste. Tanto um como outro já trabalhavam para a Casa Edison desde o início da gravação comercial no Brasil, em 1902. Seu repertório até 1917 era composto basicamente de modinhas e lundus (não mais os lundus impressos do século anterior, mas lundus de tradição oral, cujos traços específicos não poderemos analisar aqui). O acompanhamento era feito por violão, e às vezes também cavaquinho com apoio de flauta ou clarineta para introdução ou solos.

As gravações instrumentais traziam os mesmos sambas, mas em versão interpretada pelos pequenos agrupamentos a que já fizemos menção, denominados "choros". Os choros da série 121.000 correspondem perfeitamente à caracterização clássica, sendo compostos geralmente de cavaquinho, violão e dois ou três instrumentos de sopro dos quais um desempenha o papel de solista (flauta ou clarinete) e um o de baixo, como oficleide ou tuba. Nos selos dos discos, no canto esquerdo se lê *canto* ou *choro*, indicando se é a versão cantada ou instrumental que se tem nas mãos.

Um segundo tipo de versão instrumental dos sambas era fornecido nas gravações feitas por bandas de música. Na Série 121.000 há sambas interpretados pela Banda da Casa Edison, pela Banda do Corpo de Bombeiros, pela Banda do Batalhão Naval e pela Banda do Primeiro Batalhão da Polícia da Bahia. Bandas como essas eram desde finais do século anterior um elemento destacado da vida musical carioca, e tiveram intensa atividade na gravação de discos desde 1902.

Vê-se assim que, do ponto de vista dos intérpretes, os sambas da Série 121.000 não apresentam nenhuma ruptura em relação aos gêneros musicais e formações instrumentais que já eram praticados antes. A penetração de Donga e seus amigos nos meios de comunicação não representou, num primeiro momento, a chegada às gravações de novos intérpretes e novos tipos de instrumentos. Tal coisa está em óbvia relação com a continuidade observada nas características musicais dos primeiros sambas em relação aos gêneros anteriores.

Há muitos compositores de sambas na Série 121.000. Como vimos, a partir do sucesso de "Pelo telefone" a palavra virou um rótulo de sucesso popular. Assim, compositores profissionais, que nada tinham a ver com a casa de Tia Ciata e com o contexto cultural descrito anteriormente, como Freire Júnior e Marcelo Tupinambá, chamaram de "sambas" algumas de suas composições gravadas na série. Assim fizeram também alguns nomes que não deixaram registro na história, como José Napolitano, que consta como autor de seis sambas, ou como Francisco Antônio da Rocha, autor do samba "Cangerê", gravado em três versões: vocal por Baiano (Odeon 121.728), instrumentais pela Banda da Casa Edison (Odeon 121.735) e pelo choro intitulado Grupo do Além (Odeon 121.732).*

* O verbete "Cangerê" no *DFB* (p.176-7) diz que o termo é de origem africana e sinônimo de feitiço. A *DB-78rpm* nos informa que Francisco Antônio da Rocha era conhecido como Chico da Baiana.

Mas encontramos também entre os compositores da Série Odeon 121.000 os nomes já nossos conhecidos de Sinhô (autor de sete sambas), Caninha (dez sambas), Pixinguinha (três sambas) e, é claro, Donga (sete sambas).

Quais as características principais destes sambas, tal como podemos ouvi-los hoje nas gravações da época? Em que eles são diferentes dos sambas posteriores a 1930?

A primeira coisa a notar é a maneira como eram estruturados. Vimos que "Pelo telefone" se compõe de quatro partes com pouca ou nenhuma relação umas com as outras. Esta estrutura corresponde, ao que tudo indica, à necessidade de realizar uma gravação suficientemente longa a partir de unidades musicais relativamente curtas, como eram o refrão e as quadrinhas ou dísticos improvisados dos sambas folclóricos.

A ideia de que estes ficavam "pequenos" quando postos no contexto da música popular aparece nos depoimentos dos próprios personagens da história. Assim, Pixinguinha, entrevistado por Sodré, relembra o início de sua vida como músico profissional: "A verdade é que o choro me agradava por ser mais trabalhado, com três partes, cada uma com dezesseis compassos, e não apenas oito, como no samba."[3] Heitor dos Prazeres também aborda a questão, em depoimento ao mesmo autor: "Minhas primeiras composições foram sambas-motivo .... A princípio, as letras eram muito curtas ou, então, um aglomerado de pequenos motivos."[4] O próprio Donga, ao falar da composição de "Pelo telefone", afirma: "Não fiz também uma coisa pequena, como é o samba."[5]

Vê-se que entre os pioneiros do samba carioca existiu certo consenso de que o samba era "pequeno", seja do ponto de vista de um virtuose da flauta que já era músico profissional (Pixinguinha), seja do ponto de vista de sambistas em vias de profissionalização como compositores (Heitor dos Prazeres e Donga). O problema é resolvido, no primeiro caso, pela preferência dada ao choro, que além de três partes com dezesseis compassos cada, já possuía uma sofisticação harmônica inexistente nos primeiros sambas; e, no segundo caso, pela busca de técnicas que permitissem estender a duração dos sambas. A primeira delas, como se vê em "Pelo telefone", e como veremos em outros sambas do mesmo período, é a agregação de várias melodias, ou "motivos" como diz Heitor dos Prazeres. Numa palavra, a forma dos primeiros sambas cariocas é de tipo "rapsódica".

Esta definição diz respeito não apenas ao fato de que os motivos eram curtos, e reunidos sem grande preocupação de coerência, mas também ao fato de que o conteúdo mesmo deles mostra, em muitos casos, as marcas de uma procedência do folclore.

Já vimos como isso se dava em "Pelo telefone". Mas gostaria de acrescentar algumas observações mais estritamente musicais ao que ficou dito sobre o samba de Donga.

* * *

Na discussão que fizemos da letra do famoso samba vimos que ele podia ser dividido em quatro partes (I, II, III e IV). A divisão musical acompanha a divisão poética, com a ressalva de que existe um elemento exclusivamente musical que acrescenta um novo dado: a introdução. Este termo não deve ser tomado em sentido literal, pois as introduções de sambas não aparecerão apenas no começo das gravações, mas também antes de cada repetição do todo e também no final. No caso de "Pelo telefone", além do mais, a introdução aparece também no meio do samba, separando as partes I e II das partes III e IV.

"Pelo telefone" é cantado por Baiano e, nas partes II e IV, também por um coro misto. O acompanhamento é assegurado por violão, cavaquinho e clarineta.

A fórmula de acompanhamento empregada pelo violão é uma versão da "síncope característica". A melodia da introdução, tocada pela clarineta, é construída sobre o mesmo desenho rítmico, omitindo porém a primeira semicolcheia, como se vê pela transcrição.[6]

A parte I apresenta "síncope característica" no início de cada terceto:

A parte II, que começa com três semínimas cométricas, também contrasta fortemente com o estilo rítmico que prevalecerá no samba a partir de c.1930; prova disso é que nas duas outras gravações do samba de Donga que pude consultar, a que foi feita em 1940 para o disco *Native Brazilian Music* e a de Martinho da Vila, o mesmo trecho é cantado com uma síncope no final, como se vê no exemplo abaixo:

1917

1940 e depois

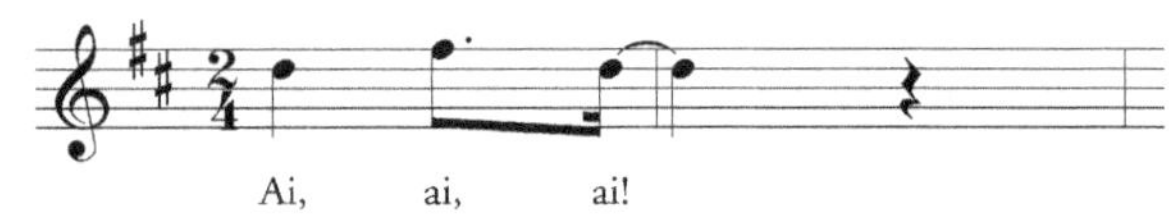

A parte III é a que mais claramente mostra a influência da "síncope característica" na sua estruturação rítmica (o que se coaduna com o que ficou dito antes, p.123-30, com relação à sua matriz folclórica):

Quanto à parte IV, ela é construída a partir de uma célula de dois compassos, um do solista e um do coro, no procedimento chamado por Andrade de "verso e refrão",[7] também de matriz folclórica; a influência da "síncope característica" se faz notar:

Por outro lado, a característica mais marcante da contrametricidade da gravação de Baiano, quando comparada aos lundus do século XIX discutidos anteriormente, é a presença maior de síncopes de semicolcheias entre compassos, como se pode observar no trecho da primeira parte citado acima.

* * *

Vejamos agora como o processo de composição de sambas "por agregação de pequenos motivos" (para empregar a expressão de Heitor dos Prazeres) aparece nos sambas de Sinhô gravados na Série Odeon 121.000.

O primeiro que abordarei é "Confessa, meu bem!", do qual Alencar diz ter sido um "grande êxito no carnaval de 1919".[8] Aqui, os "motivos" são cinco (ver transcrição). A harmonia se resume a tônica e dominante. A fórmula de acompanhamento feita pelo violão é a mesma de "Pelo telefone", baseada na "síncope característica", e aliás será a mesma em todas as gravações de sambas cantados na Série 121.000.

De modo geral, tal como em "Pelo telefone", percebe-se um aumento significativo (em relação às partituras de lundus que examinamos) das síncopes entre compassos, em particular síncopes de semicolcheias. Tais síncopes, no entanto, instalam-se sobre uma estrutura rítmica onde os traços da velha "síncope característica" ainda predominam. Esta observação vale para as partes *B*, *D* e *E* do samba em exame. A parte *D*, aliás, faz aparecer no seu segundo compasso a "síncope característica" em toda sua pureza, musicando, e não por acaso, um verso-feito da poesia folclórica brasileira, "vou me embora, vou me embora".[9]

Outro samba de Sinhô, "Quem são eles", apresenta também várias partes independentes pela música e letra. Eis a primeira estrofe :

A Bahia é boa terra,
Ela lá e eu aqui, iaiá

Ai, ai, ai
Não era assim que o meu bem chorava

Não precisa pedir, que eu vou dar
Dinheiro não tenho, mas vou roubar

Confessa, meu bem!

Sinhô, 1919

Quem são eles?

Sinhô, 1919

Carreiro, olha a canga do boi
Toma cuidado que o luar já se foi
Ai! Que o luar já se foi![10]

Separei com espaço duplo os quatro "motivos" do samba, que se delimitam pelas frases verbais, e também pelas diferentes frases musicais que lhes correspondem.

No que se refere à letra, note-se em primeiro lugar a referência negativa à Bahia, pois Sinhô era carioca e, como já foi dito, no início da carreira polemizou com o grupo de origem baiana. Nessa polêmica, recebeu uma resposta de Hilário Jovino Ferreira (que aliás era pernambucano) — o samba "Entregue o samba a seus donos", cuja primeira quadra vale a pena mencionar:

Entregue o samba a seus donos
É chegada a ocasião
Lá no Norte não fazemos
Do pandeiro profissão.

Aqui se explicita uma concepção segundo a qual o samba tem "donos", isto é, ele pertence a um grupo determinado, que se identifica com o "Norte", ou a Bahia, como fica claro na sequência da letra.[11] Sinhô, ao contrário, é acusado de fazer do pandeiro profissão, e assim transformar o samba em mercadoria, a qual na sua circulação não faz diferença entre grupos geográficos, desde que possuam dinheiro para comprá-la.

No entanto, apesar dos conflitos, a pertinência deste samba ao estilo antigo praticado pelos filhos de baianos é evidente. As "síncopes características" abundam na melodia. O segundo verso começa por um "Ai, ai, ai!" cantado sobre três semínimas cométricas que lembra irresistivelmente a parte II de "Pelo telefone". As alusões a "carreiro", ao "boi" e ao "luar", evocam o mesmo clima da roça que aparece em outras composições de Donga, como "Patrão, prenda o seu gado" ou "Passarinho bateu asas".

É possível que a sensação de falta de coerência que hoje a letra provoca em quem a ouve ou lê, esteja ligada a que ela contivesse alusões veladas a personagens ou situações do momento. É o caso do próprio título "Quem são eles", que não parece ter nenhum nexo com a letra. Mas Edigar de Alencar nos explica que o samba, cujo título original seria "A Bahia é boa terra", acabou tomando o nome do bloco criado por Sinhô no carnaval de 1918, bloco que foi o principal divulgador da composição.[12] Alusões ainda mais enigmáticas são sugeridas pela capa da partitura, na qual se vê "um sujeito encartolado, bem-vestido, de luva, dentro de um barco solitário que voga serenamente com a bandeira dos Fenianos [clube carnavalesco ao qual pertenciam os membros do bloco Quem São Eles?] no mastro. Perto um negro grita por socorro, como se estivesse a morrer afogado. O cartola nem com coisa".[13] Assim, letra, título e ilustração compõe juntos não apenas uma colcha de retalhos, como no caso da letra de "Pelo telefone", mas um verdadeiro quebra-cabeça, que talvez só fosse deslindado por quem brincou o carnaval carioca daquele ano. Parece estar em ação mais uma vez o princípio da transitividade direta, da "operacionalidade em relação ao mundo" de que nos falou Sodré: a inteligibilidade completa do discurso dependeria de sua vinculação com um "aqui e agora". Este traço, que podemos encontrar em muitos outros sambas de Sinhô, é mais um no qual eles se aproximam antes das práticas vigentes na música folclórica que das composições dos anos 1930.

Vejamos o que se passa nos sambas de Donga, além de "Pelo telefone", gravados na Série Odeon 121.000.

Em primeiro lugar, "O malhador", composto em 1918 por Donga, Pixinguinha e Mauro de Almeida. A forma é mais simples que a dos exemplos anteriores — embora pequenas, apenas duas partes bem definidas. A primeira apresenta rítmica que parece diretamente saída de um lundu do século anterior: "síncopes características", "ritmos de habanera", nenhuma síncope entre tempos nem entre compassos:

Enquanto a primeira parte é cantada por um solista, a segunda apresenta alternância entre solista e coro, no esquema, já mencionado, que Mário de Andrade batizou de "verso e refrão":

Nesta segunda parte, além do coro, aparece um instrumento de batucada não identificado — uma piscadela ao título, pois "malhar" é empregado aqui no sentido de "bater". A fórmula rítmica produzida por este instrumento (que é o exemplo mais antigo que encontrei de instrumento de batucada numa gravação de samba) é uma variante do paradigma do *tresillo*, um "ritmo de habanera" ao qual falta a última colcheia:

Já a repetição da primeira parte dá uma versão ligeiramente mais contramétrica da melodia, com o aparecimento de síncopes de semicolcheia entre compassos, no mesmo estilo já verificado nos sambas de Sinhô:

A harmonia mais uma vez se resume a tônica e dominante.

Outra composição de Donga, "O veado à meia-noite", também é em duas partes, de quatro compassos cada uma. Embora o rótulo do disco diga "samba carnavalesco", um locutor anuncia no início da gravação: "batuque". O entendimento da letra é muito difícil devido às más condições técnicas da gravação, mas sua métrica a aproxima de uma embolada, forma poética definida por um especialista em poesia folclórica brasileira como: "Oitava acompanhada de estribilho ... em que o 1º e o 4º versos têm quatro sílabas e os demais têm sete."[14] No caso, cada estrofe de "O veado à meia-noite" corresponde à metade de uma oitava de embolada, isto é, corresponde a uma quadra em que o 1º verso tem quatro sílabas e os demais, sete. Se no entanto unirmos duas quadras (que no samba aparecem separadas pelo estribilho), teremos o esquema de rimas mencionado pelo autor que acabamos de citar, isto é: ABBCDAAC.[15]

Não é apenas a forma poética que é de embolada, a forma musical também: o ritmo melódico da estrofe solista é todo em semicolcheias rebatidas, enquanto o refrão coral, repetido duas vezes a cada ciclo do samba, utiliza valores rítmicos mais longos, cujas articulações se enquadram perfeitamente no paradigma do *tresillo*:

O último autor do estilo antigo cujos sambas presentes na Série Odeon 121.000 serão mencionados aqui é Caninha.[16]

O primeiro deles tem seu título indicado no selo como "Quem vem atrás fecha a porta"; é anunciado pelo locutor como "Quem vem atrás fecha a porta, 'seu' Rafael"; mas ficou conhecido geralmente como "Me leve, 'seu' Rafael", que é a frase do refrão:

Me leve, me leve "seu" Rafael
Me leve, me leve lá pro Pará (bis)

O refrão é repetido pelo coro e em seguida o solista canta suas quadrinhas, que fazem referência à Iaiá e à Bahia:

Quero que Iaiá me leve
Lá na beira do caminho
Tem paciência Iaiá
Me leve devagarinho

Eu chegando na Bahia
Fiquei perdido de amor
Por ver tanta bahianinha
Na terra de São Salvador.

A forma deste samba coincide perfeitamente com as características que vimos Vagalume atribuir aos sambas praticados no começo do século XX nas casas das baianas: refrão curto ("uma quadra ou dois versos apenas") seguido de improvisações.[17] Evidentemente, a menção a improvisação se refere a um modo de fazer, a um comportamento, algo que resiste à transformação em objeto. No entanto, determinadas características formais de versos registrados podem ser bons indícios de que eles estivessem ligados originalmente à prática da improvisação.

De fato, as quadras que citei de "Me leve, 'seu' Rafael" correspondem às características formais das improvisações encontradas, de acordo com Lopes, no partido-alto carioca em sua primeira fase: "De início, os solos do partido-alto eram feitos mais comumente em ... quadrinhas ... quase sempre em versos heptassílabos ... e com obrigatoriedade de rima apenas nos versos pares."[18]

Também em Lopes há menção a um samba folclórico recolhido em 1949 no sertão baiano, que retoma quase literalmente o refrão deste samba de Caninha:

Não me leva, não me leva, "seu" Rafaé
Não me leva, não me leva para o "quarté".[19]

Neste caso, como em tantos outros, não se trata de saber quem influenciou quem, mas de constatar uma proximidade de forma e temática com a música folclórica que foi uma característica do samba estilo antigo, a começar por "Pelo telefone".

A rítmica de "Me leve, 'seu' Rafael" é, também ela, baseada na "síncope característica", enfeitada porém por algumas síncopes entre tempos e entre compassos:

A existência do outro título, "Quem vem atrás fecha a porta", parece difícil de entender, pois em nenhum trecho da letra há referências a nenhuma "porta" nem a ninguém "vindo atrás". No entanto, o caso mencionado anteriormente com o samba de Sinhô, "Quem são eles?", me leva a supor que, aqui também, pode ter sido o bloco que cantava o samba no carnaval que acabou dando um título alternativo à composição. De fato, "Quem vem atrás fecha a porta" é perfeitamente aceitável como nome de bloco carnavalesco (é similar por exemplo a Quem Fala de Nós Tem Paixão, bloco de Sinhô no carnaval de 1917).

Este é, aliás, outro indício de que os sambas de então seriam como que mais "colados" a circunstâncias do que viriam a ser os criados pelos compositores do Estácio. De fato, nestes casos parecia haver tal identificação entre o samba e o grupo que o cantava que o primeiro ficava conhecido pelo nome do segundo, mesmo que este nome não tivesse nenhuma relação com a letra da composição. Isto faz lembrar também que até os anos 1930, os grandes veículos de divulgação da música popular não eram ainda o rádio nem o disco, mas a música ao vivo — as bandas e blocos que atuavam em momentos especiais como o carnaval e a festa da Penha, além do teatro de revista no resto do ano.

Outro samba de Caninha é "Esta nega 'qué' me 'dá'" (sic, por "quer me dar", isto é, "quer me bater"), cujo refrão é:

Esta nega qué me dá,
Eu não fiz nada pr'apanhá.

As quadras que se seguem apresentam o mesmo esquema mencionado acima, isto é, são heptassilábicas com rima nos versos pares:

Nega, tu não faz feitiço
Que eu tenho o corpo fechado
Pancada de amor não dói
Por isso apanho calado

Eu quero fugir da nega
Custe lá o que custar
Nosso Senhor está com pena
De ver a nega me dar.

Aqui a vocação antimalandra dos sambas de estilo antigo encontra uma de suas ilustrações mais escancaradas. O sujeito da letra apanha da mulher, ao passo que os malandros tinham fama de bater nas suas, pelo menos desde o samba "Mulher de malandro", composto por Heitor dos Prazeres em 1932; aliás, talvez pior do que isto seja o fato de que ele reconheça reiteradamente, no refrão, que "não fez nada pra apanhar".

Quanto às características rítmicas, "Esta nega 'qué' me 'dá'" é muito semelhante a "Me leva, 'seu' Rafael".

Finalmente, cabe notar nestes dois sambas a simplicidade da harmonia, que se limita quase exclusivamente a acordes de tônica e dominante.

1927-1933

Ao estudar o paradigma do *tresillo*, nas "Premissas musicais", forte ênfase foi dada à questão das fórmulas de acompanhamento. Também ao apresentar o paradigma do Estácio, na mesma seção, tratou-se sobretudo de fórmulas presentes no acompanhamento rítmico constituído pela batucada.

A intenção inicial, ao abordar os sambas do período 1927-33, era agir como nos dois casos precedentes, e dar a maior parte da atenção às fórmulas de acompanhamento. Ora, logo vi que não seria possível fazê-lo, o que exige esclarecimento.

Percebi pela primeira vez a diferença rítmica entre os estilos novo e antigo* ao escutar os acompanhamentos feitos ao violão para sambas como "Jura" (Sinhô, 1928) ou "Pelo telefone", e compará-los com o ritmo de samba tal qual eu mesmo o aprendi em minha prática de violonista, e tal qual ele é hoje praticado correntemente no Rio de Janeiro.**

O violão é perfeitamente audível nas gravações da época de "Pelo telefone", e também é audível em muitas gravações de samba feitas bem mais tarde, a partir de 1960 (quando surgiram as primeiras gravações, em estilo despojado, de sambistas como Nelson Cavaquinho e Cartola). Mas quando comecei a escuta sistemática das gravações do período 1927-33, dei-me conta de que a enorme maioria delas apresentava acompanhamento de orquestra.

Isso impossibilitou basear a pesquisa no padrão rítmico do violão, pois este só pode ser ouvido claramente no quadro de formações pequenas. Assim, é como se só víssemos as duas pontas de um processo que durou anos: sabemos o que faziam os violonistas por volta de 1920 e o que fizeram de 1960 em diante, mas não podemos ver como, nem em que momento exatamente, uma coisa se transformou na outra.

Para piorar as coisas, em muitas das gravações que me interessavam não era possível tampouco escutar claramente o cavaquinho, o piano ou a batucada — em resumo, nenhum dos elementos da seção rítmica que permitiria caracterizar a modalidade rítmica de acompanhamento.

O que, no entanto, apareceu num primeiro momento como um impedimento para meu projeto, acabou sendo fonte de revelações insuspeitadas. Com efeito, ao escutar aquelas gravações, apesar da nebulosidade que envolvia a seção rítmica, a sensação de estar escutando um samba de estilo novo era perfeitamente definida. Intrigado, comecei a transcrever as melodias dos sambas, o que me fez constatar que eram construídas usando o arcabouço rítmico do paradigma do Estácio. Em outras palavras, as sílabas da melodia são articuladas não nos pontos preferenciais de um compasso 2/4, mas naqueles

* Muito antes, aliás, de pensar em escrever um livro sobre o assunto.

** Conforme mostrou a pesquisa desenvolvida em 1994, quando entrevistei dez violonistas profissionais que atuam como acompanhadores de samba na cidade.

previstos pela imparidade rítmica. Assim, o ritmo contido na articulação silábica sugere o da batucada, e tanto quanto esta contribui para caracterizar o estilo novo.

É sabido que os cantores populares influenciados pela cultura afro-brasileira têm forte tendência a cantar articulando as sílabas (ou boa parte delas) fora dos pontos de apoio sugeridos pela teoria ocidental do compasso.[20] Mas não há, na literatura sobre o samba que conheço, nenhuma constatação de que exista um "sistema" na maneira como essa contrametricidade se organiza: Brasílio Itiberê afirma mesmo que "o que se encontra no canto popular [brasileiro] é a múltipla variedade de uma rítmica livre, espontânea, saiu-como-saiu".[21] Ora, ao estudar o período mencionado, verifiquei ao contrário, e não sem surpresa, a existência de um grande número de sambas cujas melodias tendem a se organizar ritmicamente de maneira *determinada*, e não aleatória. Não apenas elas tendem a contrariar a hierarquia métrica dos compassos 2/4 em que são geralmente escritas, mas essa contrametricidade tende a acontecer sempre nos mesmos pontos de um período dado e não nos outros, isto é, a acontecer de maneira sistemática, cíclica.

Essa ideia de uma correspondência entre uma fórmula rítmica de acompanhamento e a articulação rítmica do canto foi sugerida em primeiro lugar por Alejo Carpentier, quando afirmou que "... o ritmo das claves, como inteligentemente notou Emilio Grenet, *é o único que pode ajustar-se sempre, sem variantes, a todos os tipos de melodias cubanas*, constituindo portanto uma espécie de constante escansional".[22] Assim, do mesmo modo que as melodias cubanas seriam construídas na fôrma do ritmo feito pela *clave*, as melodias de certos sambas seriam construídas na do ritmo do tamborim.

Esta ideia aparece também em Mukuna, que associa um dos ritmos típicos do tamborim (de fato, uma das realizações do nosso paradigma do Estácio) com o conceito de *time line* introduzido por Nketia, que seria "um ponto de referência constante pelo qual a estrutura da frase de uma canção, assim como a organização métrica linear da frase, são conduzidos". Tal observação estaria, segundo Mukuna, plenamente justificada nos sambas, onde "este padrão combina muito bem com as divisões das frases nas linhas melódicas. Para cada segmento melódico, há um ciclo rítmico completo".[23] Minhas observações mostraram que o referido ciclo rítmico se ajusta à melodia não apenas por seu tamanho mas também por sua decupagem interna: as articulações rítmicas da melodia dos sambas em questão "caem" nos pontos previstos pela lógica da imparidade rítmica.

Essa afirmação não se pretende válida para o conjunto do samba carioca, nem muito menos para os sambas praticados em outros pontos do país. O estudo aqui apresentado só foi exaustivo no que tange às gravações comerciais de sambas feitas por Francisco Alves no Rio de Janeiro entre 1927 e 1933. Dentro desse *corpus*, constata-se que as melodias cuja articulação rítmica tende a identificar-se ao novo paradigma são, não por acaso, sobretudo as do grupo de compositores do Estácio e seus próximos (em particular Noel Rosa). Mas uma observação não sistemática mostrou as mesmas características em muitos sambas de outros períodos e compositores, levando-me a supor que estudos posteriores poderão mostrar a existência, ainda que sem exclusividade, do mesmo "modelo escansional" em outras áreas do samba.

* * *

Anteriormente discutimos um grupo de oito sambas cujos textos nos permitiram estabelecer as características da temática malandra: "Não é isso que eu procuro", "A malandragem", "Nem é bom falar", "O que será de mim", "Nem assim", "Se você jurar", "Ora vejam só!" e "Gosto que me enrosco". É por estes sambas que vou começar a mostrar o aparecimento do paradigma do Estácio na passagem dos anos 1920-30.

Diga-se desde logo que cinco deles apresentam uma similitude especialmente grande. Esta similitude repousa em primeiro lugar sobre a técnica poética utilizada nas segundas partes, cujos versos são sempre constituídos de duas quadras de versos heptassilábicos — com acentuação geralmente na terceira e na sétima sílaba — e não mais apenas uma quadra, como se preferia anteriormente.

A métrica poética comum possibilita que o ritmo da melodia destas segundas partes seja muito semelhante. De fato, cada um de seus oito versos ocupa um ciclo rítmico de dois compassos 2/4, e suas articulações correspondem a diferentes versões do paradigma do Estácio. Cada um dos cinco sambas apresenta duas segundas partes de oito versos cada, o que nos dá um total de oitenta versos. Pois bem, o ritmo destes oitenta versos se resume quase exclusivamente a três fórmulas rítmicas básicas, que apresento em seguida, da mais cométrica à mais contramétrica.

Se considerarmos cada segunda parte, constituída por oito ciclos de dois compassos, como uma cadeia sintagmática, veremos que cada um dos três tipos rítmicos identificados pode aparecer em qualquer das oito posições assim definidas. Estas variações de posição ocorrem tanto na comparação entre sambas diferentes como entre duas segundas partes de um mesmo samba. Tudo se passa como se o cantor pudesse buscar suas alternativas no pequeno repertório de variações rítmicas que constitui aqui uma classe de equivalência, e entre elas — mas só entre elas — escolher.

A título de ilustração, dou aqui a transcrição musical de dois versos extraídos das segundas partes de cada samba.

Não é isso que eu procuro, segunda parte, segunda estrofe, versos 1 e 2:

A malandragem, segunda parte, segunda estrofe, versos 3 e 4:

Se você jurar, segunda parte, primeira estrofe, versos 5 e 6

Nem assim, segunda parte, segunda estrofe, versos 7 e 8:

O que será de mim, segunda parte, segunda estrofe, versos 7 e 8:

Vimos anteriormente que a imparidade rítmica faz interpolar grupos de duas e três pulsações. Estes podem apresentar-se em duas versões: agregados (onde os grupos de duas são representados por colcheias, e os de três, por colcheias pontuadas) ou subdivididos em semicolcheias, agrupadas estas, por sua vez, através de acentos, mudanças de timbre ou outras marcas.

As versões mais comuns do paradigma do Estácio na batucada apresentam, como vimos acima, os grupos binários agregados, e os grupos ternários subdivididos em semicolcheia+colcheia. Como, nas dezesseis pulsações do paradigma, há cinco grupos binários e dois ternários, isto nos dá um total de nove articulações (como nas três variantes do exemplo acima): sete colcheias e duas semicolcheias.

Para reproduzir fórmulas rítmicas assim construídas nos sambas em questão, cuja melodia praticamente não apresenta prolongações vocálicas, seria necessário uma sílaba por articulação rítmica, isto é, nove; ora, as segundas partes em questão não apresentam um só verso de nove sílabas. A maior parte deles apresenta oito — quando a última sílaba é átona — ou sete sílabas.[24] As versões do paradigma são pois obrigadas a abandonar uma ou duas articulações, o que dá origem a novas variantes, construídas a partir de cada uma das três mencionadas acima.[25] No primeiro caso, um dos grupos de três é agregado numa colcheia pontuada. No outro caso, este mesmo grupo de três é substituído por uma pausa. Por outro lado, nas segundas partes de "Se você jurar", a maioria dos versos possui apenas seis sílabas, do que resulta, ademais, o desaparecimento de uma colcheia na fórmula. De fato, o que importa para a caracterização do paradigma não é a presença de todas as articulações, mas que as que existem "caiam" sempre nas posições previstas por ele.

A uniformidade rítmica das segundas partes em questão é grande, e o mesmo esquema pode ser observado em várias outras segundas partes do período, tal como "Para me livrar do mal" (Ismael Silva-Noel Rosa, 1932), "Me faz carinhos" (Ismael Silva-Francisco Alves, 1928) e muitos outros. Por outro lado, os refrãos destes mesmos sambas apresentam um ritmo mais variado. A variação, no entanto, se faz sempre no quadro do paradigma do Estácio.

Vejamos, para começar, o que se passa no refrão de "O que será de mim". Na transcrição abaixo, seus nove primeiros compassos são comparados à versão correspondente do paradigma. O que se vê é que o ritmo da melodia, mais uma vez, coincide sempre com pontos de articulação do paradigma, mesmo que nem todos os pontos de articulação do paradigma apareçam na melodia. Há apenas três exceções a esta regra, devidamente assinaladas: as duas notas do início, e a semínima cométrica que corresponde à palavra "pois", que aparece no compasso 9 depois de uma longa pausa. Exceções como estas aparecem sistematicamente, em pontos semelhantes, nos sambas do período: a cometricidade tende a substituir a contrametricidade nos inícios ou após pausas prolongadas. Isto parece indicar que, para a sensibilidade musical dos sambistas, o início (ou reinício após longa pausa) seria um ponto onde todas as articulações rítmicas devem coincidir, e isto se obteria mais facilmente através da cometricidade que da contrametricidade, mesmo à custa de um momentâneo abandono do paradigma.

O que será de mim, refrão comparado à versão correspondente do paradigma

Na transcrição do refrão de “Nem assim” vemos a mesma comparação, que mostra a mesma correspondência. Aqui, no entanto, não há exceção, e até mesmo o início obedece à contrametricidade exigida pelo paradigma.

Nem assim, refrão comparado à versão correspondente do paradigma

O refrão de “Se você jurar”, por outro lado, apresenta algumas diferenças em relação ao paradigma do Estácio. As duas primeiras frases são cantadas por Francisco Alves (aqui em dupla com Mário Reis) de maneira que se aproxima do estilo antigo, pois trata-se de uma “síncope característica” invertida.

Ora, em 1955 o próprio Ismael Silva gravou um disco em que canta suas composições, entre as quais alguns sucessos do período que nos ocupa. Sua própria versão rítmica do início deste samba sincopa a segunda e a terceira sílaba de cada verso, e esta pequena alteração muda completamente o sentido do trecho: ela nos repõe no ambiente do Estácio, sem qualquer reminiscência do estilo antigo. Isto me leva a interpretar a versão rítmica de Alves como uma manifestação dos obstáculos ao aprendizado do novo estilo.

Para apoiar tal afirmação, penso ser instrutivo introduzir na comparação uma versão bem mais recente de "Se você jurar", a que foi gravada em 1994 pela cantora Teca Calazans.

Se você jurar, comparação entre as versões de Alves/Reis (1931), Ismael Silva (1955) e Teca Calazans (1994)

Vemos assim que a concordância é maior entre as duas versões mais recentes (Silva e Calazans) que entre as duas mais antigas (Silva e Alves), mesmo se o intervalo entre aquelas é de 38 anos, e entre estas, de apenas 25. Penso que qualquer pessoa que frequente cantores de samba estaria de acordo em afirmar que hoje em dia seria surpreendente encontrar alguém que cante o início de "Se você jurar" com o ritmo proposto na versão de Alves.

Até aqui, limitei-me a cinco dos oito sambas cujas letras foram analisadas no contexto da discussão sobre malandragem. Tratarei agora do sexto deles, "Nem é bom falar". A gravação original deste samba apresenta um interesse suplementar, pois na última repetição do refrão, podemos escutar um instrumento da batucada que toca uma versão do paradigma do Estácio. Assim, o que se fez aqui artificialmente, para fins de demonstração, na transcrição de "O que será de mim" — mostrar lado a lado melodia e versão correspondente do paradigma — a gravação de "Nem é bom falar" fez para fins estéticos. Lá, um ritmista executa sua versão do paradigma em *ostinato* estrito, a não ser no trecho em torno dos compassos 12 e 13, onde o acompanhamento faz um breque: ali ele se limita a colcheias cométricas. As versões rítmicas escolhidas pelo cantor, no entanto, são mais contramétricas que a versão do ritmista, o que se mostra nos trechos assinalados.

Nem é bom falar, refrão

Vemos assim que mesmo se os refrãos dos sambas em questão são ritmicamente mais variados que suas segundas partes, eles em última análise também obedecem à "constante escansional" (retomando a expressão de Carpentier) constituída pelo paradigma do Estácio. No entanto, é preciso reconhecer que a diferença entre a maneira como esta constante se apresenta nos dois casos é suficientemente grande e uniforme para ser considerada significativa.

Creio que tal diferença tem relação com uma diferença de contexto a que já aludi: ao contrário dos refrãos, as segundas partes eram originalmente improvisadas pelos solistas. Ora, nas inúmeras formas de cantoria improvisada encontradas na música brasileira, é muito comum que a liberdade de invenção poética seja disciplinada por certa padronização musical. É o caso por exemplo dos repentistas nordestinos, que se utilizam de fórmulas melódicas para suas modalidades de cantoria. É o caso também — mais próximo do nosso assunto — da improvisação que se verifica em outros estilos de samba carioca, como o partido-alto. Não é que a invenção melódica não possa ocorrer ali; mas a improvisação poética, dentro de uma métrica fixa, predomina sobre a variação musical, o que leva os cantores a adotar fórmulas melódico-rítmicas estereotipadas. Parece-me razoável supor que o grau alto de padronização melódico-rítmica das segundas partes dos sambas do Estácio, em comparação com os refrãos dos mesmos, esteja ligada a tais fatores. Num primeiro momento, aquelas segundas partes teriam sido compostas de maneira bastante colada às práticas correntes nos improvisos, para só mais tarde adotarem maior liberdade de invenção melódico-rítmica.

Agora resta falar de apenas dois sambas de nosso grupo de oito: "Ora vejam só!" e "Gosto que me enrosco". São exatamente os dois cuja autoria foi, como vimos antes, disputada por Heitor dos Prazeres e Sinhô. Da análise de suas letras, tirei argumentos em favor da autoria do primeiro, pois elas tratam de malandragem e orgia, temas caros aos compositores do Estácio. A análise da música, no entanto, sugere a contribuição de Sinhô.

Sinhô foi sem dúvida, entre os compositores do estilo antigo, o que andou mais longe no caminho das transformações do samba. A contrametricidade de suas melodias é muito mais variada que a das de Donga, Caninha ou João da Baiana; algumas delas, como as de "Dá nele", "Amostra a mão" e as dos refrãos de "Sem amor" e "Reminiscências do passado" (todas gravadas em 1930, em alguns casos com acompanhamento de batucada), se enquadram já perfeitamente no paradigma do Estácio. Outros traços nos quais Sinhô pavimentou o caminho para Ismael Silva e seus amigos foram a maior sofisticação harmônica e a construção de partes mais longas (como no seu clássico "Jura", de 1928, com sua modulação para a dominante e seu refrão de 32 compassos).

Ora vejam só!, segunda parte

Gosto que me enrosco, segunda parte

A maior parte da obra de Sinhô — mesmo a de seu período final — continua, no entanto, tributária do estilo antigo.[26] Entre os elementos que depõem neste sentido, o mais importante é o *tresillo* que se pode escutar em várias de suas gravações, como padrão rítmico de acompanhamento, tocado por cavaquinho ou piano. Este *tresillo* é particularmente claro, por exemplo, na segunda parte da gravação original de "Jura" e na gravação de "Amar a uma só mulher" (1928).

Outro elemento são as respostas melódicas feitas pelo baixo — ou "baixarias", como dizem os músicos cariocas — na maioria das gravações dos sambas de Sinhô. Essas respostas, que não poderemos estudar em detalhe aqui — e para cuja importância na caracterização do maxixe já chamara a atenção Flávio Silva —, são uma das características mais marcantes dessas gravações, e elas se baseiam de maneira quase obsessiva na "síncope característica".

As melodias de "Ora vejam só!" e "Gosto que me enrosco" apresentam contrametricidade maior e mais variada do que os sambas de estilo antigo discutidos até agora. Também sua maior elaboração harmônica e os dezesseis compassos de cada uma de suas partes os aproxima do estilo novo. Mas nem em sua melodia, nem em seu acompanhamento encontramos as fórmulas rítmicas típicas do paradigma do Estácio. Os dois sambas se distinguem pois claramente, do ponto de vista rítmico, dos outros seis do mesmo grupo. Vê-se assim mais uma vez confirmada a consistência da associação, que quero demonstrar, entre estilo novo e paradigma do Estácio: os dois únicos sambas do grupo em que um dos autores é associado ao estilo antigo são também os dois únicos em que o paradigma está ausente.

* * *

Falei há pouco de obstáculos ao aprendizado do novo estilo. Aqui é pois o momento de citar um testemunho deste aprendizado, que envolve precisamente Francisco Alves, o principal responsável pela introdução do novo estilo nas gravações de samba. Trata-se do episódio já mencionado em que o cantor descobre um novo samba:

> Francisco Alves, Nonô, o lutador de boxe Rubens Soares e alguns amigos deste conversavam a uma das mesas do Café Trianon. A certa altura, os amigos de Rubens começaram a cantar um estribilho: "Porque bebes tanto assim, rapaz... etc." Francisco Alves, com toda a razão, exultou. ... Com aquele faro infalível para o sucesso, viu logo que aqueles rapazes tinham nas mãos um bilhete premiado. "Qual de vocês fez este samba?" Rubens, um tanto timidamente, respondeu: "Eu. Mas por enquanto é só um estribilho." ... Francisco Alves estava de fato empolgado: "Me repete este estribilho, Rubens. E com essa mesma bossa que os rapazes botaram nele. Quero aprender do jeito que você fez." Rubens repetiu-o. Uma, duas, várias vezes, até Francisco Alves decorar a letra e assimilar a tal bossa que o estribilho tem.[27]

Não podemos saber exatamente o que era esta "bossa",[28] que exige que o cantor profissional fique horas aprendendo com "os rapazes"; mas podemos supor que a articulação rítmica fizesse parte dela. Este testemunho do zelo quase etnográfico do cantor em aprender a música "como o compositor fez" é particularmente eloquente quando se sabe que foi o próprio autor do samba em questão, Rubens Soares, que relatou o episódio a Máximo e Didier.

Já se fez menção ao fato de que as gravações de samba a partir dos anos 1920 passaram a adotar, além das introduções instrumentais, uma versão instrumental da melodia, situada geralmente, nas gravações, antes da última repetição do samba pelo cantor. Assim, a mesma melodia, numa dada gravação, é exposta por diferentes enunciadores: ora o cantor principal, ora os diferentes instrumentos da orquestra, ora, em alguns casos, ainda o coro. Isto possibilitou ver que Francisco Alves empregava, em suas versões das melodias, ritmos mais próximos do paradigma do Estácio, ou, para dizê-lo de maneira mais geral, ritmos mais contramétricos, que os instrumentistas. Talvez isso se devesse a que Francisco Alves, e talvez também outros cantores da época, possuía uma proximidade em relação às "fontes" — por assim dizer — que fazia a diferença em relação a outros profissionais envolvidos com a produção de gravações de sambas, como arranjadores e músicos de orquestra.

Assim, mais uma vez, o ritmo das melodias se revelou área privilegiada para o estudo da mudança de paradigma rítmico, pois através dele foi possível verificar que a referida mudança se fez em diferentes velocidades em cada um desses enunciadores. As várias versões rítmicas da melodia que possuímos para cada gravação mostram no detalhe o duro trabalho de aprendizado — em suas várias "etapas" — necessário para forjar o que nos anos seguintes se tornaria o ritmo "natural" do samba.

Em apoio a esta ideia, menciono o testemunho de Paulo Tapajós (n.1913), cantor e homem do rádio:

> Radamés [Gnattali, compositor e arranjador] gostava muito de conversar sobre as particularidades do ritmo brasileiro, notadamente o do samba, e é bom dizer aqui que foi Luciano Perrone [baterista] quem sugeriu a Radamés escrever os arranjos de samba com a mesma divisão rítmica dos tamborins. Isto aconteceu numa época em que o samba tinha um estilo de instrumentação inadequado à divisão que os cantores faziam. Estes não eram músicos, mas sua intuição os levava a uma acentuação de ritmo bem mais saborosa do que a que estava no papel. Canto e orquestra pareciam brigar. Radamés compôs, com Luciano, o "Ritmo de samba na cidade", que ficou sendo o grande marco divisor das fórmulas adotadas até então, passando a orquestração do samba a ser definida como anterior ou posterior a "Ritmo de samba na cidade".[29]

Tapajós emprega o termo *divisão*, que é uma categoria utilizada na música popular brasileira para designar as variações de articulação rítmico-melódicas empregadas nas canções. Assim, Tapajós sugere a existência de uma articulação rítmica típica dos tamborins ("a divisão rítmica dos tamborins"), que seria adotada pelos cantores, mas não pela orquestra e pelo "papel", isto é, as partituras. Tamborins e cantores são contrapostos a orquestra e partituras (eles "pareciam brigar"); uns, pertencentes ao domínio da tradição oral (pois se diz, dos cantores, que "não eram músicos"), outros, ao da tradição escrita; e os primeiros articulariam o ritmo de maneira que é valorizada esteticamente por Tapajós: "bem mais saborosa".

Infelizmente, não tive acesso à gravação mencionada por Tapajós. Mas a pesquisa permite afirmar que a história não foi tão simples como este deixa entender: a adoção da nova divisão rítmica por todos os elementos das gravações não foi obra de uma só gravação, mas de um aprendizado — aprendizado criativo, bem entendido — que durou anos.[30]

Darei dois exemplos da defasagem entre as articulações rítmicas dos cantores e as dos instrumentistas: as segundas partes de "Não é isso que eu procuro" (Ismael Silva-Francisco Alves, 1928) e de "És ingrata, mulher" (Loló Verbo, 1930). A primeira delas segue o esquema já descrito, com seus versos heptassilábicos e suas três variantes do paradigma do Estácio. Quando a orquestra enuncia a mesma melodia, no entanto, o resultado é uma versão quase completamente cométrica, onde não se reconhece mais o estilo novo. As únicas síncopes que sobram são internas aos tempos (expressas na figura semicolcheia-colcheia pontuada), que soam como uma desajeitada tentativa de imitar o estilo de Alves.

Não é isso que eu procuro, comparação das versões tocada e cantada da segunda parte

Já em "És ingrata, mulher", o canto de Alves, mesmo sendo bastante contramétrico, não nos dá versões perfeitas do paradigma, a não ser entre os compassos 9 a 12. A orquestra, porém, volta a manifestar sua tendência à cometricidade, distorcendo sistematicamente as síncopes de Alves.

És ingrata, mulher, comparação entre as versões cantada e tocada da segunda parte

Vimos acima que este traço formal — a maior ou menor cometricidade das várias versões de uma mesma melodia — pode ser relacionado à maior ou menor pertinência dos enunciadores à tradição oral ou erudita. Em outras palavras, as diferentes versões rítmicas não são socialmente neutras. Mas esta associação entre variáveis sociais e musicais pode ser levada ainda mais longe.

Com efeito, se tomarmos um dado grupo de sambas gravados por Francisco Alves no Rio de Janeiro em 1931, veremos que nas intervenções da orquestra, quando há uma separação nítida entre trechos tocados pelas cordas e pelos metais, a primeira é sempre muito mais cométrica que a segunda. Ora, isto se relaciona, a meu ver, com as diferenças nas posições sociais destes dois tipos de instrumentos, diferenças que aliás ainda existem. Se, por exemplo, lermos no encarte de um disco recente de música brasileira o nome dos músicos da orquestra, teremos nas cordas Giancarlo Pareschi, Marie Christine Springel, Michel Bessler, Jacques Morelenbaum; e nos metais, Serginho do Trombone,

Formiga, Bidinho, Paulinho do Trompete.[31] Nas cordas, chamados pelos seus nomes completos, filhos ou netos de europeus, com formação musical de conservatório ou equivalente; nos metais, nomes "populares": diminutivos (Serginho...), nome incorporando o instrumento (...do Trombone), apelidos (Formiga), e nenhum nome de família mencionado. Os metais, desde o século passado, são no Brasil instrumentos "populares", cujos músicos são recrutados nas camadas desfavorecidas da população, músicos cuja formação não é feita nos conservatórios mas no exército ou nas "bandas de música"; músicos que, finalmente, sempre animaram os bailaricos populares, desde os "choros" da virada do século até o carnaval de rua atual.

Estas diferenças podem ser constatadas no samba "Oh! Dora!", de Orlando Vieira, gravado por Francisco Alves em 1931. A melodia da primeira parte, na versão do cantor, é bastante contramétrica. A versão do saxofone torna a mesma melodia menos contramétrica, mas a versão do violino é a menos contramétrica das três.

Oh! Dora!, comparação da melodia do refrão exposta por instrumentos e canto

Mas não é que a contrametricidade possua alguma essência popular, ou que uma pele mais escura torne automaticamente mais fácil a assimilação dela.

Para voltar à imagem de Mário de Andrade, não é o "sangue", mas o "convívio" que torna o paradigma do Estácio muito mais facilmente assimilável por músicos formados na tradição popular afro-brasileira que por músicos formados na tradição clássica europeia. Aqueles apresentam maior desembaraço em tal tipo de ritmo, por ser de ritmos assim que se faz o seu pão musical cotidiano. Para estes, ao contrário, a contrametricidade é a exceção (a "síncope"), que exige a duplicação gráfica da ligadura, e o recurso analítico da contagem.

A progressiva adoção do novo paradigma rítmico do samba nos anos 1930 reflete pois uma nova capacidade, por parte da cultura oficial brasileira, de aceitar ritmos muito mais contramétricos do que os previstos pelo velho paradigma do *tresillo*. Desde o final da década de 1930 a música escrita, a música gravada, os músicos de orquestra que participavam das gravações, os arranjadores, os diretores artísticos das gravadoras, o público consumidor de discos e de partituras, todo este conjunto que podemos chamar de "cultura musical oficial" passou não apenas a aceitar musicalmente o novo paradigma, mas a identificá-lo com o verdadeiro samba, isto é, com um gênero que, no mesmo período, passava a ser considerado como a principal expressão musical do país.

Conclusão

Gostaria de sublinhar três objetivos que penso ter atingido com este trabalho.

Em primeiro lugar, fiz uma revisão dos conceitos e interpretações em vigor sobre o samba. Sendo este gênero tão popular no Brasil, é natural que muita tinta haja corrido sobre ele, e nem sempre de maneira fundamentada. Mesmo a contribuição inestimável dos que, de Vagalume a Sérgio Cabral, aproveitaram de sua intimidade com o mundo do samba para traçar sua história, sofre em algumas passagens dos limites inerentes a um ponto de vista excessivamente colado a seu objeto. Impunha-se uma reavaliação da literatura: ela já havia sido começada pelos trabalhos de Samuel Araújo e Hermano Vianna, e creio tê-la levado um pouco mais longe — em especial no que diz respeito à análise dos testemunhos dos sambistas pioneiros e à caracterização do samba carioca dos anos 1930.

Em segundo lugar, confirmei, através de análise das gravações, a ocorrência de uma mudança de estilo no samba em torno de 1930. Gostaria entretanto de enfatizar que esta análise já havia sido feita, à sua maneira, pelos personagens da história. É evidente que Donga, Ismael Silva, Sérgio Cabral, Tinhorão, e outros que falaram ou escreveram sobre a diferença entre "samba moderno" e "samba-maxixe", compreendiam essa diferença também em termos *musicais*. Podemos perceber isso, por exemplo, no seguinte trecho da famosa entrevista de Ismael Silva a Sérgio Cabral:

> [Cabral]: — Vocês do Estácio tinham consciência de que estavam lançando um novo tipo de samba? [Ismael Silva]: — ... O samba era assim: *tan tantan tan tantan*. Não dava. ... Aí, a gente começou a fazer um samba assim: *bum bum paticumbumprugurundum*.

Ismael "mostra" os traços musicais que lhe parecem importantes para distinguir os dois estilos: faz isso cantarolando os ritmos, como se batucasse cantando. É procedimento perfeitamente adequado a suas necessidades. Se o tivesse levado um pouco mais longe, quem sabe poderia até formalizá-lo, seguindo o exemplo dos músicos indianos e outros que criaram sistemas de sílabas musicais.

Cabral, por seu lado, traduz o cantarolar de Ismael em sílabas impressas, incapazes (na ausência de outras informações) de nos devolver a totalidade do conteúdo musical. Mas Cabral é um jornalista carioca e o público a que se dirige é o próprio público do samba: neste contexto, dizer mais do que ele disse seria, de alguma maneira, redundante. A eficácia de seu discurso pode ser medida pelo fato de que a expressão "bumbumpaticumbumprugurundum" foi reapropriada pelo mundo do samba e empregada em 1982 no samba-enredo da Império Serrano, que venceu o desfile.

Se entretanto, como espero, meu próprio discurso não é redundante em relação a este reconhecimento já estabelecido da diferença entre dois estilos, é porque a sistematização, a crítica das fontes e a formalização que o presidiram levaram a resultados impossíveis de obter por outras vias. Estes resultados, creio, merecem participar também do diálogo sobre o samba já iniciado por Cabral e Ismael Silva, entre outros.

Finalmente, tentei situar a questão das transformações do samba no quadro de uma história mais geral da música popular brasileira. A assimilação do samba de estilo antigo ao paradigma do *tresillo* permitiu vê-lo como tributário de um universo musical e ideológico que remonta a muito antes de 1917 — universo de que os primeiros registros datam do final do século XVIII, com os manuscritos da Biblioteca da Ajuda, discutidos na Parte I.

Esta ampliação de perspectiva torna possível pensar a mudança de estilo acontecida no samba dos anos 1930 como um verdadeiro ponto de inflexão na música popular: o fim de uma etapa que não teria durado só de 1917 a 1930, mas que se teria estendido pelo século XIX. Assim, ao longo do trabalho nos defrontamos não com um, mas com *dois* ciclos de transformações: um ciclo *curto*, que conduziu do estilo antigo ao estilo novo de samba, e um ciclo *longo*, que conduziu do paradigma do *tresillo* ao do Estácio.

* * *

Um dos grandes sucessos do carnaval brasileiro nos anos 30 foi uma marchinha de Lamartine Babo chamada "Descoberta do Brasil", que dizia:

— Quem foi que inventou o Brasil?
— Foi seu Cabral! Foi seu Cabral!
No dia 22 de abril,
Dois meses depois do carnaval!

Talvez uma das razões do enorme sucesso desta marchinha seja o fato de pôr em cena a ideia de uma identidade brasileira *anterior* a Cabral. Este sendo para nós o "início" da história, tal identidade representada no carnaval seria vista como a-histórica, eterna. *Depois* de Cabral (como diz a letra), houve os romances de José de Alencar, as óperas de Carlos Gomes, a feijoada, o guaraná e o parati: em resumo, as conquistas da civilização brasileira, tudo que pudemos "inventar", como se diz no primeiro verso.[1] Mas se algo existia já *antes* dele, tal coisa seria necessariamente da ordem do a-temporal, anterior a toda invenção: ela nos definiria de modo ainda mais profundo.

No decorrer deste trabalho empreguei algumas palavras que se aproximam do carnaval, tal como definido na marchinha de Lamartine, pois evocam, para boa parte dos brasileiros,[*] camadas profundas de sua identidade: palavras como "samba", "música folclórica", "música popular brasileira". São palavras que não nos falam só de música, mas também de nossa afetividade, de nossos hábitos e até de nossas convicções políticas.

Constatamos ao longo destas páginas que, por mais que gostemos da marchinha de Lamartine, palavras como estas não designam conceitos eternos. Tal constatação seria, no entanto, estéril, se não nos estimulasse a mostrar, da maneira mais detalhada possível, o processo pelo qual os fenômenos que elas designam são socialmente construídos e assumem o papel identitário a que fiz referência. Foi o que tentei fazer no caso do samba.

Este caso me parece de fato rico em sugestões para os estudos culturais no Brasil. Entre outras razões, porque mostra particularmente bem que a invenção do país de que nos falou a canção — construção social de uma identidade brasileira — não se faz de maneira arbitrária, mas através de seleções e elaborações operadas sobre materiais historicamente dados, que caucionam sua alegação de eternidade. Fórmulas rítmicas, instrumentos musicais, vocabulário, credo religioso etc. são alguns dos traços pelos quais, na moldagem do samba carioca, a criatividade encontrou eco no passado.

Em outras palavras, para compreender o nosso tema, não basta dizer que ele participa de uma identidade socialmente construída: é verdade, mas é demasiado geral. Meu trabalho consistiu em ir aos detalhes sociais e musicais desta construção, mostrando como sua eficácia repousa em parte no aproveitamento seletivo, em novos contextos, de traços previamente dados.

Entre estes últimos, dediquei especial atenção a traços rítmicos de origem africana. Mas não me preocupei em fazer remontar determinadas fórmulas a uma ou outra etnia ou região da África. Em vez disso, mostrei que os dois

* Parte na qual se inclui o autor destas linhas.

paradigmas — o do *tresillo* e o do Estácio — podem ser descritos satisfatoriamente através do conceito de "imparidade rítmica", conceito criado no quadro da pesquisa sobre música africana. O que interessa é constatar assim que *em momentos e circunstâncias diferentes, dois tipos de imparidade rítmica são escolhidos no seio do patrimônio musical afro-brasileiro para funcionar como signos identitários num novo contexto — o da música popular.*

Por outro lado, o estudo da passagem de um paradigma a outro trouxe-nos uma novidade para os estudos até aqui feitos sobre o samba. Nesses estudos se tem enfatizado diversas vezes o que seria o "embranquecimento" do gênero, sua assimilação progressiva pelo *statu quo*.[2] Ora, se admitimos, com a maioria dos pesquisadores, que a tendência à contrametricidade é, na música das Américas, traço de origem africana, será necessário ver nesta passagem, ao contrário, uma "africanização", pois o paradigma do Estácio é muito mais contramétrico que o do *tresillo*.

O tráfico de escravos acabou, no Brasil, no meio do século XIX. Ver no paradigma do Estácio um traço de origem africana implica pois supor que ele existisse já no país bem antes de 1930 — mas, por assim dizer, em estado latente, ou seja, à margem dos registros da cultura oficial. Em apoio a esta hipótese, vem o fato de que podemos encontrar o mesmo modelo rítmico em certas áreas da música afro-brasileira de tradição oral. Um levantamento que está longe de ser exaustivo permitiu encontrá-lo, por exemplo, em gravações de samba de viola feitas na Bahia, e numa modalidade de candomblé de Angola praticado no Rio de Janeiro.[3]

Se aceitamos então a hipótese de que o modelo rítmico em questão já era praticado na música afro-brasileira antes de 1930, duas perguntas se impõem: primeiro, por que ele demorou tanto a fazer sua aparição na música escrita e gravada, se o *tresillo* já tinha aberto o caminho nesse domínio desde o século anterior; segundo, por que, quando o paradigma do Estácio chegou enfim à música popular, sua presença foi tão marcante — muito mais do que sua presença na música folclórica teria permitido supor? Em outros termos: por que, na enorme diversidade rítmica da música afro-brasileira, a nova versão do samba carioca nos anos 1930 selecionou exatamente esse modelo como ícone rítmico, como "batida"?

Quanto à primeira questão, penso que o segundo paradigma demorou mais a "pular a fronteira" (por assim dizer) que separa música folclórica de música popular, por ser muito mais contramétrico que o outro. Esta forte contrametricidade o submeteu a uma espécie de recalcamento operando a diversos níveis: cognitivo, pois o ouvido tende a rejeitar ou reinterpretar informações excessivamente diferentes dos padrões habituais numa cultura musical dada; social, pois sua "diferença excessiva" remetia a seus portadores

— os negros, escravos até 1888, marginalizados desde então — no que possuem de irredutível, de desconhecido, de incontrolável. Finalmente, o ritmo em questão foi submetido também ao que poderíamos chamar de recalcamento estético, pois mostrando de maneira demasiado gritante a marca de "música de negros", ele fazia-se atribuir a mesma inferioridade atribuída a seus portadores. De todas essas "atribuições" há inúmeros exemplos na literatura. Eles são manifestações verbais do recalque da música afro-brasileira, assim como a ausência de registros de ritmos "demasiado" contramétricos antes de 1930 é manifestação musical do mesmo recalque.

O dito recalque é porém, repita-se, só uma parte da história: o lundu, como vimos, já começara, mais de cem anos antes, a mostrar que no Brasil também existia um diálogo entre culturas. Mas o principal recurso musical pelo qual o lundu, e depois dele a polca-lundu e o maxixe, ostentou seu negrismo moderado foi o uso de fórmulas rítmicas do paradigma do *tresillo*. Este, muito menos contramétrico, é de aceitação mais fácil pela rítmica ocidental, sobretudo se transformado em "ritmo de habanera" por uma semicolcheia providencial.

Quanto à segunda pergunta, ela é mais difícil. Mas tudo que ficou dito parece indicar que o paradigma do Estácio foi um compromisso possível entre as polirritmias afro-brasileiras e a linguagem musical do rádio e do disco. Ele serviu ao mesmo tempo para que pessoas como Ismael Silva, Cartola e outros malandros em vias de profissionalização exibissem sua diferença, afirmando que o que faziam era samba, e não maxixe. Contribuiu também para que o Brasil, que 40 anos antes conhecia ainda a escravidão, passasse a outra etapa de sua identidade cultural, integrando dados até então excluídos.

Em 1939, alguns anos depois do período que mais nos ocupou, o compositor Ary Barroso exprimiu em seu emblema sonoro, de maneira especialmente feliz, esta identidade repensada, através da introdução de seu célebre samba "Aquarela do Brasil": o paradigma do Estácio em pessoa, tocado por uma orquestra ocidental completa... e sem hesitações rítmicas.

ANEXO • VÍDEO INFELIZ

Em 2008, Caetano Veloso tinha um blog, www.obraemprogresso.com.br, no qual, além de textos, postou vários vídeos em que interpretava canções suas e de outros, gravadas em ensaios e em apresentações públicas. No vídeo que motivou e deu título ao texto a seguir, ele interpretava "Feitiço da Vila", de Vadico e Noel Rosa, e tecia extensos comentários sobre sua letra, entre risos da plateia. O vídeo não está mais, que eu saiba, disponível na internet, mas os pontos relevantes para o que se segue são mencionados ao longo do meu texto. Este foi publicado originalmente no próprio blog, em junho de 2008, graças à intermediação de Hermano Vianna, que era o moderador. Agradeço a Hermano e a Caetano Veloso por aceitarem publicá-lo no blog do compositor.

***

Minha admiração por Caetano Veloso é enorme. Ela começou quando eu tinha uns nove anos de idade e acompanhava na televisão o programa *Esta noite se improvisa*, comandado por Blota Júnior, do qual ele era participante habitual. Continuou depois, quando fui assistir, com treze ou quatorze anos, o show *Transa*, que marcou a sua volta do exílio. E de lá pra cá só fez aumentar ao longo dos anos, LPs, filme, CDs e livros. Por causa disso, preferiria estar sempre de acordo com Caetano — na verdade, isso é frequente. Ou quem sabe, ficar, em relação ao que diz, naquele estado meio bestificado (ou talvez hiperinteligente) de quem canta uma boa canção, quando carece totalmente de sentido saber se há ou não "acordo" com o conteúdo da letra.

Apesar disso, precisei me manifestar em desacordo com Caetano Veloso em setembro de 2007, por ocasião do Seminário sobre samba de roda, organizado pelo MinC e pelo Iphan em Santo Amaro, no Teatro Dona Canô. O tema era a canção "Feitiço da Vila", de Noel Rosa, já então por ele acusada de racismo, e em especial sua parte central, que canta:

A Vila tem
Um feitiço sem farofa,
Sem vela e sem vintém
Que nos faz bem
Tendo nome de princesa,
Transformou o samba
Num feitiço decente, que prende a gente

Acontece que esta canção foi analisada por mim no livro *Feitiço decente: transformações do samba carioca, 1917-33*;[1] ocasião em que não só não achei nela o menor traço de racismo, como ao contrário, pretendi considerá-la um marco no processo de aceitação, pela sociedade envolvente, das manifestações musicais dos negros e mestiços pobres do Rio de Janeiro — em outras palavras, à sua maneira uma canção antirracista! Daí a escolha do título do meu livro: "um *feitiço decente*, que prende a gente", é a própria definição do samba proposta por Noel Rosa na sua letra.

Em 2007, eu já conhecia a canção "Feitiço", incluída por Caetano em seu CD *Eu não peço desculpa* (com Jorge Mautner):

Nosso samba
Tem feitiço,
Tem farofa,
Tem vela e tem vintém,
E tem também
Guitarra de rock'n'roll, batuque de candomblé
Zabé come Zumbi
Zumbi come Zabé
(...)
Tem funk, o feitiço indecente
Que solta a gente
Aquele abraço...

É uma excelente canção e uma "resposta" a Noel Rosa, no nível em que "Dom de iludir" é uma resposta a "Pra que mentir", e em que, falando de maneira mais geral, a geração musical de Caetano, e ele muito em especial, tem estado num diálogo permanente com toda a canção brasileira que a precedeu.* Tal diálogo é amiúde "crítico", e é em parte graças a ele que a

* No álbum *Totalmente demais*, de 1986, Caetano Veloso canta "Pra que mentir?", de Vadico e Noel Rosa, e logo depois, "Dom de iludir", dele próprio, cujo título e letra retomam versos da anterior.

música brasileira é cada vez mais tradicional e cada vez mais renovada. Neste contexto, a referência a "Aquele abraço" vem muito a propósito, pois a canção de Gilberto Gil foi vista por alguns como uma reconciliação pós-tropicalista com a MPB mais tradicional, tendo talvez por isso recebido, em 1969, o prêmio Golfinho de Ouro, outorgado pelo Conselho de Música Popular Brasileira do Museu da Imagem e do Som. Este Conselho, composto pela nata da época dos pesquisadores de MPB (sem contar Augusto de Campos, é claro), incluía alguns bastante avessos ao tropicalismo, e todo este contexto levou Gil a recusar o prêmio. Ele fez isso através de um artigo enviado de Londres ao *Pasquim*, a que deu o título: "Recuso+Aceito=Receito". Estávamos em 1969, e hoje [2008] Gil é ministro da Cultura; mas a relação de Caetano com "Feitiço da Vila", tal como vem sendo exposta em intervenções públicas, parece retomar aquele velho desentendimento (na minha opinião, ultrapassado), para repaginá-lo como "Aceito+Recuso=Acuso".

Em todo caso, o hábito de "responder" às canções, de tomar canções ou peças musicais anteriores como pretexto para a criação de novas, vem, no Brasil, pelo menos desde o século XIX (como mostrei também no livro citado), mas tem um resultado cumulativo e não dialético. Ou seja, "Feitiço" ou "Dom de iludir" serão canções bem-sucedidas, não na medida em que pretendam substituir ou superar "Feitiço da Vila" ou "Pra que mentir", mas na medida em que consigam reunir-se a elas — afinal, esta reunião só faz acrescentar ao proveito que tiramos delas todas. Assim também a canção "Saudosismo", de Caetano, não se pode compreender plenamente sem "Chega de saudade" e mais outras tantas canções de bossa-nova que ela cita e critica; e eu próprio compus uma canção, "Desanimado" (gravada por Clara Sandroni em seu CD *Cassiopéia*, de 2007), que é à sua maneira um comentário a "Desafinado" e a "Saudosismo".

Outra coisa, no entanto, é desenvolver uma argumentação em prosa de seminário, interpretando uma canção não como um cantor interpreta, mas como um intelectual interpreta; e sobretudo quando se é um intelectual de miolo mole, coisa muito melhor que ser de miolo duro (caso mais comum).* Era isso que Caetano Veloso estava fazendo naquele sábado à tarde em Santo Amaro, e eu estava ali na plateia, discordando dele. Precisei, morto de vergonha, pedir a palavra e dizer que discordava. Quisera naquele momento que se abrisse a terra de massapê do Recôncavo, e me engolisse, mas enquanto tal graça não me era dada, lá estava eu, e discordava. Não tive outro remédio senão dizê-lo publicamente.

---

* Em 1982, em polêmica na revista *IstoÉ*, o diplomata e ensaísta José Guilherme Merquior chamou Caetano Veloso de "pseudointelectual de miolo mole".

Caetano Veloso respondeu que eu estava sendo benevolente para com Noel Rosa e reforçou seus argumentos, em termos que me escapam à memória, talvez por força da comoção (quem me conhece sabe que isso não é ironia). No final do seminário, aproximei-me dele e disse-lhe que nunca tinha visto as coisas deste jeito e que iria pensar seriamente no assunto, estando pronto a rever minha posição.

De fato pensei no assunto de lá pra cá. Mas qual não foi minha surpresa — estando posto em sossego no meio de um pós-doutorado, nos píncaros das últimas teorias etnomusicológicas francesas — ao receber pelo correio um recorte de jornal, contendo artigo de Ali Kamel, em que aprendi que Caetano voltara à carga contra "Feitiço da Vila", em show realizado no Rio de Janeiro no mês de junho. Segundo Kamel, "Caetano ... demonstrou que a canção quis livrar o samba da sua negritude, transformando-o num feitiço do bem, feito por bacharéis brancos, longe, portanto, da macumba dos negros do morro, que faz, por oposição, o mal, coisa de bamba".[2] Este resumo piorava bastante o que eu havia escutado em Santo Amaro. Mas a surpresa não diminuiu após uma visita ao blog do compositor, www.obraemprogresso.com.br, quando, clicando no link "Noel Rosa", assisti ao vídeo *Feitiço da Vila é uma canção racista?*.

As discussões sobre racismo estão acesas no Brasil, em grande parte por causa da Lei de Cotas. Isso me parece muito bom, mas está também gerando um efeito colateral que, este, me parece nocivo. É a total banalização da acusação de racismo! Com excessiva frequência encontramos adeptos da Lei acusando de racismo os que se opõe a ela, e a situação oposta não é menos frequente. Como no caso de "pequeno-burguês" algumas décadas atrás, caminha-se perigosamente para um momento em que a melhor maneira de não ser considerado racista, seria encontrar alguém a quem reencaminhar a acusação! (Não acho que seja o caso de Caetano Veloso, que não precisaria disso). Neste quadro, a acusação de racismo corre o risco de ficar cada vez mais fraca. Racismo é crime, mas se uns e outros são racistas, e até Noel Rosa é racista (sem falar dos outros sambistas que falaram mal do feitiço), pode se difundir o sentimento de que o tal racismo não deve ser coisa tão grave assim. (Dizendo isto arrisco-me, é claro, a ser chamado de racista). É certo que, como apenas 120 anos nos separam do regime escravista, ainda existe na sociedade brasileira um racismo estrutural, do qual, em alguma medida, creio que todos podemos ser "acusados". Mas neste ponto acusações e mea-culpa são ineficazes: precisamos, isso sim, de ações afirmativas, entre as quais a Lei de Cotas em sua forma atual representa uma opção. (Aqui talvez eu tenha me livrado de algumas acusações de racismo, expondo-me no mesmo gesto a elas, pelo outro flanco.)

Mas vamos ao conteúdo do vídeo, e gostaria de começar pelo seu trecho final, onde inexatidões e injustiças se somam. Talvez o problema mais surpreendente deste final, e sintomático, seja o da letra. Caetano misturou duas estrofes diferentes, que aliás nunca foram gravadas em vida de Noel Rosa, e que foram perpetuadas no Rio de Janeiro, salvo engano, por tradição oral (não sei se Aracy de Almeida as teria incluído em suas regravações feitas nos anos 1950). Elas teriam sido improvisadas por Noel num programa de rádio, e considerá-las como parte integrante da canção ignora o fato de que o "modéstia à parte, eu sou da Vila", evidentemente, é o encerramento da música. Em todo caso, se o leitor procurar pela letra de "Feitiço da Vila" na internet não vai encontrar estas duas estrofes facilmente, nem elas foram incluídas nas suas mais conhecidas gravações, incluindo recente regravação por Martinho da Vila. Eis sua versão correta, que pode ser conferida em *Noel Rosa: uma biografia*, de João Máximo e Carlos Didier[3] — pra mim o melhor livro jamais escrito sobre samba, incluindo o meu:

Quem nasce pra sambar,
chora pra mamar em ritmo de samba
Eu fui sair de casa olhando a lua
E até hoje ainda estou na rua

A zona mais tranquila
É a nossa Vila, o berço dos folgados
Lá não tem cadeado no portão
Porque na Vila não tem ladrão

No vídeo, Caetano canta os dois primeiros versos da primeira estrofe com os dois últimos versos da segunda estrofe. Corta assim a alusão ao "berço dos folgados", o que, parece-me, tem implicações para a interpretação do todo. Digo que este é o problema mais surpreendente, porque Caetano deu muitas provas em sua carreira, desde *Esta noite se improvisa*, de conhecer de sobra a importância de atribuir aos letristas as letras que a eles se pode atribuir com segurança.

O segundo problema é dar a entender que Noel Rosa era homófobo. Ora, podemos acusar Noel Rosa de misógino, mas não de homófobo (como podemos acusá-lo de racista por antissemitismo, mas não por preconceito de cor). Não só não conheço um traço de homofobia em suas letras e em sua biografia, como ele foi, até onde sei, o primeiro na música brasileira a descrever com acentuada simpatia um sambista homossexual, em "Mulato bamba".

O terceiro problema: insinuar que Noel estava, com seu verso sobre o cadeado no portão, chamando Wilson Batista, ou quem quer que fosse, de ladrão. Aqui a gente toca em uma das minhas discordâncias centrais com a interpretação de "Feitiço da Vila" por Caetano Veloso. Ela diz respeito à ideia de que a Vila de Noel Rosa, sendo um bairro de classe média, estaria contraposto aos morros e aos subúrbios mais pobres. Como se a Vila fosse uma espécie de Barra da Tijuca do seu tempo — e mais ainda, como se assim a visse e quisesse Noel... Não tenho estatísticas, mas até onde posso julgar pelo livro de Máximo e Didier, pelos desfiles da escola de samba Unidos de Vila Isabel e pelas, infelizmente, poucas vezes em que fui lá, a Vila era, e é, um bairro tão misturado quanto possa ser um bairro brasileiro de uma grande cidade.

Não nego, é claro, que a Vila tivesse mais características de classe média que os morros cariocas. Não é a sociologia que está em causa aqui — e muito menos uma sociologia de miolo duro, como a proposta no vídeo ("tal compositor, movimento ou obra musical *representa* a classe média, tal outro, as favelas"...). O ponto que quero enfatizar é que a defesa da Vila por Noel não visa acentuar suas diferenças em relação à Mangueira, da qual Noel era frequentador, nem ao Estácio ou à Penha, aos quais ele também dedicou canções extraordinárias. Ao contrário, visa inseri-la no mesmo contexto de disputas "bairristas" que, justamente, era tão típico do samba daqueles anos. "Andando pela batucada/Onde eu vi gente levada/Foi lá em Vila Isabel", escreveu ele em "Eu vou pra Vila". A alusão ao "berço dos folgados", na estrofe escangalhada no vídeo em questão, também não me deixa mentir. "Folgado" é um outro nome para "malandro", como afirma Noel no samba "Rapaz folgado", aliás também parte da polêmica com Wilson Batista. Ou seja, a afirmação de que na Vila "não tem ladrão" não implica que lá não haja samba, bamba, batucada e gente levada. Ao contrário, quer dizer justamente que "bamba" e "ladrão" não são sinônimos.

Mas a evidência máxima de que a defesa da Vila por Noel não tem a conotação "mauricinha" que Caetano lhe quer imputar está em "Palpite infeliz", que arrematou a polêmica com Wilson Batista:

Salve Estácio, Salgueiro
Mangueira, Oswaldo Cruz e Matriz
Que sempre souberam muito bem
Que a Vila não quer abafar ninguém
Só quer mostrar que faz samba também

Em resumo, a louvação da Vila, em Noel, não visa demarcá-la dos morros, mas, ao contrário, uni-la a eles mais intimamente, através da participação no jogo comum da disputa bairrista em torno do samba. Ao que tudo indica, mesmo do ponto de vista sociológico tal projeto não era uma simples idiossincrasia, sendo a Vila Isabel dos anos 1930 um bairro muito mais misturado socialmente do que vieram a ser os bairros ditos "emergentes" cariocas a partir do final do século XX. Que bacharel elitista (como seria o personagem de Noel, segundo a caracterização de Caetano) poderia dizer do seu bairro, "lá não tem cadeado no portão"?

O segundo ponto geral de discordância diz respeito ao suposto racismo da canção. Ele estaria por exemplo na alusão ao "nome de princesa", e não de qualquer princesa, mas da princesa Isabel. Quanto a princesas em geral, seria então necessário classificar como racistas todos os integrantes de escolas de samba e maracatus que se vestem à maneira de princesas, príncipes, reis e rainhas europeus, a cada carnaval. Mas e esta particular princesa, a Isabel, a que assinou uma lei, como sabemos, demasiado tardia e incapaz de garantir real igualdade de oportunidades entre negros e brancos? Ora, não faz sentido cobrar da princesa Isabel o que ela não conseguiu fazer, sobretudo se nós, 120 anos depois, ainda não conseguimos tampouco fazer. Mesmo antes de conhecermos a carta ao Visconde de Santa Vitória, na qual ela defende a indenização aos ex-escravos, o historiador Eduardo Silva havia demonstrado que ela abrigava escravos fugidos e incentivava fugas, no que caracterizou como um verdadeiro quilombo abolicionista em Petrópolis.[4] Na mesma canção "Feitiço", não se disse "Zumbi come Zabé, Zabé come Zumbi"? De fato, um se nutre do outro, e vê-los como incompatíveis é um erro de alguns bem-intencionados lutadores antirracistas. Os pretos de Santo Amaro, sábios que são, assim como os de outros lugares do Brasil, não precisaram esperar pelos historiadores, pois eles

> [No] dia 13 de maio (...) celebravam
> (Talvez hoje inda o façam)
> O fim da escravidão (...)
> Foguetes no ar
> Pra saudar Isabel
> Ô Isabé
> Pra saudar Isabé
>
> (Caetano Veloso, "13 de Maio")

Pois a Vila Isabel e Noel Rosa também não esperaram pelos historiadores para saudar a princesa Isabel e seu quilombo! Será que é tão chocante falar do "quilombo de Zabé" quanto chamar "Feitiço da Vila" de racista? Não sei, mas pelo menos a primeira expressão me parece, até agora, melhor fundamentada. Continuemos discutindo a segunda.

Sim, a farofa, a vela e o vintém: aí, reconheço, é onde Caetano tem um argumento interessante. Mas acho que é possível discuti-lo seriamente, em duas versões, uma que chamarei de "fraca", e outra, de "forte". A versão "fraca" foi adiantada pelo historiador Bryan McCann (autor do excelente *Hello, hello Brazil: Popular Music in the Making of Modern Brazil*.[5] Ei-la (minha tradução):

> Dadas as referências negativas às religiões afro-brasileiras e a alusão favorável à aristocracia, certamente seria possível interpretar "Feitiço da Vila" como uma apologia do samba branco, de classe média, às custas do samba dos pobres e dos negros. Mas se levarmos em conta o resto da obra de Noel, e os detalhes da sua carreira, tal interpretação revela-se pouco convincente. Dos sambistas brancos de sua geração, ele foi o que colaborou de maneira mais assídua com compositores da favela (e um dos poucos que não explorou financeiramente tal colaboração). E sua música permaneceu mais perto do "som do Estácio" que a da maioria de seus pares.[6]

Nesta linha de argumentação, a vida e a música de Noel Rosa desautorizam a ideia de que ele tenha sido racista. Certo, ele não era, como Sinhô ou João da Baiana, um sambista ativamente envolvido com o candomblé. Mas conviveu intensamente com o meio cultural afro-carioca (do qual a religião é parte integrante), e dele foi, na melhor expressão da palavra, um parceiro.

Poderíamos ir mais longe e lembrar o enorme sucesso de "Feitiço da Vila" junto ao público e aos próprios sambistas, muitos dos quais praticantes ou simpatizantes de umbanda, macumba e candomblé. Grandes obras geram múltiplas interpretações, mas se nem Noel Rosa se pretendeu ali racista, nem o público a quem a questão toca mais diretamente o viu como tal, que ganharíamos hoje ao adotar semelhante releitura? Ou será que o autor e o público eram racistas e não sabiam? Acreditariam eles na democracia racial, já enceguecidos pela recém-publicada ideologia freyreana, e Caetano com sua interpretação viria adicionar mais uma pedrinha à desconstrução deste mito, revelando-nos a todos como os racistas que não sabíamos que éramos? É um ponto de vista, e só posso congratular Ali Kamel por ter se mostrado sensível a ele.* Pessoalmente, acredito que o povo do samba e do candomblé sempre

* Kamel é autor do livro *Não somos racistas* (Rio de Janeiro, Nova Fronteira, 2006).

soube muito bem que há preconceito de cor no Brasil, assim como sempre soube distinguir, com alguma margem de erro, quem tem preconceito — como a "madame" do samba de Janet de Almeida evocado também naquela tarde em Santo Amaro — de quem não tem.* É de uns anos para cá que a confusão no que se refere a isso parece estar aumentando.

Porque então chamar de "fraca" essa versão do argumento em defesa de Noel, apresentada por Bryan McCann (com apoio, não custa repetir, na biografia escrita por Máximo e Didier)? É porque Caetano não disse com todas as letras que Noel Rosa era racista: disse que "Feitiço da Vila" era. Alguém negaria que, neste Brasil ainda tão perto do escravismo, mesmo os maiores lutadores antirracistas possam ter seus maus momentos? Talvez ninguém negasse, mas há certamente quem se deleite com isso. Não estou entre estes últimos.

Então, os versos de "Feitiço da Vila" — o "samba sem farofa, sem vela e sem vintém", o "feitiço decente" — teriam sido maus momentos do bravo Noel Rosa? "Referências negativas à religião afro-brasileira", mas incidentais no contexto de sua obra? Aí, talvez estivéssemos sendo "benevolentes", como disse Caetano em Santo Amaro. (Uma benevolência, de resto, muito bem fundamentada.) Mas minha intenção com este arrazoado não é salvar um ícone da cultura brasileira, do samba ou de quem quer que seja (embora eu ache que nossa iconoclastia ganharia com ajustes de mira). Nem é esta a intenção de McCann, que em seu artigo aponta, com muito mais evidência, para misoginia, antissemitismo e xenofobia nas letras de Noel.

Gostaria, por isso, de ir mais longe e apresentar uma versão "forte" do argumento contrário a ver racismo em "Feitiço da Vila". Ela diz respeito ao estatuto do feitiço na cultura brasileira. O nome do samba estampa o feitiço como um valor positivo (mesmo se depois irá especificá-lo como "decente"). Só por fazê-lo, a canção já está à frente de muitos sambas, anteriores e posteriores, para os quais o feitiço é negativo. Donga, por exemplo, carioca filho de baiana e pioneiro do samba, no seu "Pelo telefone", tido como a primeira peça do gênero a fazer amplo sucesso popular, ameaça bater em quem "faz feitiço":

* O samba "Pra que discutir com madame?", composto em 1945 por Haroldo Barbosa e Janet de Almeida, e gravado nos anos 1980 por João Gilberto, ironiza certa madame que não gostava de samba por causa da "mistura de raça, mistura de cor" representada pelo gênero. Este samba foi cantado por Caetano com ajuda da plateia ao final do seminário de 2007 em Santo Amaro.

Tomara que tu apanhes
Pra não tornar fazer isso
Tomar amores dos outros
Depois fazer teu feitiço

("Pelo telefone", 1917)

E o próprio pescador de Dorival Caymmi, o mesmo pescador que ainda nos anos 1950 cantava em língua africana na puxada de rede do xaréu (conforme o magnífico disco gravado pela antropóloga Simone Dreyfus-Gamelon),* o emblemático pescador das canções praieiras, pode acabar acusado de racista também:

O pescador deixa que seu filhinho
Tome jangada, faça o que quiser
Mas dá pancada se o filhinho brinca
Perto da lagoa do Abaeté

("A lenda do Abaeté", 1948)

No Abaeté, conta-nos Caymmi, ouve-se "a zoada do batucajé" — e, como a canção deixa claro na letra e na música, não é por outra razão que o filho leva pancada se chegar perto de lá. Aliás, é por isso também que a "lavadeira" (branca? negra? alguém se importa?) "vai se benzendo" no caminho.**

Mas atenção, Donga e o pescador de Caymmi não reprimem o feitiço por considerá-lo falso, e sim, justamente, por acreditar nele. Como aprendi com Yvonne Maggie no livro *Medo do feitiço: relações entre magia e poder no Brasil*,[7] os que não acreditam em feitiço, não reprimem feiticeiros, mas acusadores de feiticeiros.

Assim, não é só o "Feitiço da Vila" e as canções citadas que querem distância da farofa, da vela e do vintém. "Feitiço" e "feiticeiro", no Brasil como alhures, são categorias de acusação — de novo, é Maggie quem ensina (alguns vão achar que a estou citando demais; mas não divido o mundo em quem é

---

* A antropóloga francesa Simone Dreyfus-Roche, cujo nome depois mudou por casamento, fez em 1955 gravações de cantos para a pesca do xaréu na praia de Itapoã. Estas gravações foram publicadas no ano seguinte em Paris num LP da coleção do Museu do Homem, com o título *Brésil — vol.2: Bahia*.

** A primeira estrofe d'A Lenda do Abaeté diz: "De manhã cedo quando a lavadeira/Vai lavar roupa no Abaeté/Vai se benzendo porque diz que ouve/Ouve a zoada do batucajé."

favor de cotas e quem é contra!).* Diremos que nossos inimigos são feiticeiros, mas não diremos que nós mesmos somos feiticeiros, nem que isso, aliás, é uma coisa muito boa. E se assim agimos, não é por racismo, mas por causa do modo de funcionamento do sistema da feitiçaria, não só no Brasil pós-escravocrata, mas na África também, como mostrou Evans-Pritchard em seu livro clássico (*Bruxaria, oráculos e magia entre os Azande*).[8] Noel Rosa também disse: "Samba tem feitiço, todo mundo sabe disso" (em "Na Bahia"). A letra de "Feitiço da Vila" é testemunha desta intimidade com o mundo do feitiço, aliás compartilhada por seus ouvintes, que sempre a entenderam muito bem. Todos sabemos que esta farofa não se deve comer, que esta vela não é de aniversário, que este vintém não se deve botar no bolso. E o emprego dos verbos "fazer" e "prender" aqui é perfeitamente vernacular. Falar mal do feitiço é a maior prova de que estamos metidos nele até a raiz dos cabelos. O merecido, e duramente conquistado, crescimento em prestígio do candomblé do tempo de Noel Rosa para cá, não se fez com base na ideia de que candomblé é sinônimo de feitiço, bem ao contrário.

Isto nos leva a um último ponto. O problema não seria então falar do feitiço, dizendo que um é decente, e implicando a existência de outro, indecente. Seria antes a própria associação entre feitiço e farofa, vela, vintém. Como estes objetos podem integrar os rituais do candomblé, chamá-los de "feitiço" já seria, por si só, manifestação de preconceito contra esta religião.

Ora, o problema posto por esta última objeção é, na verdade, o mesmo problema abordado pela canção de Noel Rosa: como demarcar algo que seria "decente" (ou que nome se queira dar para denotar algo que é sentido como "do bem"), como a religião e o samba, de algo que seria "indecente" (ou "do mal") — o feitiço? Este é um problema que, em nossa sociedade, se coloca mesmo para uma religião cuja distinção entre "bem" e "mal" seja muito diferente da judaico-cristã. No caso do samba, a distinção é facilitada pelo fato de que os objetos do ritual ficam transfigurados (sem deixar de estar, em algum nível, "presentes") em objetos musicais: a cuíca, o surdo e o tamborim.[9] No caso da religião, a distinção é dificultada pelo fato de que uma vela tanto pode representar uma oferenda a um orixá quanto uma ação mágica dirigida contra terceiros. Em outras palavras, bem gerais agora, o problema da demarcação entre "religião" e "magia" não é tão simples como desejariam certa antropologia (aludida por Stefania Capone, em *A busca da África no candomblé*)[10] e certa teologia (não só do candomblé!). Talvez fosse demais pedir a um

---

* A antropóloga Yvonne Maggie havia tomado posição contrária à adoção de cotas para negros nas universidades.

samba, mesmo a um samba tão especial, que o resolvesse. (Muitos sambas juntos talvez um dia o resolvam).

Mas se "Feitiço da Vila" não resolve este problema, parece-me claro que o impulsiona para a frente. Assim, duvido que houvesse, nos Brasil dos anos 1930, melhor modo de trazer o feitiço à tona, de botá-lo na boca do povo, que através desta espécie de *koan* zen. Pois o "feitiço decente" de Noel Rosa é um paradoxo, uma coisa impossível, um curto-circuito lógico (como o que Caetano tão bem soube ver em "É proibido proibir").* Justamente aí é que está a genialidade dele (e a de Caetano Veloso também, embora não neste vídeo infeliz): a de criar objetos impossíveis, quimeras, utopias, coisas feitas, capazes de transformar nossas vidas. Ou, nas palavras de Caetano: de "soltar a gente".

* No texto "Dostoiévski, Ariano e a pernambucália", incluído no livro *O mundo não é chato* (Companhia das Letras, 2005), Caetano Veloso falou do título de sua canção "É proibido proibir", de 1968, em termos que sugerem um "curto-circuito lógico".

Notas

Premissas musicais

1. Carneiro, *Folguedos tradicionais*, p.161.
2. Ibid. p.162.
3. Andrade, *Música, doce música*, p.279.
4. Idem, *As melodias do boi*, p.382.
5. Andrade Muricy, "Ernesto Nazareth", p.42.
6. Para um resumo das posições sobre ritmo e metro na teoria ocidental, ver Nattiez, *Musicologie générale et sémiologie*, p.311-32.
7. Arom, "Du pied à la main: les fondements métriques des musiques traditionelles d'Afrique Centrale", p.19-21.
8. Idem, *Polyphonies et polyrythmies d'Afrique Centrale*, vol.I, p.434.
9. Ver, por exemplo, Alvarenga, "A influência negra na música brasileira"; Nogueira França, "Le Noir dans la musique brésilienne"; Almeida, "A influência da música negra no Brasil".
10. Andrade, *As melodias do boi*, p.397, 409, 416.
11. A atualidade da constatação de Mário é atestada por dois artigos, um de 1991 e o outro de 1989: Martin, "Filiation or innovation? Some hypotheses to overcome the dillema of afro-american music's origin", p.24-6 e passim, e Tagg, "'Black music', 'Afro-american music' and 'European music'", p.289-290.
12. Kartomi, "The processes and results of musical culture contact", p.233.
13. Jones, *Studies in African Music*, p.210-3 e passim (a propósito, o autor faz aproximações entre música africana e samba nas páginas 114-5). Veja também Nketia, *The Music of Africa*, p.131.
14. Arom, *Polyphonies et polyrythmies*, vol.II, p.429-31.
15. É a expressão proposta por Raul Oliveira em sua tradução da tese de Angela Lühning (*A música no candomblé nagô-ketu*, p.99).
16. Alguns autores que fizeram referência a fórmulas assim: Gallet, *Estudos de folclore*, p.55; Mukuna, *Contribuição bantu na música popular brasileira*, p.82; Waddey, "Viola de samba e samba de viola", segunda parte, p.271.
17. Citado por Minkowsky, *Ignacio Cervantes y la danza en Cuba*, p.57.
18. Blacking, *How Musical is Man*, cap.I.
19. O termo *tresillo* é empregado, para referir-se à figura em questão, por exemplo por León, *Del canto y del tiempo*, p.283 e por Minkowsky, *Ignacio Cervantes y la danza en Cuba*, p.66.
20. Partitura reproduzida por Batista Siqueira, *Três vultos históricos da música brasileira*, p.39-40.
21. Por exemplo, Argeliers León, *Del canto y del tiempo*, p.283. Léon filia expressamente o *cinquillo* ao *tresillo*.

22. León, op.cit.

23. Nogueira França, "Le Noir dans la musique brésilienne", p.79.

24. Didier, "O samba que veio do Estácio". Didier voltou ao assunto — embora sem menção expressa das fórmulas rítmicas — em texto de 1996, "A formação do samba: de Donga e Sinhô à turma do Estácio", e naturalmente no livro escrito em parceria com João Máximo, que citaremos abundantemente na Parte II, *Noel Rosa.*

25. Mukuna, *Contribuição bantu na música popular brasileira*; Araújo, *Acoustic labour in the timing of everyday life*, Kubik, *Angolan traits in Black music, games and dances of Brazil.*

26. Mukuna, op.cit., p.82-3.

27. Ibid. p.80-1.

28. Ibid. p.82.

29. Ibid. p.82.

30. Ibid. p.205.

31. Ibid. p.82.

32. Araújo, op.cit., p.46-7.

33. Kubik, op.cit., p.13.

34. Como se sabe, a pele da cuíca tem sua distensão variada pelo instrumentista no curso da execução, gerando duas alturas principais.

35. Remeto o leitor interessado na questão aos dois artigos que publiquei nos *Cahiers de Musiques Traditionnelles*, "La samba à Rio de Janeiro et le paradigme de l'Estácio" e "Le *tresillo*", e ao artigo "Mudanças de padrão rítmico no samba carioca, 1917-1933", disponibilizado na internet por *Trans — Revista Transcultural de Música*: www2.uji.es/trans/trans2.

Parte I • Do lundu ao samba

1. "Doces lundus, para nhonhô sonhar..."

1. Verbete "Lundu", p.434-5.

2. Araújo, *A modinha e o lundu*, p.15-6.

3. Alvarenga, *Música popular brasileira*, p.171.

4. Citado por Tinhorão, *Fado*, p.30.

5. Tolentino, *Sátiras*, p.64.

6. Tinhorão, *Os negros em Portugal*, p.289 e 296.

7. Citado por Tinhorão, *Pequena história da música popular*, p.54.

8. Verbete "Lundu", p.434. Ver também Alvarenga, op.cit., p.170, e Tinhorão, *Pequena história*, p.48.

9. Andrade, "Cândido Inácio da Silva e o lundu", p.35.

10. Araújo, op.cit., p.11.

11. Tinhorão, *Os sons dos negros*, p.31-5.

12. Araújo, op.cit., p.18.

13. Tinhorão, op.cit., p.56.

14. Ibid., p.36.

15. Andrade, *Modinhas imperiais*, p.47-9, e Vega, "The classical guitar in early Buenos Aires", p.104.

16. Araújo, op.cit., p.46.

17. *Os sons dos negros*, p.91.

18. Araújo, op.cit., p.11.

19. Andrade, op.cit., p.12.
20. Araújo, op.cit., p.42.
21. É Tinhorão quem cita esta passagem do *Compêndio narrativo do peregrino da América*, em *Pequena história*, p.12.
22. DFB, verbete "Modinha", p.484-5.
23. O verbete "Viola" é diferente na primeira edição (1842) e na segunda deste dicionário, e ambos são bastante confusos. Apesar dessa confusão, é possível extrair dali que há um tipo de viola que é tocada com as unhas (e não com um arco), que tem cordas de arame e que é "muito vulgar e por isso bem conhecido", o que parece dispensar o dicionarista de mencionar-lhe o nome por extenso.
24. Citado por Tinhorão, *Pequena história*, p.18.
25. Tinhorão, op.cit., p.11-7.
26. Araújo, op.cit., p.30-5; Andrade, op.cit., p.6 e 8.
27. Tinhorão, *A música popular no romance brasileiro*, p.83-92.
28. Tolentino, *Sátiras*, p.64.
29. Várias peças do *Jornal de Modinhas* de Milcent e Marchal são dadas em fac-símile por Mozart de Araújo em *A modinha e o lundu no século XVIII*, que também traz informações sobre a publicação (p.69-128).
30. Araújo, op.cit., p.16-7.
31. "Biblioteca da Ajuda Mss.1595 and 1596".
32. O "arcadismo" foi movimento literário importante no século XVIII brasileiro, cuja poesia se caracterizava por temas bucólicos e emprego de referências latinas.
33. DFB, verbete "Moleque", p.486.
34. Ibid., verbete "Iaiá-ioiô", p.365.
35. Andrade, "Candido Inácio da Silva e o lundu", p.34.
36. Tinhorão, *Pequena história*, p.49.
37. Caldas Barbosa, *Viola de Lereno*, vol.II, p.36.
38. Ibid., p.99-100.
39. Em *Sons dos negros*, 59-60.
40. Béhague, "Biblioteca da Ajuda (Lisbon) Mss. 1595/1956...". p.58; *Aurélio*, verbete "Sinhá".
41. Béhague, op.cit., p.54.
42. Citado por Araújo, op.cit., p.37.
43. Citados ambos por Araújo, op.cit., p.39-42.
44. Béhague, op.cit., p.63.
45. Ibid., p.59, 62, 68.
46. Idem.
47. "Candido Inácio da Silva e o lundu", p.27-8, grifos meus.
48. Minha fonte aqui é o artigo citado de Béhague, que dá em fac-símile a música de doze das trinta modinhas do Ms.1596: as de nºs 1, 2, 3, 4, 5, 6, 7, 8, 16, 17, 18, 26. Esta última é em 6/8 e as outras em 2/4 — compasso, como diz Béhague, "tão comum em toda a música popular urbana brasileira que emerge no fim do século XIX" ("Biblioteca da Ajuda Mss.1595/1596", p.59). Entre as modinhas em 2/4 apresentadas pelo musicólogo, só uma não apresenta forte caráter contramétrico, a de nº 3.
49. Ibid., p.62.
50. Tinhorão, *Os sons dos negros*, p.60.
51. Béhague, op.cit., p.62.
52. Ibid., p.63.
53. Citada por Tinhorão, *Pequena história*, p.68-9.

54. A alusão às técnicas do "rasgado" e do "ponteado" no Brasil remonta ao século XVII, quando é encontrada num poema de Gregório de Matos (citado no DMB, verbete "Ponto", p.407).

55. Borba e Graça, *Dicionário de música*, verbete "Viola", p.684.

56. França Júnior, *Folhetins*, p.447.

57. Tal significação deve no entanto ser tomada com cautela, pois se o termo "rasgado" está associado aos negros no Brasil desde pelo menos o século XIX, não é seguro que já estivesse também no Portugal do século XVIII.

58. Sobre Leal, veja-se Vasconcelos, *Raízes da música brasileira*, p.83-4. O segundo lundu mencionado ali aparece sob o nome "Esta noite, oh céus, que dita".

59. Os lundus em questão foram publicados por Doderer em *Modinhas luso-brasileiras*, p.140-5.

60. Andrade, "Cândido Inácio da Silva e o lundu", p.31-2.

61. Ibid., p.32-3.

62. Ibid., p.37.

63. Idem.

64. Ibid., p.27-8.

65. Ibid., p.31.

66. Ibid., p.29 e 31.

67. *Aurélio*, verbete "Brasileirismo", p.283.

68. "Cândido Inácio da Silva", p.31.

69. O primeiro era mulato, como conta um viajante alemão citado por Vasconcelos, *Raízes da MPB*, p.162. O segundo era filho do Padre José Maurício, um dos vultos mais importantes da música brasileira no século XIX, e também mulato, como se sabe.

70. Citado por Araújo, *A modinha e o lundu no século XVIII*, p.115-7.

2. O maxixe e suas fontes

1. Citado por Jota Efegê, *Maxixe, a dança excomungada*, p.23.

2. Num artigo de 1926 incluído em *Música, doce música*, p.128.

3. Jota Efegê, op.cit., p.23.

4. Ibid., p.26.

5. Ibid., p.27.

6. Melo Morais Filho, citado por Eneida, *História do carnaval carioca*, p.48.

7. Em Wilson Lousada, *Antologia do carnaval*, p.123.

8. Andrade, *Música, doce música*, p.128.

9. Sant'anna, *Folk-lore*, p.76.

10. Citados por Tinhorão, *Música popular de índios, negros e mestiços*, p.128-45.

11. Sobre a recepção do maxixe na Europa, ver, além do livro de Jota Efegê, o artigo de Landa, "Escandalos y condenas: la recepción del tango en Itália", p.7 e passim. Na Bibliothèque Nationale em Paris encontram-se muitas partituras de maxixes editadas na França por volta de 1910 .

12. Vega, *Danzas y canciones argentinas*, p.82-6.

13. Citado por Tinhorão, *A música popular no romance brasileiro*, p.164.

14. Ibid., p.196.

15. Ibid., p.158.

16. Lima, *Da conceituação do lundu*, p.4.

17. Citado em Rosseti Batista (org.), *Brasil, 1° tempo modernista*, p.337.

18. Citado por Tinhorão, *Música popular de índios, negros e mestiços*, p.135.

19. Segundo Jota Efegê, *Maxixe*, p.26.
20. Andrade, op.cit., p.39.
21. Citado por Jota Efegê, op.cit., p.159.
22. Ibid., p.117.
23. Ibid., p.121.
24. Ibid., p.31.
25. Citado por Vasconcelos, *Raízes da MPB*, p.109.
26. Remeto o leitor ao melhor estudo sobre o fado brasileiro, *Fado — dança do Brasil, cantar de Lisboa*, de José Ramos Tinhorão.
27. Tinhorão, *Pequena história*, p.67.
28. Citado por Lima, *Da conceituação do lundu*, p.6.
29. Citado por Pereira da Costa, *Folclore pernambucano*, p.209.
30. Corrêa de Azevedo, *150 anos de música no Brasil*, p.147.
31. Carpentier, *La música en Cuba*, p.98-9.
32. França Júnior, *Folhetins*, p.31-8.
33. Tinhorão, *Os sons dos negros*, p.62 e 67.
34. Cernicchiaro, *Storia de la musica in Brasile*, p.523.
35. França Júnior, *Folhetins*, p.37. A não ser que se queira ver no título em questão uma relação com o "samba da chave" baiano, descrito por Alvarenga (*Música popular brasileira*, p.152) e Carneiro (*Folguedos tradicionais*, p.62).
36. Tinhorão, *Pequena história*, p.71.
37. EMB, verbete "Viriato", p.801.
38. DMB, verbete "Maxixe", p.323.
39. Machado de Assis, *Obras completas*, vol.II, p.499-503.
40. Ibid., p.497.
41. Ibid., p.499-500.
42. Alencar, *Til*, p.128.
43. Meyer, *Cancioneiro gaúcho*, p.17. Carneiro em *Folguedos tradicionais*, p.62, também menciona um samba do "balaio". Ambos os autores sugerem um conteúdo sexual para a imagem do "balaio".
44. Ribeiro, *A carne*, p.128.
45. Andrade, *Música doce música*, p.126.
46. Vega, *Las especies homonimas y afines*, p.51.
47. Gesualdo, *História de la música en Argentina*, p.903 e ss.
48. Citado por Vega, op.cit., p.51.
49. Jota Efegê, op.cit., p.22.
50. DFB, verbete "Capoeira", p.181-2.
51. Tinhorão, op.cit., p.208-9.
52. EMB, verbete "Corta-jaca", p.204.
53. Itiberê, "Ernesto Nazareth na música brasileira", p.310.
54. Andrade, op.cit., p.124. Mas Andrade acaba, na página seguinte, dando razão a Nazareth em sua nomenclatura, no que não foi seguido pelo restante da crítica, como se verá.
55. Almeida, *História da música brasileira*, p.61, grifo meu.
56. Corrêa de Azevedo, *150 anos de música*, p.51, grifos meus.
57. França, Eurico Nogueira, "Le Noir dans la musique brésilienne", p.81, grifos meus.
58. Jota Efegê, op.cit., p.28.
59. Ibid., p.36.
60. Siqueira, *Ernesto Nazareth*, p.76.

61. Citado por Jota Efegê, op.cit., p.22.
62. Soares, *São Ismael*, p.80.
63. Alvarenga, *Música popular brasileira*, p.24 e 336.
64. Andrade, op.cit., p.319.
65. Tinhorão, op.cit., p.102.
66. É desta data um seu "Tango brasileiro" mencionado pela EMB ("Apêndices", p.1129).
67. Jota Efegê, op.cit., p.108.
68. Ibid., p.112.
69. Ibid., p.72-4.
70. Ibid., p.28.
71. Ibid., p.89.
72. Andrade, op.cit., p.321.
73. Citado por Nascimento, *A influência da habanera*, p.56-7.
74. Gallet, *Estudos de folclore*, p.22-3.
75. Tinhorão, *Música popular, teatro e cinema*, p.16.
76. DMB, verbete "Tango", p.510.
77. Tinhorão, *Pequena história da música popular*, p.69.
78. Idem.
79. Almeida, *Memórias de um sargento de milícias*, p.22.
80. Nas palavras de Alvarenga, *Música popular brasileira*, p.344.

3. Da Bahia ao Rio

1. A principal exceção é a *zamba* argentina. Mas esta se filia pelo nome à antiga *zamacueca* peruana, cuja possível origem negra é ventilada até mesmo pelo musicólogo argentino Carlos Vega, que ninguém acusaria de tendências africanizantes (*Danzas y canciones argentinas*, p.107-46).

2. León, *Del canto y del tiempo*, p.69.

3. Rossi, *Cosas de negros*, p.117. Rossi escreve "samba" por idiossincrasia, pois a grafia correta em castelhano é "zamba". Na região do Prata, no entanto, a pronúncia é a mesma.

4. Citado por Jahn, *Muntu*, p.89.

5. "Napolitanos usurpadores/ Que todo ofício quitan al pobre/ Ya no hay negros botelleros/ Ni tampoco changador .../ Porque esos napolitanos/ Hasta pasteleros son .../ Dentro de poco/ Jesus, por Diós!/ Bailarán *cemba* en el tambor!". Publicada em *El carnaval porteño*, Buenos Aires, fevereiro de 1876, e citada por Gesualdo, *História de la música en la Argentina*, t.III, p.869.

6. EMB, verbete "Samba", p.683.

7. Um bom resumo das narrativas desses viajantes sobre o assunto está em Carneiro, *Folguedos tradicionais*, p.28-31.

8. Kubik, "Drum patterns in the 'batuque'...", p.161

9. Citado por Carneiro, *Folguedos tradicionais*, p.28.

10. Em especial por Silva e Oliveira Filho, *Cartola*, p.43-4; e por Dominique Dreyfus, que gentilmente me facultou o acesso a suas pesquisas inéditas sobre o assunto.

11. Num artigo intitulado precisamente "Samba de umbigada", reimpresso em *Folguedos tradicionais*, p.27-57

12. Luís dos Santos Vilhena, *A Bahia no século XVIII*. Citado por Tinhorão, *Música popular de índios, negros e mestiços*, p.122.

13. O que também é evidenciado pelo verbete "Batuque" do DFB, p.105.

14. Tinhorão, *Os sons dos negros no Brasil*, p.70.

15. Ibid., p.70-2.
16. Ibid., p.73.
17. Sobre a dança do fado no Rio de Janeiro do século XIX, ver Tinhorão, *Fado, dança do Brasil, cantar de Lisboa.*
18. França Júnior, *Folhetins*, p.207.
19. Citado por Tinhorão, *Fado*, p.55.
20. França Júnior, op.cit. p.443 e 446.
21. Citado por Batista Siqueira, *Origem do termo samba*, p.132
22. Guilherme de Melo, *A música no Brasil*, p.31.
23. Ribeiro, *A carne*, p.68.
24. Alencar, *Til*, p.128.
25. Ibid., p.127.
26. Ribeiro, op.cit., p.68.
27. Citado por Jota Efegê, *Maxixe*, p.161.
28. Citado por Nina Rodrigues, *Os africanos no Brasil*, p.255-6.
29. Ibid.
30. Citado por Batista Siqueira, *Origem do termo samba*, p.104. Jota Efegê também menciona o assunto em *Figuras e coisas*, vol.1, p.171.
31. Citado por Tinhorão, *Música popular de índios, negros e mestiços*, p.195.
32. Azevedo, *O cortiço*, p.43-4.
33. Alencar, op.cit., p.129.
34. Idem.
35. Ibid., p.128.
36. Azevedo, op.cit., p.82.
37. Ibid., p.83.
38. Ibid., p.57.
39. Ibid., p.62-3.
40. Ibid., p.48-9.
41. Ibid., p.51.
42. Ibid., p.195-6.
43. Alvarenga, *Música popular brasileira*, p.151-2.
44. Gallet, *Estudos de folclore*, p.61.
45. Ramos, *Folclore negro no Brasil*, p.138. Na frase de Ramos está implícita a atribuição de um valor genérico também para o maxixe. Tal ideia encontra apoio em Andrade, "Originalidade do maxixe", e em Gallet citado por Ramos, *Folclore negro*, p.143.
46. Alvarenga, op.cit., p.152.
47. Silva e Oliveira Filho, *Cartola*, p.45.
48. Andrade, "Introdução" a Gallet, *Estudos de folclore*, p.17.
49. *EMB*, p.683-5; *DFB*, p.675-7.
50. Um excelente estudo das implicações ideológicas disto está em Hermano Vianna, *O mistério do samba.*
51. Em Sodré, *Samba*, p.51.

4. Da sala de jantar à sala de visitas

1. O principal estudo sobre o assunto foi feito por Roberto Moura: *Tia Ciata e a pequena África no Rio de Janeiro.*

2. Almirante, *No tempo de Noel Rosa*, p.17.
3. Tinhorão, *Música popular, teatro e cinema*, p.116.
4. Donga et al., *As vozes desassombradas*, p.51-2.
5. Ibid., p.74.
6. Alvarenga, *Música popular brasileira*, p.152.
7. DFB, p.334.
8. DFB, p.553.
9. Carneiro, *Folguedos tradicionais*, p.64.
10. Vagalume, *Na roda do samba*, p.80, 85, 86, 87.
11. Depoimento citado em Moura, op.cit., p.97.
12. As informações sobre Ciata estão em Moura, op.cit., p.96-106.
13. Ibid., p.161-3.
14. Citado por Moura, op.cit. p.160.
15. Ibid., p.158.
16. Ibid., p.83.
17. Donga et al., op.cit., p.85.
18. Ibid., p.77.
19. Lopes, *O negro no Rio de Janeiro*, p.47-51.
20. Lopes, op.cit., p.51; EMB, verbete "Samba", item 10: "Samba de partido-alto", p.685.
21. Waddey, "Samba de viola"; Lopes, op.cit.
22. Em entrevista a Sodré, *Samba, o dono do corpo*, p.51.
23. Carneiro, op.cit., p.50.
24. Needell, *Belle Époque tropical*, p.180.
25. Como escreve Muniz Sodré, *Samba, o dono do corpo*, p.20.
26. Citado por Muniz Jr., *Do batuque à escola de samba*, p.28. Segundo a EMB, p.1101, este samba é de 1932.
27. Vagalume, *Na roda do samba*, p.78.
28. Waddey, "Viola de samba and samba de viola", parte II, p.262.
29. Citado por Tinhorão, *Pequena história da música popular*, p.307.
30. Waddey, op.cit., p.259.
31. Ibid., p.252.
32. Sei que a expressão "samba-corrido" recebeu várias definições discordantes: por exemplo, Alvarenga, *Música popular brasileira*, p.152; Lopes, *O negro no Rio de Janeiro*, p.51; e o testemunho de João da Baiana em *Vozes desassombradas*, p.55. Mas a definição de Waddey é, na minha opinião, a que tem melhor sustentação etnográfica. Ademais ela concorda com o emprego da expressão "corrido" tal como a observei em 1991 entre praticantes da capoeira.
33. Moura, op.cit., p.148, 161.
34. Carneiro, "Samba de roda", em *Folguedos tradicionais*, p.59-64; Waddey, op.cit.
35. Sobre os vínculos religiosos de Tia Ciata e seus amigos com a Bahia, ver Moura, op.cit., p.93, 98; e Donga et al., op.cit., p.63. Sobre as associações festivas denominadas ranchos que na Bahia festejavam o Dia de Reis e no Rio são transferidas para o carnaval, Moura, op.cit., p.88. Sobre a manutenção no Rio da culinária afro-baiana, ibid., p.103-4.
36. Moura, op.cit., p.100.
37. Citado na EMB, verbete "Miudinho", p.491.
38. Ibid., p.148.
39. Citado por Muniz Jr., *Do batuque à escola de samba*, p.27.
40. Entrevista a Sodré, em *Samba*, p.51.
41. Waddey, op.cit., p.254.

42. Em Donga et al., op.cit., p.53.

43. A expressão "samba duro" como sinônimo de batucada aparece também em Lopes, op.cit., p.135 e p.138; e em Silva e Oliveira Filho, *Cartola*, p.32.

44. A reconstituição da planta da casa de Tia Ciata está em Moura, op.cit., p.102.

45. Ramos, *Folclore negro no Brasil*, p.274-5.

46. Prefácio a Vianna, *O mistério do samba*, p.11.

47. Silva e Oliveira Filho, op.cit., p.46.

48. Donga et al., op.cit., p.63.

49. Máximo e Didier, *Noel Rosa*, p.357.

50. *O mistério do samba*, "Elite brasileira e música popular", p.37-54.

51. Ibid., p.34.

52. Citado por Lopes, op.cit., p.16.

53. Moura, op.cit., p.101 e 146.

54. Ao citar exemplos em apoio à tese de Vianna, escolhi outros que não os que ele próprio usou, com o intuito de enriquecer o debate.

55. Vagalume, *Na roda do samba*, p.53.

56. Melo, *A música no Brasil*, p.15.

57. Vagalume, op.cit., p.87.

58. Citado por Nina Rodrigues, *Os africanos no Brasil*, p.379 e 382.

59. Carta de Luís Saia a Mário de Andrade, 16.2.1938. Documentos originais da Missão de Pesquisas Folclóricas, Discoteca Pública Municipal de São Paulo. Citado em Sandroni, *Mário contra Macunaíma*, p.125.

60. Andrade, *Danças dramáticas*, vol.I, p.70. *Maracatus, cabocolinhos* e *bois* não são, é claro, cultos afro-brasileiros mas manifestações folclóricas do Nordeste do Brasil, submetidos à mesma espécie de restrição.

61. Ianni, "O samba de terreiro em Itu".

62. Vianna, *O mistério do samba*, p.151-2.

63. Alvarenga, op.cit., p.152.

64. Andrade, *Música, doce música*, p.323.

65. Citado por Lopes, op.cit., p.1, em epígrafe a um capítulo intitulado "Da África à Praça Onze".

66. Em Cáurio, *Brasil musical*, p.34.

67. Silva, "'Pelo telefone' e a história do samba", p.72.

68. Vianna, op.cit., p.34.

69. Ibid., p.112-3.

70. Ibid., p.35, grifos meus.

71. Donga et al., op.cit., p.95.

72. Sobre o apoio de Guinle a Villa-Lobos, Béhague, *Heitor Villa-Lobos*, p.10, 16, 82. Sobre seu apoio aos Oito Batutas, Donga et al., op.cit., p.88-90.

5. "Pelo telefone"

1. Silva, *Origines*, vol.I, p.235.

2. Citado por Almirante, *No tempo de Noel Rosa*, p.22.

3. Silva, op.cit., vol.II, p.304.

4. A descoberta destas cartas de Almeida é um dos muitos méritos do trabalho de Silva, de onde a citação foi extraída: vol.II, p.270-1. O texto completo das cartas é reproduzido pelo mesmo Silva em "*Pelo telefone* e a história do samba", p.70.

5. Citado por Silva, "1917 — Questão social e carnaval".
6. Donga, et al., op.cit., p.80.
7. Silva, *Origines*, vol.II, p.247-52.
8. Ibid., p.334.
9. Foucault, "Qu'est-ce qu'un auteur?", p.83.
10. Máximo e Didier, *Noel Rosa*, p.206.
11. Vagalume, *Na roda do samba*, p.30-2.
12. Em *Vozes desassombradas*, p.83, disse que a versão gravada é a original. A outra teria sido "uma paródia feita pela reportagem do jornal *A Noite*". Mas para Ary Vasconcelos e para Sérgio Cabral afirmou que a versão anônima era anterior, e a gravada, uma versão autocensurada (ver Silva, op.cit., p.302-3.)
13. Silva, op.cit., p.296.
14. Reproduzido por Almirante, op.cit., p.19-20.
15. Ibid., vol.II, p.297.
16. Almeida, *Memórias de um sargento de milícias*, p.128.
17. Doderer, *Modinhas*, p.19. Voltarei a este lundu adiante.
18. Silva, op.cit., vol.I, p.182.
19. Inspiro-me, obviamente, no Freud de *Totem e tabu* e em René Girard, *A violência e o sagrado*.
20. A data correta foi estabelecida por Jota Efegê, em artigo publicado na imprensa em 1972; antes disso prevalecia a versão, adotada por Donga e Almirante, de que a roleta fora instalada pelo jornal somente em 1916, pouco antes do sucesso do samba. Ver Silva, op.cit., vol.II, p.299.
21. A pesquisa de Lopes sobre o partido-alto, *O negro no Rio de Janeiro e sua tradição musical*, está cheia de exemplos assim construídos, como as sete quadras citadas na p.93.
22. Citadas por Silva, op.cit., p.319.
23. Andrade, *As melodias do boi*, p.231.
24. Almirante, op.cit., p.16.
25. Vagalume, op.cit., p.115-6.
26. Silva, op.cit., p.326-7.
27. Lopes, op.cit., p.98.
28. Sodré, *Samba, o dono do corpo*, p.6 e 34-5.
29. Devemos esta observação a Silva, op.cit., p.320.
30. Ibid., p.119.
31. Lopes, op.cit., p.95; ali se cita o DFB, verbete "Desafio", p.275.
32. Vagalume, op.cit., p.223-4.
33. Como "Barracão é seu" (João da Gente-Clementina de Jesus, 1966) e "Quatro crioulos" (Elton Medeiros, 1965).

Parte II • De um samba ao outro

1. Desde quando o samba é samba?

1. Máximo e Didier, *Noel Rosa*, p.138.
2. Ibid., p.118.
3. Silva e Oliveira Filho, *Cartola*, p.46-7. O samba citado chama-se "Velho Estácio" e sua letra é transcrita integralmente na página 178 do mesmo livro.
4. Candeia e Isnard, *Escola de samba, árvore que esqueceu a raiz*, p.57.

5. Cabral, *As escolas de samba*, p.21.

6. Ali se fala em "samba de breque", "samba-canção", "samba-enredo" e "samba-exaltação", entre outros (*EMB*, p.684-5).

7. Vianna, *O mistério do samba*, p.123.

8. Cabral, *As escolas de samba*, p.21-2. A passagem tornou-se clássica, sendo citada entre outros por Soares, *Ismael Silva*, p.94; Matos, *Acertei no milhar*, p.40; Tinhorão, *História social da música popular brasileira*, p.232; Moura, *Tia Ciata*, p.123-4;e Cáurio, *Brasil musical*, p.129.

9. Máximo e Didier, op.cit., p.118 e 138.

10. Andrade, *Música de feitiçaria no Brasil*, p.154.

11. Silva e Oliveira Filho, op.cit., p.45.

12. Alvarenga, *Música popular brasileira*, p.343.

13. Silva, *Origines de la samba urbaine*, vol.II, p.348.

14. Em *As vozes desassombradas*, p.80.

15. Minha experiência junto a músicos populares atuais que executam também o repertório mais antigo indica que eles tendem a fazer a mesma distinção. No método de violão de Luís Otávio Braga (Rio de Janeiro, 1988), por exemplo, lê-se à p.81: "são notáveis os maxixes do compositor J.B. da Silva (Sinhô), entre eles o conhecido 'Jura'."

16. Reproduzida em Vagalume, *Na roda do samba*, p.241-2.

17. *EMB*, verbete "Barbosa, Orestes", p.71.

18. Máximo e Didier, op.cit., p.149.

19. Vagalume, op.cit., p.31 e 129.

20. Ibid., p.32.

21. Ibid., p.42.

22. Ibid., p.131.

23. Ibid., p.101-2.

24. Ibid., p.19.

25. Ibid., p.30-1.

26. Ibid., p.92-6.

27. Martins Castello, prefácio a Barbosa, *Samba*, p.9.

28. Vagalume, op.cit., p.134.

29. Barbosa, *Samba*, p.20.

30. Ibid., p.36.

31. Ibid., p.11.

32. Vagalume, op.cit., p.23 e 27.

33. Barbosa, *Samba*, p.61, 63, 64, 65, 93, 81, 96, 93.

34. *Malandro* só aparece três vezes (p.156 e 217) e *malandragem*, duas (p.42 e 93).

35. Entrevista a Cabral, *As escolas de samba*, p.28.

36. Máximo e Didier, op.cit., p.118.

37. Ibid., p.117.

38. Ver os verbetes "Cuíca" do *DMB*, p.166-7, e do *DFB*, p.256-7.

39. Lévi-Strauss, *La pensée sauvage*, p.30.

40. Silva e Oliveira Filho, op.cit., p.46.

41. Sobre as limitações de Donga em teoria musical, ver Soares, *São Ismael do Estácio*, p.79. Sobre as de Sinhô, Vasconcelos, *A nova música da República Velha*, p.196 e 197-8.

42. Entrevistado por Lopes em *O negro no Rio de Janeiro*, p.105.

43. Vagalume, op.cit., p.77.

44. Donga et al., *As vozes desassombradas*, p.20.

45. Tinhorão, *História social da música popular brasileira*, p.229.

46. Cabral, *As escolas de samba*, p.28.
47. Ibid., p.92.

2. O passarinho e a mercadoria

1. Eneida, *História do carnaval carioca*, p.122; esta obra foi minha principal fonte de informações sobre blocos, cordões e ranchos.
2. Ver por exemplo Máximo e Didier, *Noel Rosa*, p.125.
3. Soares, *São Ismael*, p.50.
4. Máximo e Didier, op.cit., p.95.
5. A letra de "Conversa de botequim" é transcrita por inteiro em Máximo e Didier, op.cit., p.398-9; as referências aos "escritórios" de Ismael Silva estão em Soares, *São Ismael*, suplemento fotográfico, p.III e IV.
6. Donga et al., *As vozes desassombradas*, p.31.
7. Vagalume, *Na roda do samba*, p.85.
8. Máximo e Didier, op.cit., p.410-11.
9. Ibid., p.411.
10. Ver Cavalcanti, *Carnaval carioca: dos bastidores ao desfile*, p.198-201.
11. Máximo e Didier, op.cit., p.293-4; e também p.290-1.
12. Vagalume, op.cit., p.79-80.
13. EMB, verbete "Sinhô", p.720.
14. Por exemplo, Andrade, *Os cocos*, p.387; Alvarenga, "Introdução" a Andrade, *As melodias do boi*, p.27.
15. Citada por Máximo e Didier, op.cit., p.357.
16. Bandeira, "Duas crônicas e meia", p.77-8.
17. Citado por Sodré, *Samba*, p.70.
18. Silva e Oliveira Filho, op.cit., p.60.
19. Também citado por Sodré, op.cit., p.70; e Vasconcelos, *A nova música*, p.202.
20. Citado por Soares, op.cit., p.84.
21. Cabral, *As escolas de samba*, p.29, 31 e 32.
22. Ibid., p.90.
23. Cavalcanti, *Carnaval carioca: dos bastidores ao desfile*, p.95.
24. Penso aqui no conceito de "mediação" tal como vem sendo desenvolvido por Hennion em seus estudos sobre a sociologia da música: *La passion musicale* e *Comment la musique vient aux enfants*.
25. Para a datação dos sambas segui, salvo nos casos especificados, a lição da EMB em seu apêndice "Registro de Músicas", p.893-1159. Mas ao "Cidade mulher", que aliás consta ali com seu outro título, "Guanabara", é atribuída a data de 1974, erro evidente. A data correta é no entanto restabelecida pela mesma obra, no texto do verbete "Paulo da Portela", p.592-3.
26. Vagalume, op.cit., p.31. Grifos do autor.
27. Silva e Oliveira Filho, *Cartola*, p.49.
28. Valença, *Serra, serrinha, serrano: o império do samba*, p.14-5.
29. Máximo e Didier, op.cit., p.194.
30. Citado por Moura, *Tia Ciata*, p.152.
31. Vagalume, op.cit., p.131-2.
32. Cabral, *ABC*, p.227-8.
33. Sodré, op.cit., p.34-5. Troquei os termos empregados por Sodré, pois ele fala de passagem do transitivo ao intransitivo, o que não se verifica.

34. Matos, em *Acertei no milhar*, faz uma boa análise da parceria como "modo de produção por excelência do samba popular" (p.75-6).

35. Máximo e Didier, op.cit., p.198.

36. Ibid., p.203.

37. Ibid., p.204.

38. Ibid., p.256.

39. Ibid., p.325.

40. Ibid., p.258 e 411.

41. Ibid., p.259.

42. Ibid., p.275.

43. Ibid., p.205.

44. Ibid., p.167.

45. Esta expressão é empregada por Noel em uma entrevista citada por Máximo e Didier, op.cit., p.198.

46. Valença, op.cit., p.16.

47. Cabral, *As escolas de samba*, p.34.

48. Candeia e Isnard, *Escola de samba*, p.47.

49. Cabral, *ABC*, p.14.

50. Máximo e Didier, op.cit., p.202.

51. Costa, *Salgueiro, academia do samba*, p.43.

3. De malandro a compositor

1. Galpi (Galdino Fernandes Pinheiro), *O flor*, citado por Tinhorão, *A música popular no romance brasileiro*, p.181.

2. J.M. Velho da Silva, *Gabriela, crônica dos tempos coloniais*, citado por Tinhorão, op.cit., p.173.

3. M.A. de Almeida, *Memórias de um sargento de milícias*, p.130.

4. Máximo e Didier, *Noel Rosa*, p.249.

5. *EMB*, verbete "Neves, Eduardo das", p.532.

6. Citado por Matos, *Acertei no milhar*, p.42.

7. Citado por Cabral, *As escolas de samba*, p.66.

8. Matos, op.cit., p.39.

9. Ibid., p.77-8.

10. Sobre os dois últimos, veja-se Iznaga, *Transculturación en Fernando Ortiz*, p.101-3.

11. A definição de samba-malandro aqui desenvolvida vai diferir um pouco da de Cláudia Matos, sobretudo porque o presente trabalho se detém na fase inicial, enquanto o dela dedica-se sobretudo aos sambas dos anos 1940.

12. A letra inteira está em Vasconcelos, *A nova música*, p.212.

13. Vagalume, *Na roda do samba*, p.59-60.

14. A *EMB*, verbete "Bide", p.95, diz que a gravação é de 1927. A *DB-78rpm* dá como data de lançamento fevereiro de 1928, posterior portanto ao lançamento de "Me faz carinhos", de Ismael Silva, lançado em janeiro do mesmo ano.

15. Entrevista de Heitor dos Prazeres publicada por Sodré em *Samba*, p.69. Também Vasconcelos, op.cit., p.212.

16. As duas letras estão transcritas em Máximo e Didier, op.cit., p.245. Os dados referentes às gravações de "Cassino maxixe" e "Gosto que me enrosco" estão em Vasconcelos, op.cit., p.226 e 228.

17. Entrevista a Sodré, op.cit., p.70.

18. Alencar, *Nosso Sinhô do samba*, p.71.

19. EMB, Apêndices, p.992.

20. Composta em 1927 segundo a EMB (p.982), e Vasconcelos, *A nova música*, p.213-4; lançada em disco em 1928 segundo a DB-78rpm, Odeon 10.096-A.

21. Citado em Alencar, *Nosso Sinhô do samba*, p.43.

22. Carneiro, citado por Cascudo, DFB, verbete "Pernada", p.598-9.

23. Por exemplo, Silva e Oliveira Filho, *Cartola*, p.33-5.

24. Cabral, *As escolas de samba*, p.35.

25. DB-78rpm Odeon 10.134-A.

26. Donga et al., *As vozes desassombradas*, p.63.

27. Idem.

28. Matos, op.cit., p.77. Moreira da Silva é um dos cantores de samba que mais cultivou a imagem de malandro.

29. Donga et al., op.cit., p.62.

4. O feitiço decente

1. A letra completa está em Máximo e Didier, *Noel Rosa*, p.291.

2. Azevedo, *O cortiço*, p.70 e 125.

3. Ibid., p.70.

4. Ibid., p.71 e 80.

5. A letra completa está em Máximo e Didier, op.cit., p.329-30.

6. Máximo e Didier, op.cit., p.357.

7. A letra completa está em Máximo e Didier, op.cit., p.407.

8. A letra completa de "Feitio de oração" está em Máximo e Didier, op.cit., p.267-8

9. *New Grove*, verbete "Samba", vol.16, p.447-8; e "Symphony", vol.18, p.438-67.

10. Máximo e Didier, op.cit., p.39.

11. Ibid., p.165.

12. Ibid., p.357.

13. Ibid., p.246.

14. Datado por Máximo e Didier. A EMB dá 1938, quando Noel morreu em 1937. A letra é dada pelos mesmos autores na p.292 de sua obra citada.

15. Cláudia Matos, em *Acertei no milhar* (p.55) acha que aqui se faz referência ao subgênero "samba-canção", que de acordo com a EMB, p.684 se singulariza por seu "ritmo mole" e seu caráter "romântico e sentimental". Mas a expressão aparece aqui em resposta direta ao samba de Wilson Batista, que, como o leitor recordará, dizia: "Eu me lembro, era criança/ Tirava samba-canção". Ora, no tempo em que Wilson Batista (1913-68) era criança, o subgênero "samba-canção" nem existia (ele se difunde a partir de 1928, segundo a mesma fonte). A expressão deve ser entendida aqui no seu sentido lato, isto é, "samba-canção" para diferenciar de "samba-evento", de samba como sinônimo de função popular, que foi o sentido primeiro da palavra e ainda estava muito presente nos anos 1930 como atesta por exemplo a letra de "Com que roupa?" (Noel Rosa, 1930). O samba-canção, neste sentido, é o samba que tem autor, é a parte cantada que se separa da festa coletiva com a qual estava no início confundido.

16. Máximo e Didier, op.cit., p.292.

17. Idem.

18. Ibid., p.295.

19. Segundo Alencar, *Nosso Sinhô do samba*, p.122.

20. Entrevista concedida por Noel Rosa em 1935, citada por Máximo e Didier, op.cit., p.357.

21. Idem.

22. Gravado entre outros por João Gilberto, *...Live at the 19th Montreux Jazz Festival.*

23. Citado por Rodrigues, *Samba negro*, p.34-5.

24. Sérgio Cabral, "Prefácio" a Candeia e Isnard, *Escola de samba, árvore que esqueceu a raiz*, p.IX.

25. Vagalume, *Na roda do samba*, p.126.

26. Idem. Lembre-se que "samba-chulado", para Vagalume, é sinônimo de samba carioca.

27. João da Baiana, em *As vozes desassombradas*, p.59, menciona o uso do tamborim já em fins do século passado.

28. *EMB*, verbete Oito Batutas, p.565.

29. Silva e Oliveira Filho, *Filho de Ogum bexiguento*, p.110 (e foto corespondente na página 64).

30. Depoimento de Bucy Moreira em Moura, *Tia Ciata*, p.153. "Bernardo" é outro dos sambistas do Estácio, menos conhecido que outros mas como tal homenageado por Paulo da Portela no samba "Coleção de passarinhos" (como registram Silva e Oliveira Filho, *Cartola*, p.67). Ver também a entrevista de Bide a Cabral, *As escolas de samba*, p.30.

31. Máximo e Didier, op.cit., p.325. E também Cabral, *As escolas de samba*, p.92.

32. A letra completa está em Soares, op.cit., p.71-2. "Antonico" foi lançado por Alcides Gerardi, disco Odeon 12993-B, Rio de Janeiro, 1950.

33. Ibid., p.71-3.

34. Informações colhidas em Máximo e Didier, op.cit., cap.20, p.195-207.

35. Informações colhidas na *EMB*, nos verbetes respectivos.

36. Estas datas estão nos verbetes respectivos da *EMB*; as causas das mortes são mencionadas no depoimento de Bide a Sérgio Cabral, *As escolas de samba*, p.32.

37. Soares, op.cit., p.23.

38. Máximo e Didier, op.cit., p.368.

39. DaMatta, *Carnavais, malandros e heróis*, p.166-7.

40. Vianna, *O mistério do samba*, p.114 e passim.

41. De Tancredo Silva, Davi Silva e Ribeiro da Cunha, gravado por Moreira da Silva em 1936. Citado por Cláudia Matos, *Acertei no milhar*, p.200 e 202.

42. Ibid., p.202.

43. Máximo e Didier, op.cit., p.84-5.

5. Pelo gramofone

1. Tinhorão, *Música popular brasileira*, p.343.

2. Ver Tinhorão, *Música popular: do gramofone ao rádio e TV*, p.15-30. O nome "Odeon", a partir de meados da década de 20, não designava mais uma marca comercializada pela Casa Edison, mas a própria companhia europeia que viera instalar-se também no Brasil.

3. Sodré, *Samba, o dono do corpo*, p.62.

4. Ibid., p.69.

5. Donga et atl., *As vozes desassombradas*, p.81.

6. Deve-se notar no entanto que na partitura publicada de "Pelo telefone", a melodia da introdução foi escrita com outro ritmo, o mesmo ritmo em que ela aparece tocada por Pixinguinha na gravação feita em 1940 para o disco *Native brazilian music.*

7. Andrade, "O samba rural paulista", p.156.

8. Alencar, *Nosso Sinhô do samba*, p.56.

9. Andrade, *Os cocos*, p.482-5.

10. Esta letra é dada por Alencar em *Nosso Sinhô do samba*, p.31, com algumas diferenças em relação à gravação original. Uma delas se deve talvez a escrúpulos do biógrafo, que substitui o "roubar" do verso 6 por "sambar".

11. Dada integralmente por Alencar, op.cit., p.33.

12. Alencar, op.cit., p.30.

13. Ibid, p.31.

14. Sebastião Nunes Batista, *Poética popular do nordeste*, p.26.

15. Idem.

16. Sobre Caninha, ver o esboço biográfico de Sérgio Cabral, "Um pioneiro do samba", em *ABC de Sérgio Cabral*, p.196-203.

17. Vagalume, *Na roda do samba*, p.79.

18. Lopes, *O negro no Rio de Janeiro e sua tradição musical*, p.95.

19. Ibid., p.38.

20. Ver por exemplo Waddey, "Viola de samba e samba de viola", parte II, p.256, e Itiberê, "Ernesto Nazaré na música brasileira", p.315. Waterman discute a mesma questão, do ponto de vista da música afro-americana em geral em "African influence in the music of the Americas".

21. Itiberê, "Ernesto Nazaré na música brasileira", p.315.

22. Carpentier, *La música en Cuba*, p.55-6, grifos do autor.

23. Mukuna, *Contribuição bantu na música popular brasileira*, p.83. Mukuna remete a dois exemplos musicais, dados nas páginas 85-7 de seu livro, onde o ciclo rítmico em questão está escrito em 16/8, e a melodia em 2/4. Isto faz com que um ciclo rítmico do tamborim corresponda a quatro compassos do canto. Ora, minhas observações apontam para proporção de dois para um, e não de quatro para um, o que me leva a olhar com muita desconfiança para essas transcrições de Mukuna.

24. Como se sabe, ambos os tipos de versos são chamados de heptassílabos na métrica portuguesa.

25. Este novo tipo de variação se situa num nível diferente do que foi estudado antes, pois depende do número de sílabas da frase, isto é, das opções poéticas do autor, e não da intenção de variar o ritmo.

26. Esta afirmação se baseia na escuta dos três volumes da excelente compilação *Sinhô*, citada na nota precedente, que contém 66 gravações do período 1927-31.

27. Máximo e Didier, *Noel Rosa*, p.410.

28. Infelizmente, não obtive a gravação do samba em questão, "É bom parar".

29. No encarte do disco *Radamés Gnattali sexteto* (1975).

30. Uma história semelhante, e igualmente questionável, é contada por Sérgio Cabral, segundo a qual o primeiro arranjo "a mostrar os naipes de instrumentos de sopro tocando no ritmo de samba" foi o de "Aquarela do Brasil", em 1939 (Cabral, *No tempo de Ari Barroso*, p.182).

31. A amostra foi recolhida ao acaso, no disco *Fina estampa*, de Caetano Veloso (1994).

Conclusão

1. Remeto o leitor à ótima análise que fez desta marchinha Walnice Nogueira Galvão, em *Le carnaval de Rio*, p.191-4.

2. Ver por exemplo Ana Maria Rodrigues, *Samba negro, espoliação branca*, Nei Lopes, *O samba na realidade*, J.R. Tinhorão, *Pequena história da música popular* e *História social da música brasileira*.

3. Comunicação pessoal de Ralph Waddey; comunicação pessoal de Marco Antônio Lavigne.

Anexo • *Vídeo infeliz*

1. Sandroni, p.169-85.
2. Ali Kamel, "Caetano e Obama", *O Globo*, 10 jun 2008, p.7.
3. Máximo e Didier, *Noel Rosa*, p. 371.
4. Eduardo Silva, *As camélias do Leblon e a abolição da escravatura: uma investigação de história cultural*, São Paulo, Companhia das Letras, 2003.
5. Bryan McCann, *Hello, hello Brazil: Popular Music in the Making of Modern Brazil*, Durham, Duke University Press, 2005.
6. B. McCann, "Noel Rosa's nationalistic logic", *Luso-Brazilian Review*, vol.38, n.1, 2001, p.1-16.
7. Yvonne Maggie, *Medo do feitiço: relações entre magia e poder no Brasil*, Rio de Janeiro, Arquivo Nacional, 1992.
8. E.E. Evans-Pritchard, *Bruxaria, oráculos e magia entre os Azande*, Rio de Janeiro, Zahar, 2004.
9. Sandroni, *Feitiço decente*, p. 179-82.
10. Stefania Capone, *A busca da África no candomblé*, Rio de Janeiro, Contracapa/Pallas, 2004.

REFERÊNCIAS BIBLIOGRÁFICAS

1. Estudos sobre a música brasileira

ALENCAR, Edigar de. *O carnaval carioca através da música*, 2 vols., Rio de Janeiro, Freitas Bastos, 1965.

_____. *Nosso Sinhô do samba*, Rio de Janeiro, Funarte, 1981.

ALMEIDA, Renato de. "A influência da música negra no Brasil", *Revista de Etnografia*, IV/2 (1965), Porto, p.325-31.

_____. *História da música brasileira*, Rio de Janeiro, F. Briguiet, 1942.

ALMIRANTE (Henrique Foréis Domingues). *No tempo de Noel Rosa*, Rio de Janeiro, Francisco Alves, 1963.

ALVARENGA, Oneyda. "A influência negra na música brasileira", *Boletim Latino-Americano de Música*, VI/1 (1946), p.357-407.

_____. *Música popular brasileira*, São Paulo, Duas Cidades, 1982.

ANDRADE, Mário de. *Modinhas imperiais*, São Paulo, Martins, 1964.

_____. *Ensaio sobre a música brasileira*, São Paulo, Martins, 1972.

_____. *Aspectos da música brasileira*, São Paulo, Martins, 1975.

_____. *Música, doce música*, São Paulo, Martins, 1976.

_____. *Os cocos*, São Paulo, Duas Cidades, 1984.

_____. *As melodias do boi e outras peças*, São Paulo, Martins, 1987.

_____. "Originalidade do maxixe", *Ilustração Musical*, ano I, n°2 (1930), p.45.

_____. "Cândido Inácio da Silva e o lundu", *RBM*, X (1944), p.17-39.

ANDRADE MURICY. "Ernesto Nazareth (1863-1963)", *Cadernos Brasileiros*, V/3, 1963, p.36- 50.

ARAÚJO, Mozart de. *A modinha e o lundu no século XVIII*, São Paulo, Ricordi, 1963.

_____. *Rapsódia brasileira*, Fortaleza, Universidade Estadual do Ceará, 1994.

ARAÚJO, Samuel. *Acoustic Labour in the Timing of Everyday Life*, tese de doutorado, Urbana (Illinois), 1992.

ARAÚJO, Samuel, e GUERREIRO, Antônio. "O samba cigano: um estudo histórico-etnográfico das práticas de música e dança dos ciganos *calom* do Rio de Janeiro", *Música popular en América Latina*, atas do II Congresso Latino Americano da IASPM, editado por Rodrigo Torres, Santiago do Chile, 1999, p.233-9.

AYRES DE ANDRADE. *Francisco Manuel da Silva e seu tempo*, 2 vols., Rio de Janeiro, Secretaria de Educação e Cultura, 1967.

BANDEIRA, Manuel. "Duas crônicas e meia", *Revista USP*, 4 (dezembro/janeiro e fevereiro/1990), p.73-8.

BARBOSA, Orestes. *Samba*, Rio de Janeiro, Funarte, 1978.

BATISTA, Sebastião Nunes. *Poética popular do Nordeste*, Rio de Janeiro, Casa de Rui Barbosa, 1982.

BATISTA SIQUEIRA. *Três vultos históricos da música brasileira*, Rio de Janeiro, D. Araújo, 1969.

_____. *Ernesto Nazaré na música brasileira*, Rio de Janeiro, Aurora, 1967.

_____. *Origem do termo "samba"*, *São Paulo*, IBDC, 1978.

BEHAGUE, Gérard. *Popular Music Currents in the Art Music of the Early Nationalistic Period in Brazil, circa 1870-1920*, tese de doutorado, Ann Arbor, Michigan, 1966.

_____. "Biblioteca da Ajuda (Lisbon) Mss. 1595/1596: two eighteenth-century anonymous collections of modinhas", *Anuário do Instituto Interamericano de Pesquisa Musical*, vol.IV, 1968.

_____. *The Begginings of Musical Nationalism in Brazil*, Detroit, Information Coordinators, 1971.

_____. *Heitor Villa-Lobos: The Search for Brazil's Musical Soul*, Austin, Institute of Latin American Studies, 1994.

BEVILACQUA, Otávio. "Necrológio de Ernesto Nazareth", *RBM*, I/I, mar 1934, p.59-60.

BRAGA, Luís Otávio. *O violão brasileiro*, Rio de Janeiro, Escola de Música Brasileira, 1988

CABRAL, Sérgio. *No tempo de Almirante*, Rio de Janeiro, Francisco Alves, 1990.

_____. *No tempo de Ari Barroso*, Lumiar, Rio de Janeiro, s/d (1993).

_____. *As escolas de samba*, Rio de Janeiro, Fontana, 1974. (Nova edição: *As escolas de samba do Rio de Janeiro*, Rio de Janeiro, Lumiar, 1996).

_____. *ABC*, Rio de Janeiro, Codecri, 1979.

CANDEIA e ISNARD. *Escola de samba — árvore que esqueceu a raiz*, Rio de Janeiro, Lidador, 1978.

CARNEIRO, Edison. *Folguedos tradicionais*, Rio de Janeiro, Conquista, 1974.

CAURIO, Rita (org.). *Brasil musical*, Rio de Janeiro, Art Bureau, 1988.

CAVALCANTI, Maria Laura Viveiros de Castro. *Carnaval carioca — dos bastidores ao desfile*, Rio de Janeiro, UFRJ, 1994.

CERNICCHIARO, Vicenzo. *Storia della musica nel Brasile*, Milano, Fratelli Riccioni, 1926.

CORRÊA DE AZEVEDO, Luiz Heitor. "Tradição e música contemporânea", in *Luís Heitor Corrêa de Azevedo: 80 anos* (org. Dulce Martins Lamas), Rio de Janeiro, Sociedade Brasileira de Musicologia, 1985, p.79-86.

_____. *150 anos de música no Brasil*, Rio de Janeiro, José Olympio, 1956.

_____. "Survivance et développement des diverses traditions europées nes dans le continent américain", *in Report of the International Musicological Society Eighth Congress*, vol.I, 'Papers', Kassel, Bärenreiter, 1961.

DIDIER, Carlos. "O samba que veio do Estácio", *O Catacumba*, I, 1, nov/dez 1984, Rio de Janeiro, Fundação RioArte, p.3.

_____. "A formação do samba: de Donga e Sinhô à turma do Estácio", texto inédito da palestra proferida na Casa de Ruy Barbosa, Rio de Janeiro, 2 de julho de 1996.

DODERER, Gerhard. *Modinhas luso-brasileiras*, Lisboa, Fundação Calouste Gulbenkian, 1984.

DONGA, PIXINGUINHA e JOÃO DA BAIANA. *As vozes desassombradas do museu*, Rio de Janeiro, MIS, 1970.

DREYFUS, Dominique. Comunicação pessoal. Pesquisas inéditas sobre a etimologia da palavra "samba".

ENEIDA. *História do carnaval carioca*, Rio de Janeiro, Civilização Brasileira, 1958.

GALLET, Luciano. *Estudos de folclore*, Carlos Wehrs, Rio de Janeiro, 1934.

GALVÃO, Walnice Nogueira. *Le carnaval de Rio*, Paris, Chandeigne, 2000.

IANNI, Otávio. "O samba de terreiro em Itu", *Revista de História*, 26, 1956, p.403-26.

ITIBERÊ, Brasílio. "Ernesto Nazaré na música brasileira", *Boletim Latino-Americano de Música*, VI/1, 1946, p.309-21.

JOTA EFEGÊ. *Maxixe, a dança excomungada*, Rio de Janeiro, Conquista, 1974.

_____. *Figuras e coisas da música popular*, 2 vols., Rio de Janeiro, Funarte, 1978-9.

KIEFER, Bruno. *A modinha e o lundu*, Porto Alegre, Movimento, 1977.

KUBIK, Gerhard. *Angolan Traits in Black Music, Games and Dances of Brazil*, Lisboa, Junta de Investigações Científicas do Ultramar, 1979.

LAVIGNE, Marco Antônio. Comunicação pessoal. Gravações de candomblé de angola feitas na Baixada Fluminense nos anos1980.

LIMA, Rossini Tavares de. *Da conceituação do lundu*, São Paulo, 1953.

LOPES, Nei. *O negro no Rio de Janeiro e sua tradição musical*, Rio de Janeiro, Pallas, 1992.

_____. *O samba na realidade*, Rio de Janeiro, Codecri, 1981.

LÜHNING, Angela. *A música no candomblé nagô-ketu*, tradução não publicada, de Raul Oliveira, da tese de doutorado *Die Musik im candomblé nagô-ketu*, Hamburgo, Verlag der Musikalienhandung, 1990.

MATOS, Cláudia. *Acertei no milhar: samba e malandragem no tempo de Getúlio*, Rio de Janeiro, Paz e Terra, 1982.

MAXIMO, João e DIDIER, Carlos. *Noel Rosa — uma biografia*, Brasília, UnB, 1990.

MELO, Guilherme Teodoro Pereira de. *A música no Brasil*, Salvador, Tipografia São Joaquim, 1908.

MEYER, Augusto. *Cancioneiro gaúcho*, Porto Alegre, Globo, 1952.

MOURA, Roberto. *Tia Ciata e a pequena África no Rio de Janeiro*, Rio de Janeiro, Funarte, 1983.

MUKUNA, Kazadi Wa. *Contribuição bantu na música popular brasileira*, São Paulo, Global, s/d.

MUNIZ JR., J. *Do batuque à escola de samba*, São Paulo, Símbolo, 1976.

NASCIMENTO, A.A. "A influência da habanera nos tangos de Ernesto Nazareth", tese de mestrado, São Paulo, ECA-USP, 1990.

NOGUEIRA FRANÇA, Eurico. "Le Noir dans la musique brésilienne", in *La contribution de l'Afrique à la civilization brésilienne*, s/d, Ministério das Relações Exteriores.

PEREIRA DA COSTA. *Folclore pernambucano*, separata da Revista do Instituto Histórico, Rio de Janeiro, 1908.

REIS PEQUENO, Mercedes. "Impressão musical no Brasil", artigo na *EMB*, p.352-63.

RODRIGUES, Ana Maria. *Samba negro, espoliação branca*, São Paulo, Hucitec, 1984.

RUIZ, Roberto. *Teatro de revista no Brasil*, Rio de Janeiro, INACEN, 1988.

_____. *Aracy Cortes, linda flor*, Rio de Janeiro, Funarte, 1984.

SANDRONI, Carlos. "O feitiço decente", *Opus*, II/2, jun 1990, p.21-8.

_____. "Mudanças de padrão rítmico no samba carioca", *Trans — revista transcultural de música* (publicação virtual), 2, 1995, www2.uji.es/trans/trans2

_____. "La samba à Rio de Janeiro et le paradigme de l'Estácio", *Cahiers de Musiques Traditionnelles*, 10, 1997, p.153-68.

_____. "Le tresillo", *Cahiers de Musiques Traditionnelles*, 13, 2000, p.55-64.

_____. "Arranjei um fraseado: ritmo melódico nos bambas do Estácio", in MATOS, C.N., TRAVASSOS, E. e MEDEIROS, F.T. (orgs.). *Ao encontro da palavra cantada: poesia, música e voz*, Rio de Janeiro, 7Letras, 2001.

SANT'ANNA Néry, F.J. de. *Folk-lore brésilien*, Paris, Perrin et Cie., 1889.

SEVERIANO, Jairo. *Yes, nós temos Braguinha*, Rio de Janeiro, Funarte, 1987.

SILVA, Flávio. *Origines de la samba urbaine à Rio de Janeiro*, 'mémoire', Paris, EPHE, 1975.

_____. "1917: Questão social e carnaval", *Informativo Funarte*, março 1983.

_____. "'Pelo telefone' e a história do samba", *Revista Cultura*, ano VIII, 28, jan-jun 1978.

SILVA, Marília T. Barboza da, e OLIVEIRA FILHO, Arthur L. de. *Cartola — os tempos idos*, Rio de Janeiro, Funarte, 1989.

_____. *Filho de Ogum bexiguento*, Rio de Janeiro, Funarte, 1979.

SILVA, Marília T. Barboza da, e SANTOS, Lygia. *Paulo da Portela, traço de união entre duas culturas*, Rio de Janeiro, Funarte, 1979.

SOARES, Maria Tereza Mello. *São Ismael do Estácio*, Rio de Janeiro, Funarte, 1985.

SODRÉ, Muniz. *Samba, o dono do corpo*, Rio de Janeiro, Codecri, 1979.

TINHORÃO, José Ramos. *Música popular, teatro e cinema*, Petrópolis, Vozes, 1972.

_____. *Música popular de índios, negros e mestiços*, Petrópolis, Vozes, 1972.

_____. *Os negros em Portugal*, Lisboa, Caminho, 1988.

_____. *Os sons dos negros no Brasil*, São Paulo, Art, 1988.

_____. *História social da música popular brasileira*, Lisboa, Caminho,1990.

_____. *Pequena história da música popular*, São Paulo, Art, 1991.

_____. *A música popular no romance brasileiro*, Belo Horizonte, Oficina de Livros, 1992.

_____. *Fado, dança do Brasil, cantar de Lisboa*, Lisboa, Caminho, 1994.

VAGALUME (Francisco Guimarães). *Na roda do samba*, Rio de Janeiro, Funarte, 1978.

VALENÇA, Suetônio e VALENÇA, Raquel. *Serra, serrinha, serrano: o império do samba*, Rio de Janeiro, José Olympio, 1981.

VASCONCELOS, Ary. *Panorama da música popular brasileira*, Rio de Janeiro, Sant'Anna, 1977.

_____. *A nova música da República Velha*, Rio de Janeiro, 1985.

_____. "Tem cigano no samba", *Piracema*, 1/1, 1993, p.105-9.

VIANNA, Hermano. *O mistério do samba*, Rio de Janeiro, Zahar/UFRJ, 1995.

WADDEY, Ralph. "*Samba de viola* and *viola de samba* ", parte I, *Latin American Music Review*, 1/2, outono-inverno 1980, p.196-212; parte II, idem, 2/2, outono/inverno 1981, p.252-79.

_____. Comunicação pessoal. Gravações de samba de viola feitas no Recôncavo Baiano no início dos anos 1980.

2. Outros estudos

AHARÓNIAN, Coriún. "Factores de identidad musical", *VI Encontro Nacional da ANPPOM — Anais*, ANPPOM, Rio de Janeiro, 1993.

AROM, Simha. "Du pied à la main: les fondements métriques des musiques traditionelles d'Afrique Centrale", *Analyse Musicale*, 10, jan 1988, 1988, p.16-22.

_____. *Polyphonies et polyrythmies d'Afrique Centrale*, Paris, SELAF, 1985.

BEHAGUE, Gérard. *Music in Latin America: An Introduction*, Prentice Hall History of Music Series, 1979.

_____. "Tango", artigo no *The New Grove's Dictionary of Music and Musicians*, vol.18, p.563-5.

BLACKING, John. *How Musical is Man?* Seattle/Londres, University of Washington Press, 1973.

CARPENTIER, Alejo. *La musica en Cuba*, Havana, Letras Cubanas, 1979.

DAMATTA, Roberto. *Carnavais, malandros e heróis*, Rio de Janeiro, Zahar, 1979.

FOUCAULT, Michel. "Qu'est-ce qu'un auteur?", *Bulletin de la Société Française de Philosophie*, 63 (1969), p.75-95.

FREUD, Sigmund. *Totem et tabou*, Paris, Gallimard, 1993.

GESUALDO, Vicente. *Historia de la música en la Argentina*, 3 vols., Buenos Aires, Beta, 1961.

GIRARD, René. *La violence et le sacré*, Paris, Grasset, 1972.

HENNION, Antoine. *La passion musicale*, Paris, Metaillé, 1995.

_____. *Comment la musique vient aux enfants*, Paris, Anthropos, 1988.

IZNAGA, Diana. *Transculturación en Fernando Ortiz*, Havana, Editorial de Ciencias Sociales, 1989.

JAHN, Janheinz. *Muntu — l'homme Africain et la culture néo-Africaine*, Paris, Seuil, 1961.

JONES, A.M. *Studies in African music*, 2 vols., Londres, Oxford University Press, 1959.

KARTOMI, Margareth J. "The processes and results of musical culture contact: a discussion of terminology and concepts". *Ethnomusicology*, XXV/2, mai 1982, p.227-49.

KOLINSKI, Mieczyslaw "Review of *Studies in African Music* by A.M.Jones", *The Musical Quarterly*, XLVI/1, jan 1960, p.105-10.

_____. "A cross-cultural approach to rythmic patterns", *Ethnomusicology*, XVII/3, set 1973, p.494-506.

LANDA, Enrique Camara. "Escandalos y condenas: la recepción del tango en Italia". Comunicação apresentada no II Encontro de Etnomusicólogos Íbero-Americanos, Barcelona, 1995.

LEÓN, Argeliers. *Del canto y el tiempo*, Havana, Letras Cubanas, 1984.

LÉVI-STRAUSS, Claude. *La pensée sauvage*, Paris, Plon, 1962.

_____. *Le cru et le cuit*, Paris, Plon, 1964.

MARTIN, Denis Constant. "Filiation or inovation? Some hypotheses to overcome the dilemma of afro-american music's origins", *Black Music Research Journal*, II/I, 1991, p.19-38.

MERRIAM, Alan. *The Anthropology of Music*, Northwestern University Press, 1964.

MINKOWSKI, Solomon Glades. *Ignacio Cervantes y la danza en Cuba*, Havana, Letras Cubanas, 1988.

NATTIEZ, Jean-Jacques. *Musicologie générale et sémiologie*, Paris, Christian Bourgois, 1987.

NKETIA, J.H.K. *The Music of Africa*, Londres, Victor Gollanz, 1975.
NEEDELL, Jeffrey. *Belle époque tropical*, São Paulo, Cia. das Letras, 1993.
NINA RODRIGUES. *Os africanos no Brasil*, São Paulo, Companhia Editora Nacional, 1945.
RAMOS, Arthur. *Folclore negro no Brasil*, Rio de Janeiro, Civilização Brasileira, 1935.
ROSSETI BATISTA, Marta (org.). *Brasil, 1° tempo modernista — 1917-29*, São Paulo, IEB, 1972.
ROSSI, Vicente. *Cosas de negros*, Buenos Aires, Hachette, 1958.
ROUGET, Gilbert. *La musique et la transe*, Paris, Gallimard, 1980.
SALAZAR, Adolfo. "Spanish folk music", *The International Cyclopedia of Music and Musicians*, Oscar Thompson (org.), Londres, J.M.Dent & Sons, 1946, p.580-3.
SANDRONI, Carlos. *Mário contra Macunaíma*, São Paulo, Vértice, 1988.
STORM ROBERTS, John. *Black Music of Two Worlds*, Tivoli (NY), Original Music, 1972.
TAGG, Philip "'Black music', 'Afro-american music' and 'European music'", *Popular Music*, 8/3, 1989, p.285-98.
VEGA, Carlos. *Las danzas populares argentinas*, Buenos Aires, Ministerio de Educación de La Nación, 1952.
_____. *Danzas y canciones argentinas*, Buenos Aires, Ricordi, 1936.
_____. "The classical guitar in early Buenos Aires", *Guitar Review*, 10, Nova York, 1949, p.103-6.
_____. "Las especies homónimas y afines de 'Los orígenes del tango argentino'", *Revista Musical Chilena*, 101, 1967, p.49-65.
WATERMAN, Richard. "African influence on the music of the Americas", in *Acculturation in the Americas*, Sol Tax (org.), Nova York, Cooper Square, 1967, p.207-18.

3. Obras literárias

ALENCAR, José de. *Til*, Rio de Janeiro, Ediouro, s/d.
ALMEIDA, Manuel Antonio de. *Memórias de um sargento de milícias*, Lisboa, Europa América, 1974.
AZEVEDO, Aluísio de. *O cortiço*, São Paulo, FTD, 1993.
CALDAS BARBOSA, Domingos. *Viola de Lereno*, 2 vols., Rio de Janeiro, INL, 1944.
FRANÇA JÚNIOR. *Folhetins*, Rio de Janeiro, Jacintho Ribeiro dos Santos, 1926.
LOUZADA, Wilson (org.). *Antologia do carnaval*, Rio de Janeiro, O Cruzeiro, 1945.
MACHADO DE ASSIS, J.M. *Obras completas*, vol.II, Rio de Janeiro, José Aguilar, 1962.
RIBEIRO, Júlio. *A carne*, Rio de Janeiro, Ediouro, s/d.
TOLENTINO, Nicolau. *Sátiras*, Lisboa, Seara Nova, 1969.

4. Obras de referência

Aurélio (Novo dicionário Aurélio da língua portuguesa), Aurélio Buarque de Holanda Ferreira, Rio de Janeiro, Nova Fronteira, 1986.
BASSO, Alberto (org.). *Enciclopedia storica della musica*, Torino, Tipografia Sociale Torinese, 1966.
_____. *Dizionario della musica*, idem, 1971.

BORBA, Tomás e GRAÇA, Fernando Lopes. *Dicionário de música*, 2 vol., Lisboa, Cosmos, 1958.

COELHO MACHADO, Raphael *Dicionário musical*, Rio de Janeiro, 1842.

DB-78rpm (Discografia brasileira 78rpm), Jairo Severiano et alii. Rio de Janeiro, Funarte, 1984, 5 vols.

DFB (Dicionário do folclore brasileiro), Luís da Câmara Cascudo, Rio de Janeiro, INL/MEC, 1962.

DMB (Dicionário musical brasileiro), Mário de Andrade, São Paulo, Edusp, 1989.

EMB (Enciclopédia da música brasileira — erudita, folclórica, popular), Marco Antônio Marcondes (org.), São Paulo, Art, 1977, 2 vols.

HONNEGER, Marc. *Dictionnaire de la musique — science de la musique*, Paris, Bordas, 1976, 2 vols.

RIEMANN, Hugo. *Dictionnaire de musique*, edição francesa organizada por André Schaeffner, Paris, Payot, 1931.

SADIE, Stanley(org.). *The new Grove's Dictionnary of Music and Musicians*, Londres, MacMillan, 1980, 20 vols.

FONTES MUSICAIS

1) Partituras

a) Lundus

Anônimo. "Quem é pobre não tem vícios" (c.1850). BNRJ L-I-18.

Anônimo. "Marília, meu doce bem" (c.1860). BNRJ F-III-31.

Carvalho, Francisco de. "O mugunzá" (letra de Bernardo Lisboa, 1892). BNRJ BG-IV-61.

Coelho, M.J. "Sinhô Juca" (letra de J. D'Aboim, anterior a 1869). BNRJ M-I-16.

Costa Júnior. "O homem" (letra de Artur Azevedo e Moreira Sampaio, 1887). BNRJ BG-IV-12.

Dorison (sobre tema de "o curioso B.B."). "Gentis, você já viu já?" (1853). BNRJ F-III-29.

Mesquita, H. A. de. "Os beijos de frade" (letra de E.D. Villas Boas, 1856). Reproduzido por Batista Siqueira, *Três vultos históricos da música brasileira*, p.39-40.

Noronha, Francisco de Sá. "Lundu das moças" (1851) BNRJ D-I-22.

Pagani, R. "Capenga não forma" (letra de Ed. Villas Boas, c.1867). BNRJ M-II-68.

Pimentel, Albertino. "O engrossa" (letra de Moreira Sampaio, 1899). BNRJ M-II-58.

Ramos, Januário da Silva. "Lundu das beatas" (c.1862). BNRJ M-II-68.

Silva, Candido Inácio da. "Lá no Largo da Sé" (1834). BNRJ F-III-33.

Telles, Padre. "Querem ver esta menina" (c.1850). BNRJ L-I-33.

b) Polcas e polcas-lundu

Arvellos, J.S. "Se eu pedir você me dá?" (c.1865). BNRJ A-I-12.

Barbosa, José Soares. "O que é da chave?" (c.1872). BNRJ C-I-13.

Idem, "O senhor padre-vigário" (c.1880). BNRJ F-II-6.

Cruz, Calixto X. da. "Polka de estylo brazileiro" (s/d). BNRJ M-I-34.

Cunha, João Elias. "Zizinha" (c.1865). BNRJ M-I-62.
Leite, Virgínio A. Pereira. "Vesgo não namora" (c.1870). BNRJ B-I-75.
Maia, J.O. "Sai, poeira!" (c.1866). BNRJ C-I-5.
Mesquita, H. A. de. "A bahiana" (c.1870). BNRJ N-VIII-9.
Pinto, Porfírio José d'Oliveira. "Socega, nhonhô!" (c.1872). BNRJ C-I-31.
Rocha, Antonio Hilarião da. "O que é da tranca?" (c.1873). BNRJ F-II-20.
Varney, L. "Amor molhado" (1887). BNRJ N-V-46.

c) Outros gêneros.

Gomes Cardim. "Joanna do Arco, tango" (c.1865). BNRJ M-I-40.
Maria, Manoel Joaquim. "Cateretê da paródia Orpheo na roça" (letra de F.C. Vasques, 1868). Reproduzido por Batista Siqueira, *Origem do termo "samba"*, p.134-5.

2) Gravações nas quais se basearam as transcrições

Na lista que se segue, as iniciais "AV" e "JS" indicam que a gravação foi obtida na coleção de Ary Vasconcelos ou Jairo Severiano. Todas as gravações citadas foram editadas no Rio de Janeiro, salvo nos casos indicados.

a) 1917-1921

"Pelo telefone" (Donga-Mauro de Almeida), cantado por Bahiano, Casa Edison-Odeon 121.322, janeiro 1917. Reeditada em CD na compilação *Historia del carnaval de Brasil 1902-1950*, vol.I, Suíça, Ubatuqui Records, 1992.
"O veado à meia-noite" (Donga), cantado por Bahiano, Casa Edison-Odeon 121.443, 1918, AV.
"O malhador" (Donga-Mauro de Almeida), cantado por Bahiano, Casa Edison-Odeon 121.442, 1918, AV.
"Quem vem atrás fecha a porta" ("Me leve, seu Rafael") (Caninha), cantado por Bahiano e Isaltina, Casa Edison-Odeon 121.729, 1920, AV.
"Esta nega 'qué' me 'dá'" (Caninha), cantado por Bahiano, Casa Edison-Odeon 121.968, 1920, AV.
"Confessa, meu bem"! (Sinhô), cantado por Eduardo das Neves, Casa Edison-Odeon 121.528, 1919, AV.
"Deixe desse costume" (Sinhô), cantado por Eduardo da Neves, Casa Edison-Odeon 121.529, 1919, AV.
"Quem são eles?" (Sinhô), cantado por Bahiano, Casa Edison-Odeon 121.445, 1918, AV.

b) 1927-1933

"Ora vejam só!" (Sinhô-Heitor dos Prazeres), cantado por F. Alves, Odeon 123273, janeiro de 1927, reeditado na compilação *Sinhô*, vol.III, Revivendo, Curitiba, 1995.
"A malandragem" (Bide-Francisco Alves), cantado por F. Alves, Odeon 10.113-B, fevereiro de 1928, JS.

"Não é isso que eu procuro" (Ismael Silva-Francisco Alves), cantado por F. Alves, Odeon 10.251-B, setembro de 1928, JS.
"Gosto que me enrosco" (Sinhô-Heitor dos Prazeres), cantado por Mário Reis, Odeon 10.278-B, novembro de 1928, reeditado na compilação *Sinhô*, vol.III, Revivendo, Curitiba, 1995.
"És ingrata, mulher" (Loló Verba), cantado por F. Alves, Odeon 10.535-A, janeiro de 1930, JS.
"Nem é bom falar" (Ismael Silva-Nilton-Bastos-Francisco Alves), cantado por F. Alves, Odeon 10.745-A, janeiro de 1931, JS.
"Se você jurar" (Ismael Silva-Nilton Bastos-Francico Alves), cantado por F. Alves e Mário Reis, 1931, reeditado em CD na compilação *Historia del carnaval de Brasil 1902-1950*, vol.I, Ubatuqui Records, 1992.
"O que será de mim" (Ismael Silva-Nilton Bastos-Francisco Alves), cantado por F. Alves e Mário Reis, Odeon 10.780-B, abril de 1931, JS.
"Nem assim" (Gradim), cantado por F. Alves e Mário Reis, Odeon 10.824-A, 1931, JS.
"Oh! Dora!" (Orlando Vieira), cantado por F. Alves, Odeon 10.871-B, 1931, JS.
"Para me livrar do mal" (Ismael Silva-Noel Rosa), cantado por F. Alves, Odeon 10.922-B, 1932, JS.

c) depois de 1933

"Duas horas da manhã" (Nelson Cavaquinho-Ari Monteiro), cantado por Paulinho da Viola, reeditado em CD na compilação *Nelson Cavaquinho — Quando eu me chamar saudade*, EMI, 1991.
"O bem e o mal" (Nelson Cavaquinho-Guilherme de Brito), cantado por Nelson Cavaquinho, reeditado em CD na compilação *Nelson Cavaquinho — Quando eu me chamar saudade*, idem.
"Se você jurar" (Ismael Silva-N. Bastos-F.Alves), cantado por Teca Calazans, CD *O samba dos bambas*, Buda Musique (França), 1994.
"Leva meu samba" (Ataulfo Alves), cantado por Ataulfo Alves, reedição em CD da gravação original de 1941, *História del carnaval de Brasil 1902-1952*, vol.I, Suíça, Ubatuqui Records, 1992.
"Pelo telefone" (Donga-Mauro de Almeida), cantado por Zé da Zilda no LP *Native Brazilian Music*, reedição feita em 1987 pelo Museu Villa-Lobos (Rio de Janeiro) dos discos 78rpm da Columbia norte-americana, contendo gravações feitas em 1940 por Stokowsky no Rio de Janeiro.
"Pelo telefone" (Donga-Mauro de Almeida), cantado por Martinho da Vila no disco *Origens*, RCA-Victor, 1973.
"Se você jurar" (Ismael Silva-N. Bastos-F. Alves), cantado por Ismael Silva no LP *O samba na voz do sambista — Ismael Silva*, Sinter, 1955.
"Sei lá, Mangueira" (Paulinho da Viola-Hermínio Bello de Carvalho), cantado por Elisete Cardoso no LP *A bossa eterna de Elisete e Ciro*, vol.2, Rio de Janeiro, gravadora Copacabana, 1969.
"Sobrado dourado" (tradicional), cantado pelo conjunto A Voz do Morro, LP *Rosa de ouro*, 1965.